1 MONTH OF
FREE
READING

at

www.ForgottenBooks.com

By purchasing this book you are eligible for one month membership to ForgottenBooks.com, giving you unlimited access to our entire collection of over 700,000 titles via our web site and mobile apps.

To claim your free month visit:

www.forgottenbooks.com/free1108197

* Offer is valid for 45 days from date of purchase. Terms and conditions apply.

ISBN 978-0-331-33647-4
PIBN 11108197

ŒUVRES
DE MOLIERE,

A V E C

DES REMARQUES GRAMMATICALES;

DES AVERTISSEMENS

ET DES OBSERVATIONS SUR CHAQUE PIÉCE,

PAR M. BRET.

TOME PREMIER.

J.M. moreau de J.....

A PARIS,

PAR LA COMPAGNIE DES LIBRAIRES ASSOCIÉS.

M. DCC. LXXXVIII.

A MONSEIGNEUR

LE DUC DE LA VRILLIERE,

MINISTRE ET SECRÉTAIRE D'ÉTAT.

Monseigneur;

Le protecteur, je dirai plus, l'ami du célèbre Auteur de la Métromanie, eut à coup sûr été celui de l'inimitable Molière. C'est à ce titre de soutien & d'ami des Arts que vous ont transmis tant de Secrétaires d'État de votre nom, vos prédécesseurs &

a

vos modèles ; c'eſt à ce titre, dis-je, autant qu'à votre naiſſance illuſtre & à la dignité de vos fonctions, que je fais aujourd'hui l'hommage de la nouvelle Édition du Père de la Scène comique Françoiſe.

Je ſuis avec le plus profond reſpect,

MONSEIGNEUR,

Votre très-humble & très-obéiſſant
Serviteur, BRET.

TABLES

DES PIECES

CONTENUES DANS CETTE ÉDITION.

TOME PREMIER.

TOME CINQUIÈME.

TOME SIXIÈME.

Fin des Tables.

DISCOURS

DISCOURS,
PRÉLIMINAIRE:

Le COMMENTAIRE fur Defpréaux, celui qu'un homme de génie n'a pas dédaigné de faire fur le grand Corneille, ont dû naturellement conduire à l'efpérance d'en voir un fur Molière.

Peintre exact & fûr du cœur de l'homme, Molière ne peut vieillir à cet égard; ce ne font point des fineffes qu'il a apperçues, ce font des traits caractériftiques qu'il a approfondis; c'eft là nature, dont fa main habile a écarté le voile auquel s'arrêtent les vûes foibles & peu perçantes.

Un portrait de *Vandick*, une tête de *Rhimbrandt*, ne pafferont jamais au garde-meuble, malgré la différence des ajuftemens modernes avec ceux du tems de ces grands hommes. La langue dont s'eft fervi *Montaigne* eft à peine la nôtre; mais fes Effais admirables feront toujours l'hiftoire la plus précieufe & la plus complette de nos fottes opinions, de nos inconféquences & de nos travers, parce qu'il les a puifés dans la nature de l'homme.

Tome I.   **A**

Auffi philofophe, auffi fidèle ferutateur que Montaigne, Molière, du côté du ridicule, de la fottife, du mauvais goût, & de tous les abus de la raifon & de l'efprit, a vu l'homme civilifé tel qu'il eft & tel qu'il fera toujours effentiellement; fes portraits ne différent de nous aujourd'hui que par des nuances légères, & qui regardent plus la fuperficie que le fond des chofes.

On ne cherche pas à donner à ce Commentaire plus d'importance qu'il n'en a; cette différence de fuperficie en doit être le principal objet.

Molière devient chaque jour plus étranger parmi nous pour les détails de mode & d'ajuftemens, & nous voyons que nos acteurs le naturalifent fur ce point le plus qu'ils peuvent, foit par le retranchement, foit par le changement de quelques mots; auxquels ils en fubftituent d'équivalens lorfqu'ils le peuvent avec facilité.

On fe fouvient d'avoir vu jouer, au commencement de ce fiècle, l'*École des Maris*, par le fameux *Baron*, habillé comme le feroit aujourd'hui un citoyen du caractère & de l'âge de *Sganarelle*.

Cette épreuve n'a pu fe faire fans plufieurs altérations dans le dialogue de la piéce; mais comme l'effai de cet acteur n'a point été fuivi, on eft revenu, pour ce personnage seulement, à la *fraize*, à la perruque à calotte, & à tous les ajustemens du costume de 1650.

C'est une contradiction peu soutenable dans la représentation de quelques piéces de cet auteur, de voir les personnages ridicules y conserver la vieille manière de s'habiller, tandis qu'aucun des autres acteurs n'y suit cet ancien usage.

Avec quelques changemens convenus dans le dialogue de ces comédies, on feroit disparoître ce contre-sens, & leur effet moral ne pourroit qu'y gagner. *Harpagon*, vêtu comme un de nos avares, feroit plus d'impression sur nous. Son pourpoint, ses aiguillettes & son vieux haut-de-chausse, nous empêchent de retrouver sous ses traits l'avare de notre quartier : lui-même se méconnoît à la faveur des différences extérieures qu'il voit entre *Harpagon* & lui, & il se dispense de rougir.

Dans la scène première du second acte du *Misantrope*, Molière peint *Clitandre* d'une façon à le faire reconnoître dès qu'il paroîtra. *Sa perruque blonde, ses grands canons, son amas de rubans, sa vaste ringrave*, doivent le distinguer de ceux avec lesquels il doit entrer dans la scène cinquième ; mais rien de tout cela ne paroît aujourd'hui, &

l'acteur chargé du rôle de ce fat, n'en imitera tout au plus *que fa façon de rire & fon ton de fauffet* [1].

Peut-être feroit-il à fouhaiter qu'on pût remplacer ces détails, qui ne peignent plus rien, par d'autres qui nous reffemblaffent davantage; mais à quelle main pardonneroit-on d'avoir ofé toucher à Molière?

Dans l'impoffibilité où ce grand homme avoit toujours été de corriger fes ouvrages, il avoit permis à fa troupe d'y faire quelques retranchemens de fon vivant, & auxquels il fe plioit dans fes rôles. L'édition de 1682 donnée par fon camarade *la Grange* & fon ami *Vinot*, marque, par des guillemets, tous ces retranchemens, quelquefois affez confidérables, & même dans fes meilleures piéces, comme dans le *Tartuffe*.

Les éditions fubféquentes jufqu'à nous, ont fupprimé ces guillemets, & on les imitera fur ce point aujourd'hui pour l'entière netteté du texte;

---

[1] Nos acteurs fuppriment aujourd'hui ce détail, & bien des gens voyent avec peine la licence qu'ils prennent à cet égard; cependant il vaut encore mieux retrancher quelque chofe du Dialogue de Molière, que d'y ajouter, comme on ofe le faire quelquefois dans les repréfentations de l'*Avare*, où quelques acteurs s'efforcent bien ridiculement, d'avoir plus d'efprit que ce grand homme.

mais on confignera dans les obfervations tous ces endroits notés, parce qu'ayant eu l'aveu de l'auteur même, on peut les regarder comme les feules correćtions qu'ils nous ait laiffées.

Cette docilité qu'on ne fauroit trop admirer dans ce grand homme, & qui n'a pas eu plus d'imitateurs que fes talens, doit faire préfumer que s'il eût paru néceffaire à fa troupe de faire quelques correćtions plus effentielles, il les eût également avouées.

A l'égard de la langue, qui depuis notre auteur a éprouvé des révolutions comme les modes, on trouvera dans cette édition des remarques grammaticales fur quatorze piéces[1]. Elles feront diftinguées des obfervations de l'éditeur, parce qu'elles ne font pas fon ouvrage.

On gêne ici fa reconnoiffance, en ne lui permettant pas d'en nommer les auteurs ; mais fi le public reconnoît le légiflateur à la loi, l'éditeur qui fe tait avec peine, aura-t'il quelque chofe à

---

[1] Ces quatorze piéces font, l'École des Maris, les Fâcheux, l'École des Femmes, la Critique de l'École des Femmes, le Mifantrope, le Sicilien, le Tartuffe, Amphytrion, l'Avare, George-Dandin, Pourceaugnac, le Bourgeois Gentilhomme, les Femmes Savantes, & le Malade Imaginaire.

A iij

ſe reprocher ? Ces remarques ſeront toujours imprimées à part & avec des guillemets.

On s'eſt efforcé de ſuppléer à ce qui manque,
à cet égard, aux piéces qui n'ont point été exami-
nées. Il faut que notre jeuneſſe, & ſur-tout les
étrangers, ſachent ce que nous appelons une
faute de langue, même chez nos plus grands
écrivains.

La grammaire ne ſera pas le ſeul objet de ce
Commentaire. Les uſages, les modes, les allu-
ſions, les imitations, les anecdotes relatives à
chaque comédie, y tiendront leur place. On a lu
des recueils & des manuſcrits de toute eſpèce,
pour y trouver quelquefois une ligne, un mot
eſſentiel ſur Molière. On a conſulté même les in-
ſipides critiques qui ont été faites de ſes chef-
d'œuvres, & l'on a été étonné de voir que le faux
goût de notre tems n'a fait que répéter ce que
l'ignorance & l'envie avoïent ſuggéré jadis contre
Molière.

C'eſt un des inconvéniens de notre curioſité
littéraire, de faire revivre des noms conſacrés à
l'oubli. Les *Somaize*, les *Rochemont*, les *Chevalier*,
les *Chaluſſai*, les *Deviſé*, & tant d'autres ſots ennemis de Molière, étoient faits pour reſter inconnus :

auffi répondra-t'on rarement à leurs inepties. C'eſt aux détracteurs de ce grand homme qui vivent encore, qu'on ſe fera un devoir de répondre, mais avec tous les égards qu'on doit à des contemporains chez leſquels une erreur de goût, relativement à l'art dramatique, n'entraîne pas, à beaucoup près, la privation des autres talens.

On ne trouvera point, dans cette édition, la comédie de l'*Ombre de Molière*, par le ſieur *Brecour ;* cette inutile & miſérable pièce a déjà été retranchée de la belle édition de Molière *in-4°.*

On ne l'a point augmentée non plus des extraits des divers auteurs qui ont parlé de Molière, ce qu'ils ont dit d'eſſentiel ſur ce grand homme a dû trouver place dans les Commentaires, ou étoit inutile.

Quant à la vie de Molière à laquelle le lecteur devoit s'attendre, celle qu'a faite M. de Voltaire fera, avec les remarques grammaticales dont on vient de parler, une des richeſſes de cette édition; on s'eſt contenté, pour l'avide curioſité de nos Biographes, d'y ajouter un ſupplément.

On s'eſt fait ſur-tout un devoir de faire remarquer cette étendue & cette variété de génie, qui aſſignent à Molière le premier rang parmi les au-

teurs comiques de tous les pays & de tous les
siécles, puisqu'il est plus naturel & aussi gai
qu'Aristophane, aussi décent & plus utile dans le
comique des mœurs que Térence, & beaucoup
plus heureux que Plaute dans le comique de
situation, & par le sel de la vraie plaisanterie.

C'est par-là sur-tout que cette édition peut être
de quelque utilité, en ramenant les esprits aux
principes d'un art qui se perd tous les jours parmi
nous, & qu'une admiration peu raisonnée des
hardiesses de nos voisins dans ce genre, a dénaturé au point d'être entiérement méconnoissable.

La comédie, si nous en croyons Cicéron, est
l'imitation de la vie, le miroir de l'usage, & le
tableau de la vérité. C'est louer cet art & non pas
le définir, dit *Pontanus* : *quæ verba non tàm ad
comœdiæ notionem evolvendam, quàm ad eam com-
mendandam pertinent.* Ce moine littérateur dit,
dans ses Institutions, que c'est un poëme qui,
pour nous instruire des usages de la vie, imité
avec grace & avec gaîté les actions privées de la
société : *ob docendam vitæ consuetudinem, civiles &
privatas actiones non sine leporibus & facetiis imita-
tur.* Il est singulier que ce soit un homme de sa
robe qui, dans l'art de la comédie, nous fasse une

néceffité des graces & de la gaîté! Si c'eft avoir défini la comédie de Molière qui n'exiftoit pas encore [1], c'eft avoir rejeté bien loin celle de nos jours.

La malignité naturelle aux hommes, a dit M. Marmontel, *eft le principe de la comédie;* je croirois plutôt qu'elle eft un de fes moyens, & qu'un ordre de juftice fociale en eft le vrai principe; c'eft dans ce point-de-vue qu'on peut trouver la raifon morale de l'ancien ufage d'avoir des fous dans les Cours, car, comme dit la Fontaine,

. . . . Ils donnent toujours
Quelques traits aux fripons, aux fots, aux ridicules [2].

Aucun Légiflateur humain n'a pu pourvoir à tout; il n'eft aucun d'eux qui n'ait laiffé dans la fociété plus ou moins de défauts impunis, & qui en bleffent à chaque inftant l'harmonie. Les bons-mots, la raillerie telle qu'on la vit s'établir naturellement à Sparte, furent les premiers vengeurs de la raifon & du bon ordre.

Ce furent ces principes & ce befoin relatif à de plus grands intérêts, qui d'abord donnèrent la naiffance à la Tragédie. Les loix ne pouvoient arrêter dans leurs écarts les chefs d'une nation chez

---

[1] Jacques Pontanus, Jéfuite, mourut à Ausbourg en 1626. Ses inftitutions Poétiques font de 1597.
[2] Fable 8. Liv. 3. Le fou qui vend la fageffe.

qui le pouvoir , qui leur avoit été confié pour le bonheur de tous, ne produifoit que l'impunité & la tyrannie d'un feul. On effaya de les effrayer par l'image de leurs crimes & de leurs malheurs [1], & c'eft à ce deffein caché que nous devons les chef-d'œuvres des Sophocles & des Euripides.

Ce que l'efprit humain avoit imaginé contre la violation des loix, il le produifit bientôt fous une autre forme contre l'oubli des bienféances , & telle fut l'origine de la Comédie faite pour fuppléer au défaut de la loi civile ; mais cet art né dans la Démocratie, en contracta malheureufement la licence.

Une ville où la haine du mérite fupérieur en tout genre s'étoit impérieufement établie, laiffoit à la plume hardie des Auteurs une étendue peu limitée ; auffi *Cratinus* , *Eupolis* & *Ariftophane* se mirent-ils point de bornes à leurs premiers effais dans Athènes [2].

[1] *Stultorum regum & populorum continet iras.* Horat.

[2] Ariftophane , en plus d'un endroit, accufe du vice le plus infâme un certain *Ariphrade* : c'étoit paffer le but de la comédie. Dès-que Socrate eft encore jugé parmi nous le plus fage des Grecs , Ariftophane outragea fon art par fa piéce des nuées ; mais lorfqu'il fit rire aux dépens des fang-fues de fa patrie & de l'avarice de fes juges , il mérita d'être le modèle de Molière même.

Si la Comédie s'y étoit préſentée ſous la ſé-
vère magiſtrature de *Dracon*, elle eût atteint dès
le premier pas la perfection à laquelle la ſcience
des mœurs devoit la porter. La légiſlation veilloit
à tout ſous cet Archonte ſanguinaire, & le Poëte
comique n'eût vû qu'un très-petit nombre de vices
impunis, & le ridicule ſur-tout, qui redoutaſſent
ſon coup-d'œil & ſa plaiſanterie.

On ne groſſira point inutilement ce diſcours de
ce qu'on trouve par-tout ſur la Comédie ancienne
& moyenne, & l'on paſſera au tems où Molière
écrivit.

L'autorité ſouveraine étoit dans toute ſa force,
les loix venoient de rentrer dans leur vigueur,
& Molière, en imaginant de rendre l'art de la
ſcène plus utile qu'il ne l'étoit en France, vit
que c'étoit au ridicule qu'il falloit déclarer la
guerre ; que c'étoit aux ſeuls vices impunis qu'il
falloit faire porter la peine dont ils étoient dignes,
& qu'il étoit inutile d'affliger la ſociété par l'image
de ces vices faits pour paroître devant un Tribu-
nal plus ſérieux que celui de Thalie. *Ejuſmodi ci-
ves à cenſore melius eſt quàm à poëta notari.* Cicer.
de Rep.

Mais, quelle idée doit-on ſe faire de cet ennemi de Molière, du ridicule qu'il pourſuivit

toujours avec tant de gaîté ? Voici ce qu'on trouve dans une lettre fur l'*Impofteur*, imprimée le 20 Août 1667, & à laquelle on ne peut guères douter qu'il n'ait eu grande part, puifqu'elle offre un plan fuivi & détaillé de cette Comédie qui étoit encore dans fes mains, & qui n'avoit paru qu'une feule fois à Paris le 5 Août de la même année.

Le Ridicule, dit cette lettre, pag. 98, *eft la forme extérieure & fenfible attachée à tout ce qui eft déraifonnable, pour nous obliger à le fuir.*

Pour connoître ce ridicule, il faut connoître la raifon dont il fignifie le défaut ; & voir en quoi elle confifte. Son caractère n'eft autre dans le fond que la convenance, & fa marque fenfible, la bienféance ; c'eft-à-dire, le fameux quod decet *des anciens : deforte que la bienséance eft à l'égard de la convenance ce que les Platoniciens difent de la beauté à l'égard de la bonté, qu'elle en eft la fleur, le dehors, le corps & l'apparence extérieure.*

La bienféance eft donc la raifon apparente, & la convenance la raifon effentielle. De-là vient que ce qui fied bien eft toujours fondé fur quelque raifon de convenance, comme l'indécence fur quelque difconvenance, c'eft-à-dire, le ridicule fur quelque manque de raifon.

Cette définition, plus claire & plus précise que tout ce qu'on a écrit fur le ridicule, eft faite pour remettre fur les traces de Molière ceux qui auroient encore de notre tems un affez bon efprit pour chercher à l'imiter. Elle nous paroît renfermer le fecret de fon art.

Corneille avoit paru, mais la tragédie parvenue fous fa main à ce point d'élévation où l'efprit humain s'étonne encore de la voir portée, laiffoit loin d'elle le genre de la Comédie. Les Romans Efpagnols, les Cannevas Italiens n'offrirent long-tems que des incidens bizarres & multipliés fans ordre, des aventures nocturnes, des déguifemens boufons, des lettres interceptées fans art, & des méprifes de nom fans vraifemblance. Le *Matamore* avoit pris chez nous la place que le Parafite ancien occupoit dans toutes les piéces, & ce perfonnage fantaftique l'avoit cédée à un être plus chimérique & plus extravagant encore, à celui des *Jodelets* & des *Dom Japhets* [1].

[1] Il faut en convenir, c'eft à cette gaîté, quoique peu naturelle, des Jodelets, que la nation dut fon heureux & premier dégoût pour les Fables romanefques & fades des *Scudé-*ris, des *Sallebrais*, des *Gilbert*, des *de Broffe*, &c. &c. On doit même à Scarron la juftice d'ajouter que dans plufieurs de fes piéces on trouve des traits de Caractère excellens.

Quelques lueurs paffagères de vrai comique , telles qu'on en avoit vu dans la charmante farce de *Pathelin*, dans quelques fcènes de Rotrou & de Scarron, dans *le Pédant joué*, & même dans les *Vifionnaires*, avoient éclairé par intervalles le chaos obfcur de la Comédie. Le grand Corneille avoit fait le *Menteur* en 1642 , il avoit donc porté la fcience des mœurs fur la fcène : pas immenfe dans la carrière des arts; mais Molière devoit avoir la gloire de l'y fixer fous le règne immortel de Louis-le-Grand [1].

Ce Prince aima Molière dès qu'il le connut, & le protégea toutes les fois que fon art en eut befoin. Il feroit difficile de concevoir que notre Auteur, fous un règne moins propre aux lumières de l'efprit, eût pu fe livrer, comme il a fait, à tout l'effor de fon génie & de fa gaîté.

Louis XIV, auffi ennemi du ridicule que Molière, eut le bon efprit de réfifter aux plaintes que lui firent fans doute les fats, les hypocrites & les médecins de fa Cour. Il prévit que ces derniers en deviendroient , comme ils font aujourd'hui, moins charlatans & plus inftruits, & il n'apperçut pour la fociété en général qu'un grand

_____

[1] . . . . Veftigia Græca
Aufus deferere, & celebrare domeftica facta.

avantage à laisser démasquer le fourbe, & à rire de tous les originaux qui peuploient sa Cour & la société. On sait qu'il indiqua à Molière des caractères que ce dernier n'avoit point encore apperçus.

Si de notre tems on avoit tenu les Écrivains trop loin de cette liberté nécessaire à la vraie Comédie, si l'on avoit écouté d'injustes murmures, si des gens vraiment faits pour les plaisirs de la scène avoient eu le crédit de mettre leurs ridicules, leur faste, ou leurs prétentions à l'abri de la censure théatrale; on auroit à se reprocher notre décadence sur ce point; on se feroit rendu coupable d'une espéce de déni de justice sociale.

Quel bien ne produisit pas la liberté dont on laissa jouir Molière pendant quatorze ans! Nous lui devons, ainsi qu'à Despréaux, & notre goût & notre urbanité, & notre amour pour le vrai en tout genre.

Toujours plaisant, toujours naturel, toujours varié [1], toujours utile, quelle douce société n'eût-

___

[1] Il y a dans le Théâtre de Molière plusieurs rôles de suivantes, en est-il deux qui se ressemblent ? *Georgette*, *Dorine*, *Nicole*, *Martine* & *Toinette*, seront toujours pour nos auteurs un exemple de la nécessité de varier le même personnage. Les soubrettes de Regnard font toutes uniformes, ainsi que celles de ses successeurs.

il pas fondée fi l'on parvenoit plus généralement
à corriger les hommes, & fi par la voie du ridicule il avoit entièrement banni du fein de fa
nation & l'efprit faux, & le jargon, & l'équi-
voque, & les pointes, & la jaloufie folle, &
l'amour honteux des vieillards, & la haine de
l'humanité, & la coquetterie, & la médifance,
& la pruderie, & la fatuité, & la difproportion
des mariages, & la baffe avarice, & l'efprit de
chicane, & la frivolité des Magiftrats, & la
petiteffe qui fait afpirer à paroître plus grand
qu'on n'eft, & l'empirifme ignorant des médecins, & la rifible impofture des faux dévots?

Beaucoup de gens s'étonnent de ce que parmi
les défordres impunis de la fociété, ceux qui ré-
fultoient d'une profeffion dont l'intérêt & l'avi-
dité furent de tout tems les principes, aient moins
frappé les yeux de notre Contemplateur; mais il
faut obferver que lorfqu'il jeta fes regards fur la
fociété pour la rendre meilleure, il exiftoit un
homme de génie, un Miniftre éclairé, vigilant
& laborieux dont toute l'application & les lumières tendoient ouvertement à rendre, s'il étoit
poffible, la perception des revenus publics plus
fimple, plus connue & conféquemment moins
odieufe.

odieufe. On avoit donc à cette époque tout à efpérer de ce côté-là, & fi le grand Colbert eût réuffi, comme il le defiroit, M. le Sage n'eût pas trouvé dans le fiécle fuivant le portrait excellent de *Turcaret* à faire.

Ajoutons même que Molière, fur la fin de fa carrière, dans fa petite Comédie de la *Comteffe d'Efcarbagnas*, traça le rôle plaifant de M. *Harpin* comme une efquiffe qu'il laiffoit à perfectionner à fes fucceffeurs.

Tel eft en raccourci le tableau des vices qu'attaqua Molière en faifant fervir à l'utilité de fa Nation les momens qu'elle donnoit à fes délaffemens, & toujours en entretenant fa gaité naturelle & précieufe, *Non fine leporibus & facetiis.*

L'inftruction férieufe ou trifte convient peu à la Nation Françoife [1] ; l'affliger c'eft rifquer de la corrompre, c'eft la calomnier (fi on ofe le dire) aux yeux de l'étranger, c'eft vouloir lui faire perdre ces graces naturelles qu'elle a portées dans l'efprit de fociabilité que lui doit toute l'Europe.

Déjà l'on croit s'appercevoir qu'elle n'eft plus

---

[1] Le célèbre Addiffon appelle les François une nation comique, parce qu'elle eft généralement gale, portée à rire, & faite pour tous les agrémens de la fociété.

la même depuis que notre efprit differtateur &
enthoufiafte en tout genre, notre engouement
pour les contre-épreuves Angloifes, & l'impuiffance d'imiter Molière, nous ont jetés dans le goût
de la Comédie purement romanefque.

Un homme de beaucoup d'efprit s'eft écrié de
nos jours : *Malheur à l'homme de génie qui franchira*
les barrières que l'ufage & le tems ont prefcrites aux
productions des arts, & qui foulera aux pieds le pro-
tocole & fes formules !

Il ne nous femble pas que fa menace ait effrayé
perfonne, elle a été au contraire le fignal des
nouveautés ; on s'eft livré aux plus grandes har-
dieffes, & fi le retour du goût n'y met quelques
obftacles, les noms de Molière, de Corneille, de
Racine & de quelques - uns de leurs fucceffeurs,
ne feront plus dans notre mémoire que pour
fervir d'époque aux jours brillans de la Nation
Françoife.

Que *Richardfon* [1] ait été naturalifé parmi nous ;
c'eft un bonheur pour nos Écrivains de Romans qui
doivent apprendre de ce génie fupérieur à ne voir
& à ne peindre que la nature ; mais quel befoin réel
avoit la fcène françoife des drames étrangers ?

[1] Auteur du Roman immortel de Clariffe.

Le Théâtre n'eft plus étroitement lié à la chofe publique comme il l'étoit fous Ariftophane ; cependant le drame tiendra toujours par-tout à l'efprit du Gouvernement & au caractère national; qu'on voie les diftances de ce double objet par rapport à nous, & par rapport à nos voifins ; & qu'on décide fi les prétendues richeffes que nous allons chercher chez eux peuvent être à notre ufage.

Il faut pour plaire aux François & pour les inftruire, ne fortir qu'avec bien de la circonfpection de leurs principes & de leur façon d'être. Ce font leurs travers & leurs ridicules dont il faut leur offrir l'image ; ce ne font pas fur-tout leurs vices groffiers ou leurs crimes qu'il faut porter dans leurs jeux fcéniques [1].

Le François n'a point permis indifféremment

---

[1] L'auteur d'un petit Traité *des moyens de rendre la comédie utile aux mœurs*, imprimé chez Debure en 1767, dit, pag. 20, que *la comédie qui a beaucoup fait rire, a manqué fon effet*, parce que *c'eft une preuve que l'auteur n'aura pris du vice que ce qu'il renfermoit de ridicule ;* il eft vrai qu'il laiffe à fes lecteurs la liberté de trouver fon opinion fingulière. Dans fon fyftême exagéré & dangereux, il étoit convenable qu'il définît, comme il a fait, la comédie, *la Satire des Mœurs.* S'il eût mieux connu cet art, il ne l'eût appelé que la Raillerie des Mœurs.

à tous les Particuliers d'être les organes de ses premiers devoirs. Ses Loix, sa Police ont leurs Temples & leurs Magistrats séparés qu'il respecte : il a dit à ses Poëtes comiques, ce n'est point une justice légale que vous exercez, c'est une censure civile, vous ne serez que le supplément des loix ; lorsqu'elles se taisent, montez sur nos théâtres, mais sur-tout élevez comme Licurgue une statue au rire [1], pour adoucir la fatigue des travaux, les peines de la vie ; & rendez nous meilleurs en nous amusant.

Le peuple remplit quelquefois les cirques Anglois ; laissons les auteurs de cette nation lui offrir le tableau détestable d'un amant effréné, qu'une femme perdue conduit à assassiner son oncle & son bienfaiteur ; mais estimons assez nos spectateurs, comme fit Molière, pour croire qu'ils n'ont besoin d'aucunes leçons sur le vol & sur l'assassinat [2].

---

[1] Plutarque, en parlant de Licurgue, dit, *& vouloit-il que les enseignemens mêmes fussent donnés par manière de jeu & avec risée, laquelle emportoit toujours quant & elle, un doux admonêtement & une correction...... Ains écrit Sosibius, que ce fut lui qui dédia la petite image du Ris qui est à Lacédémone, &c.*

[2] Nos Auteurs devroient se rappeler la Fable d'Ésope sur le parricide ; les Dieux, dans la crainte de déshono_

Offrez à l'homme intelligent le théâtre comique d'une nation, il en reconnoîtra le caractère
par ceux que ſes Poëtes auront deſſinés ; il jugera
de ſa légiſlation & de ſa police par les bienſéances qui feront obſervées dans la manière de traiter ces caractères. Ainſi le théâtre Eſpagnol lui
donnera le réſultat d'un peuple autrefois grave &
pareſſeux par orgueil, occupé d'intrigues amou-
reuſes, uniſſant, par un mélange bizarre, la ſu-
perſtition à la galanterie, les idées religieuſes aux
idées profanes, & manquant par conſéquent de
loix ſages qui ayent ſéparé pour jamais ce qui ne
peut s'allier ſans ſe dénaturer mutuellement. Lope
de Vega nous apprend lui-même que, pour plaire
à ſa nation, il éloignoit de lui tous les bons modèles qu'il auroit pû ſe propoſer. *Encierro los pre-
ceptos con ſeis llaves.*

Le théâtre Italien ne lui offrira que des ſcènes
triviales, qui ne peindront qu'une nature unifor-
me & bizarre, parce qu'il y auroit du danger pour
le Poëte à rendre la nature telle qu'elle eſt autour
de lui ; il n'y verra qu'un dialogue, qui ne portera
ſur aucun objet eſſentiel & utile, & qui n'annon-

rer leurs coups, l'avertiſſent écraſé ſous la voûte de leur
du danger qu'il court d'être Temple prête à tomber.

cera aucune vérité, parce que l'auteur dramatique de cette nation a, comme la nation même,
plus de licence que de liberté.

L'indécence des scènes & du dialogue Anglois
lui représentera un peuple chez qui la légiſlation
incertaine & tremblante peut ſe voir forcée de
plier devant une liberté ſuſceptible de ſe porter à
bien des excès [1]. Il verra dans le défaut de police
de nos voiſins, la ſource de tous les écarts drama-
tiques, & ne s'étonnera pas que tel vice ſocial ſoit
repris par un plus grand vice, par la ſaleté des
images & des mots.

Quelle idée donneroient un jour de nos François d'aujourd'hui les drames de fabrique nouvelle, ſi nous les voyions ſur nos théâtres auſſi
fréquemment que ſous la preſſe ? Croiroit-on que
ce fut le même peuple, gai, doux, humain &
poli, à qui parloit Molière, *le légiſlateur
des bienſéançes*, comme l'appelle M. de Voltaire ?

Mais ſi la nature, à ce que dit le même auteur,

---

[1] *Quoique le Royaume*   *moins en vigueur*, dit un
d'Angleterre ait beaucoup de grand Prince de ce ſiècle,
loix ſages, c'eſt peut-être le auſſi brave & auſſi ſavant
pays de l'Europe où elles ſont que l'Empereur Julien.

n'avoit qu'une douzaine tout au plus de caractères vraiment comiques & marqués de grands traits, ſi Molière avoit employé toutes ces couleurs éclatantes & primitives, ne ſeroit-on pas fondé à ſe frayer une route nouvelle, & la tragédie bourgeoiſe ne ſeroit-elle pas juſtifiée ?

Elle le ſera toujours, à titre de nouveauté, chez un peuple que le même objet fatigue aiſément. Elle le ſera, à plus juſte titre encore, ſi elle ne s'écarte point de la vraiſemblance; ſi elle intéreſſe vivement par la peinture vraie de nos mœurs & de nos paſſions; ſi, comme deux ou trois piéces de ce goût moderne, elle offre à la ſociété de grandes leçons, des tableaux intéreſſans du malheur où peuvent nous plonger nos imprudences; ſi elle n'exagère rien; ſi elle ne forge pas de fauſſes vertus; ſi elle reſpecte les bienſéances; ſi la nature & la vérité la guident, & ſi elle ne ſe met pas orgueilleuſement & contre toute ſorte de raiſon, au-deſſus d'un genre mille fois plus difficile & plus utile qu'elle, celui d'inſtruire en amuſant.

Les ſpectateurs, (dit le P. Brumoy) *pour peu qu'ils ayent de connoiſſances & de lumières, ſont preſque tous réduits au même niveau pour le tragique, mais ils ſont trois claſſes au moins pour le comique;*

le peuple , les favans & la cour. Si tout le monde
eſt peuple en certaines choſes , il ne l'eſt guère en ce
genre. Quoi qu'en diſe le P. Rapin , on admire plus
volontiers encore qu'on ne rit.... L'auteur intéreſ-
ſant n'a guère qu'à ſe replier ſur lui-même , pour y
puiſer dans ſon cœur des ſentimens qu'il eſt aſſuré de
faire entrer dans tous les cœurs , s'il les a trouvés
dans le ſien. L'auteur comique doit , au contraire ,
ſe multiplier & ſe reproduire , preſqne en autant de
perſonnes qu'il en veut avoir à contenter & à divertir.
Tel fut Molière , dont l'heureuſe plaiſanterie fit
rire également & le courtiſan , & l'homme d'eſprit , & le ſimple citoyen ; mais revenons aux
comédies intéreſſantes & romaneſques.

Plaute , dans ſes captifs , a laiſſé un modèle à
ſuivre pour cette eſpèce de drame , dont l'invention eſt , mal à-propos , attribuée à notre ſiècle [1].

---

[1] Ce n'eſt point dans les deux piéces de ce genre que donna Térence , qu'il faut l'admirer. *L'Hecyre* ou la belle-mère tomba chez les Romains , & le *bourreau de lui - même* dût offenſer les mœurs par le caractère d'un père ſurpris de retrouver ſa fille , qu'il avoit jadis livrée à une nourrice pour lui don-ner la mort. Il eſt vrai que cette barbarie s'exerçoit quelquefois chez les Athé-niens (ſi l'on en croit l'hiſ-toire) mais quelle indigna-tion ne devoit-elle pas exci-ter chez un peuple qui ſe tranſportoit d'admiration à ce beau vers de Térence?

Homo ſum, humani nihil à me alienum puto.

Il n'eſt pas aiſé, ſans doute, de combiner des ſituations & des événémens auſſi intéreſſans; mais qu'on obſerve ſur-tout que de faux principes, une fauſſe éloquence, une chaleur factice, une bourſouflure morale [1], n'en corrompent point le dialogue naturel & facile.

D'ailleurs, ſi nous ouvrons la Poétique de M. Marmontel, nous verrons qu'il eſt bien éloigné de l'avis de M. de Voltaire. *On prétend*, dit-il, *que les grands traits ont été rendus, & qu'il ne reſte plus que des nuances imperceptibles; c'eſt avoir bien peu étudié les mœurs du ſiècle, que de n'y voir aucun nouveau caractère à peindre.... le fat modeſte, le petit ſeigneur, le faux magnifique, le défiant, l'ami de cour & tant d'autres, viennent s'offrir en foule à qui aura le courage & le talent de les traiter.*

Molière, dit M. de Saint-Lambert, eſt celui de tous les philoſophes qui a le mieux vu les défauts qui s'oppoſent à l'eſprit de ſociété, & il les a combattus par le ridicule. Il nous faudroit aujourd'hui un Poëte qui combattît les défauts qui naiſſent de l'eſprit de ſociété.... *Il y a peu de maris jaloux,*

Je ſuis homme, & rien de ce qu'inſpire l'humanité ne m'eſt étranger.

[1] C'eſt ce que les anciens appeloient *linguæ faſtus*, γλώσσης χομπος, car ils ont eu leurs pédans comme nous.

mais il y a peu de maris ; les pères tyranniques sont rares, les pères indifférens ne le sont pas.... Les gens de lettres ne sont plus pédans, mais il y a beaucoup de pédans chez les gens du monde. On pourroit peindre le voluptueux de mauvais goût, l'homme qui craint à l'excès le ridicule, le faux modeste, le défiant de caractère, le defiant par principe, le tracassier, le connoisseur, le bienfaisant par intérêt, le donneur d'idée.... l'homme d'un goût difficile, parce qu'il n'a pas de quoi sentir le beau, l'hypocrite d'humanité, les préventions, les prétentions, &c [1].

C'est depuis Molière que Regnard a trouvé *le Joueur*, Brueys *le Grondeur*, le Sage *Turcaret*, Destouches *le Glorieux*, Boissi *l'Homme du Jour*, & Piron *l'immortelle Métromanie*, &c. C'est donc le talent, c'est l'étude du monde qui manquent à nos écrivains, que la facilité de dialoguer un roman écarte de la pénible route qu'a frayée Molière [2].

Heureusement la postérité sera instruite par plus d'un écrit, qu'une grande partie de la nation réclamoit contre cet abus ; elle apprendra que c'est au milieu des efforts du mauvais goût que l'Acadé-

---

[1] On pourroit ajouter *le dédaigneux, le superficiel, le malheureux imaginaire, le désabusé*, &c. &c. &c.

[2] Il est honorable autant qu'heureux de pouvoir fortifier les raisons qu'on a alléguées contre la comédie

mie Françoiſe a propoſé à l'Europe l'Éloge de Molière [1], pour rappeler tous les eſprits au ſeul modèle qu'ils ayent à ſuivre.

Puiſſent ſes vœux être écoutés, puiſſe l'art du théâtre revenir à ſes vrais principes qu'avoit fixés Molière, & ne nous préſentant que nos défauts de ſociété & nos ridicules, ne diſputer que rarement à Melpoméne le privilège de nous arracher des larmes [2] !

larmoyante, par le ſentiment d'un des grands Princes qui regnent aujourd'hui dans l'Europe. *Ce genre ne m'a jamais plu,* dit-il, *je conçois bien qu'il y a beaucoup de ſpectateurs qui aiment beaucoup mieux entendre des douceurs à la comédie, que d'y voir jouer leurs défauts, & qui ſont intéreſſés à préférer un dialogue inſipide à cette plaiſanterie fine qui attaque les mœurs. Rien n'eſt plus déſolant que de ne pouvoir être impunément ridicule. Ce principe poſé, il faut renoncer à l'art charmant des Térences, des Plautes & des Molières, & ne ſe ſervir du théâtre que comme d'un bureau général de fadeurs . . . . . mais mon zèle pour la bonne, pour la véritable comédie, va ſi loin, que j'aimerois mieux y être joué que de donner mon ſuffrage à ce monſtre bâtard, que le mauvais goût de notre ſiècle a remis au monde.* Lettre du R. de P. à M. de Voltaire au ſujet de *Nanine.*

[1] L'éloge couronné a été celui de M. de Chamfort, jeune homme de la plus grande eſpérance.

[2] Nous aurions grand beſoin, à cet égard, de la tyrannie connue des *Maldives,* où les Rois avoient mis au nombre des crimes d'État de paroître triſte.

VIE DE MOLIÈRE,

Par M. DE VOLTAIRE.

LE GOUT de bien des lecteurs pour les choses frivoles, & l'envie de faire un volume de ce qui ne devroit remplir que peu de pages, font caufe que l'hiftoire des hommes célèbres eft prefque toujours gâtée par des détails inutiles, & des contes populaires auffi faux qu'infipides. On y ajoute fouvent des critiques injuftes de leurs ouvrages. C'eft ce qui eft arrivé dans l'édition de Racine faite à Paris en 1728. On tâchera d'éviter cet écueil dans cette courte hiftoire de la vie de Molière ; on ne dira de fa propre perfonne, que ce qu'on a cru vrai & digne d'être rapporté ; & on ne hafardera fur fes ouvrages rien qui foit contraire aux fentimens du public éclairé.

JEAN-BAPTISTE POQUELIN naquit à Paris en 1620 dans une maifon qui fubfifte encore fous les pilliers des Halles. Son père Jean-Baptifte Poquelin, valet-de-chambre tapiffier chez le roi, marchand frippier, & Anne Boutet fa mère, lui donnèrent une éducation trop conforme à leur état, auquel ils le deftinoient : il refta jufqu'à quatorze ans dans leur boutique, n'ayant rien appris, outre son métier, qu'un peu à lire & à écrire. Ses parens obtinrent pour lui la furvivance de leur charge chez le roi ; mais fon génie l'appeloit ailleurs. On a remarqué que prefque tous ceux qui fe font fait un nom dans les beaux arts, les ont eultivés malgré leurs parens, & que la nature a toujours été en eux plus forte que l'éducation.

Poquelin avoit un grand-père qui aimoit la comédie, & qui le menoit quelquefois à l'hôtel de Bourgogne. Le jeune homme fentit bientôt une averfion invincible pour fa profeffion. Son goût pour l'étude fe dévelopa ; il preffa fon grand-père d'obtenir qu'on le mît au collège, & il arracha enfin le confentement de fon père, qui le mit dans une penfion, & l'envoya externe aux Jéfuites, avec la répugnance d'un bourgeois, qui eroyoit la fortune de fon fils perdue, s'il étudioit.

Le jeune Poquelin fit au collège les progrès qu'on devoit attendre de fon empreffement à y entrer. Il y étudia cinq années ; il y fuivit le cours des claffes d'Armand de Bourbon premier prince de Conti, qui depuis fut le protecteur des lettres & de Molière.

Il y avoit alors dans ce collège deux enfans, qui eurent depuis beaucoup de réputation dans le monde. C'étoit *Chapelle* & *Bernier*: celui-ci, connu par fes voyages aux Indes; & l'autre célèbre par quelques vers naturels & aifés, qui lui ont fait d'autant plus de réputation, qu'il ne rechercha pas celle d'auteur.

L'Huillier, homme de fortune, prenoit un foin fingulier de l'éducation du jeune Chapelle fon fils naturel; & pour lui donner de l'émulation, il faifoit étudier avec lui le jeune Bernier, dont les parens étoient mal à leur aife. Au lieu même de donner à fon fils naturel un précepteur ordinaire & pris au hafard, comme tant de pères en ufent avec un fils légitime qui doit porter leur nom, il engagea le célèbre Gaffendi à fe charger de l'inftruire.

Gaffendi ayant démêlé de bonne-heure le génie de Poquelin, l'affocia aux études de Chapelle & de Bernier. Jamais plus illuftre maître n'eut de plus dignes difciples. Il leur enfeigna fa philofophie d'Epicure, qui, quoiqu'auffi fauffe que les autres, avoit au moins plus de méthode & plus de vraifemblance que celle de l'école, & n'en avoit pas la barbarie.

Poquelin continua de s'inftruire fous Gaffendi. Au fortir du collège, il reçut de ce philofophe les principes d'une morale plus

utile que fa phyfique, & il s'écarta rarement
de ces principes dans le cours de fa vie.

. . Son père étant devenu infirme & incapable de fervir, il fut obligé d'exercer les
fonctions de fon emploi auprès du roi. Il
fuivit Louis XIII dans Paris. Sa paffion pour
la comédie, qui l'avoit déterminé à faire fes
études, fe réveilla avec force.

Le théâtre commençoit à fleurir alors :
cette partie des belles-lettres, fi méprifée
quand elle eft médiocre, contribue à la gloire
d'un état, quand elle eft perfectionnée.

Avant l'année 1625, il n'y avoit point de
comédiens fixes à Paris. Quelques farceurs
alloient, comme en Italie, de ville en ville.
Ils jouoient les piéces de *Hardy*, de *Moneré-
tien*, ou de *Balthazar-Baro*. Ces auteurs leur
vendoient leurs ouvrages dix écus piéce.

Pierre Corneille tira le théâtre de la barbarie & de l'aviliffement, vers l'année 1630.
Ses premières comédies, qui étoient auffi
bonnes pour fon fiécle, qu'elles font mauvaifes pour le nôtre, furent caufe qu'une
troupe de comédiens s'établit à Paris. Bientôt après, la paffion du Cardinal de Richelieu pour les fpectacles mit le goût de la comédie à la mode; & il y avoit plus de fo-
ciétés particulières qui repréfentoient alors,
que nous n'en voyons aujourd'hui.

Poquelin s'associa avec quelques jeunes gens qui avoient du talent pour la déclamation; ils jouoient au fauxbourg saint-Germain & au quartier saint-Paul. Cette société éclipsa bientôt toutes les autres; on l'appela *l'illustre théâtre*. On voit par une tragédie de ce tems-là, intitulée *Artaxerce*, d'un nommé *Magnon*, & imprimée en 1645, qu'elle fut représentée sur *l'illustre théâtre*.

Ce fut alors que Poquelin sentant son génie, se résout de s'y livrer tout entier, d'être à la fois comédien & auteur, & de tirer de ses talens de l'utilité & de la gloire.

On sait que chez les Athéniens, les auteurs jouoient souvent dans leurs pièces, & qu'ils n'étoient point deshonorés pour parler avec graces en public devant leurs concitoyens. Il fut plus encouragé par cette idée, que retenu par les préjugés de son siècle. Il prit le nom de *Molière*, & il ne fit en changeant de nom, que suivre l'exemple des comédiens d'Italie, & de ceux de l'hôtel de Bourgogne. L'un, dont le nom de famille étoit *Le Grand*, s'appeloit *Belleville* dans la tragédie, & *Turlupin* dans la farce; d'où vient le mot *turlupinade*. *Hugues Gueret* étoit connu dans les pièces sérieuses sous le nom de *Fléchelles*; dans la farce il jouoit toujours un certain rôle qu'on appeloit *Gautier-Garguille*. De même,

même, *Arlequin* & *Scaramouche* n'étoient connus que sous ce nom de théâtre. Il y avoit déjà eu un comédien appelé *Molière*[1], auteur de la tragédie de *Polixène*.

Le nouveau Molière fut ignoré pendant tout le tems que durèrent les guerres civiles en France : il employa ces années à cultiver son talent, & à préparer quelques piéces. Il avoit fait un recueil de scènes Italiennes, dont il faisoit de petites comédies pour les provinces. Ces premiers essais très-informes tenoient plus du mauvais théâtre Italien où il les avoit pris, que de son génie, qui n'avoit pas eu encore l'occasion de se développer tout entier. Le génie s'étend & se resserre par tout ce qui nous environne. Il fit donc pour la province *le Docteur amoureux*, les *trois Docteurs rivaux*, le *Maître d'École* : ouvrages dont il ne reste que le titre. Quelques curieux ont conservé deux piéces de Molière dans ce genre ; l'une est le *Médecin volant*, & l'autre, la *Jalousie de Barbouillé*. Elles sont en prose & écrites en entier. Il y a quelques phrases & quelques incidens de la première, qui nous sont conservés dans le *Médecin-malgré-lui* ; & on trouve dans la *Jalousie de Barbouillé* un canevas, quoiqu'in-

[1] La Bibliographie nous fait connoître un autre François de Molière, Sieur d'Es- sertines, qui, en 1620, pú- blia un roman *in-8°*. sous le titre de *la Semaine amoureuse*.

forme, du troisième acte de *George-Dandin*.

La première piéce régulière en cinq actes qu'il composa, fut l'*Étourdi*. Il représenta cette comédie à Lyon en 1653. Il y avoit dans cette ville une troupe de comédiens de campagne, qui fut abandonnée dès que celle de Molière parut.

Quelques acteurs de cette ancienne troupe se joignirent à Molière, & il partit de Lyon pour les états de Languedoc, avec une troupe assez complette, composée principalement de deux frères nommés *Gros René*, de *Duparc*, d'un pâtissier de la rue saint-Honoré, de la *Duparc*, de la *Béjart* & de la *De Brie*.

Le prince de Conty, qui tenoit les états de Languedoc à Béziers, se souvint de Molière qu'il avoit vû au collège; il lui donna une protection distinguée. Il joua devant lui l'*Étourdi*, le *Dépit amoureux*, & les *Précieuses ridicules*.

Cette petite piéce des Précieuses faite en province, prouve assez que son auteur n'avoit eu en vue que les ridicules des Provinciales. Mais il se trouva depuis, que l'ouvrage pouvoit corriger & la cour & la ville.

Molière avoit alors trente-quatre ans; c'est l'âge où Corneille fit le Cid. Il est bien difficile de réussir avant cet âge dans le genre dramatique, qui exige la connoissance du monde & du cœur humain.

On prétend que le prince de Conty voulut alors faire Molière son secrétaire, & qu'heureusement pour la gloire du théâtre François, Molière eut le courage de préférer son talent à un poste honorable. Si ce fait est vrai, il fait également honneur au prince & au comédien.

Après avoir couru quelque tems toutes les provinces, & avoir joué à Grenoble, à Lyon, à Rouen, il vint enfin à Paris en 1658. Le prince de Conty lui donna accès auprès de Monsieur, frère unique du roi Louis XIV. Monsieur le présenta au Roi & à la Reine-mère. Sa troupe & lui représentèrent la même année devant leurs majestés la tragédie de *Nicomède*, sur un théâtre élevé par ordre du roi dans la salle des gardes du vieux Louvre.

Il y avoit depuis quelque tems des comédiens établis à l'hôtel de Bourgogne. Ces comédiens assistèrent au début de la nouvelle troupe. Molière, après la représentation de Nicomède, s'avança sur le bord du théâtre, & prit la liberté de faire au roi un discours, par lequel il remercioit sa majesté de son indulgence, & louoit adroitement les comédiens de l'hôtel de Bourgogne, dont il devoit craindre la jalousie : il finit en demandant la permission de donner une piéce d'un acte, qu'il avoit jouée en province.

La mode de repréſenter ces petites farces après de grandes piéces étoit perdue à l'hô-tel de Bourgogne. Le roi agréa l'offre de Molière, & l'on joua dans l'inſtant le *Docteur amoureux*. Depuis ce tems l'uſage a toujours continué de donner de ces piéces d'un acte, ou de trois, après les piéces de cinq.

On permit à la troupe de Molière de s'éta-blir à Paris; ils s'y fixèrent, & partagèrent le théâtre du petit Bourbon avec les comédiens Italiens, qui en étoient en poſſeſſion depuis quelques années.

La troupe de Molière jouoit ſur le théâtre les mardis, les jeudis & les ſamedis; & les Italiens les autres jours.

La troupe de l'hôtel de Bourgogne ne jouoit auſſi que trois fois la ſemaine, excepté lorſqu'il y avoit des piéces nouvelles.

Dès lors la troupe de Molière prit le titre de *la Troupe de Monſieur*, qui étoit ſon pro-tecteur. Deux ans après, en 1660, il leur ac-corda la ſalle du palais royal. Le cardinal de Richelieu l'avoit fait bâtir pour la repréſen-tation de *Mirame* tragédie, dans laquelle ce miniſtre avoit compoſé plus de cinq cens vers. Cette ſalle eſt auſſi mal conſtruite [1] que

[1] Cette ſalle exiſtoit lorſ-que M. de Voltaire publia cette vie; elle a été reconſ-truite par les ſoins de M.Mo-reau, Architecte de la Ville, & brûlée une ſeconde fois;

la piéce pour laquelle elle fut bâtie; & je suis obligé de remarquer à cette occasion, que nous n'avons aujourd'hui aucun théâtre supportable; c'est une barbarie Gothique, que les Italiens nous reprochent avec raison. Les bonnes piéces sont en France, & les belles salles en Italie.

La troupe de Molière eut la jouissance de cette salle jusqu'à la mort de son chef. Elle fut alors accordée à ceux qui eurent le privilège de l'opéra, quoique ce vaisseau soit moins propre encore pour le chant, que pour la déclamation.

Depuis l'an 1658 jusqu'à 1673, c'est-à-dire, en quinze années de tems, il donna toutes ses piéces, qui sont au nombre de trente. Il voulut jouer dans le tragique, mais il n'y réussit pas; il avoit une volubilité dans la voix, & une espèce de hoquet, qui ne pouvoit convenir au genre sérieux, mais qui rendoit son jeu comique plus plaisant. La femme d'un des meilleurs comédiens que nous ayons eus[1], a donné ce portrait-ci de Molière,

« Il n'étoit ni trop gras, ni trop maigre;

la critique qui suit ne regarde que nos salles anciennes de théâtre qui n'existent plus.

morte il y a quelques années à Saint-Germain-en-Laye; elle avoit joué d'original une des Graces dans *Psyché*

[1] Mademoiselle Poisson, en 1671.

C iij

» il avoit la taille plus grande que petite,
» le port noble, la jambe belle; il marchoit
» gravement, avoit l'air très-férieux, le nez
» gros, la bouche grande, les lévres épaiffes,
» le teint brun, les fourcils noirs & forts;
» & les divers mouvemens qu'il leur don-
» noit lui rendoient la phyfionomie extrême-
» ment comique. A l'égard de fon caractère,
» il étoit doux, complaifant, généreux, il
» aimoit fort à haranguer; & quand il lifoit
» fes piéces aux comédiens, il vouloit qu'ils
» y amenaffent leurs enfans, pour tirer des
» conjectures de leur mouvement naturel.

Molière fe fit dans Paris un très-grand
nombre de partifans, & prefque autant d'ennemis. Il accoutuma le public, en lui faifant
connoître la bonne comédie, à le juger lui-
même très-févèrement. Les mêmes fpectateurs qui applaudiffoient aux piéces médiocres des autres auteurs, relevoient les moin-
dres défauts de Molière avec aigreur. Les
hommes jugent de nous par l'attente qu'ils
en ont conçue; & le moindre défaut d'un
auteur célèbre, joint avec les malignités du
public, fuffit pour faire tomber un bon ouvrage. Voilà pourquoi *Britannicus* & les *Plai-*
deurs de M. Racine furent fi mal reçus; voilà
pourquoi l'*Avare*, le *Mifantrope*, les *Femmes*
favantes, l'*École des femmes* n'eurent d'abord
aucun fuccès.

Louis XIV, qui avoit un goût naturel & l'efprit très-jufte, fans l'avoir cultivé, ramena fouvent par fon approbation la cour & la ville aux piéces de Molière. Il eût été plus honorable pour la nation, de n'avoir pas befoin des décifions de fon maître pour bien juger. Molière eut des ennemis cruels, furtout les mauvais auteurs du tems, leurs protecteurs, & leurs cabales : ils fufcitèrent contre lui les dévots ; on lui imputa des livres fcandaleux ; on l'accufa d'avoir joué des hommes puiffans, tandis qu'il n'avoit joué que les vices en général ; & il eût fuccombé fous ces accufations, fi ce même roi, qui encouragea & qui foutint Racine & Defpréaux, n'eût pas auffi protégé Molière.

Il n'eut à la vérité qu'une penfion de mille livres, & fa troupe n'en eut qu'une de fept. La fortune qu'il fit par le fuccès de fes ouvrages, le mit en état de n'avoir rien de plus à fouhaiter : ce qu'il retiroit du théâtre, avec ce qu'il avoit placé, alloit à trente mille livres de rente ; fomme qui, en ce tems-là, faifoit prefque le double de la valeur réelle de pareille fomme d'aujourd'hui.

Le crédit qu'il avoit auprès du roi, paroît affez par le canonicat qu'il obtint pour le fils de fon médecin. Ce médecin s'appeloit Mauvilain. Tout le monde fait qu'étant un jour

au diné du Roi : *Vous avez un Médecin*, dit le
roi à Molière ; *que vous fait-il ? Sire*, répondit
Molière, *nous caufons enfemble, il m'ordonne
des remèdes, je ne les fais point, & je guéris.*

Il faifoit de fon bien un ufage noble &
fage : il recevoit chez lui des hommes de la
meilleure compagnie, les Chapelles, les
Jonfacs, les Desbarreaux, &c. qui joignoient
la volupté & la philofophie. Il avoit une
maifon de campagne à Auteuil, où il fe dé-
laffoit fouvent avec eux des fatigues de fa
profeffion, qui font bien plus grandes qu'on
ne penfe. Le maréchal de Vivonne, connu
par fon efprit, & par fon amitié pour Defpréaux, alloit fouvent chez Molière, & vivoit avec lui comme Lélius avec Térence.
Le grand Condé exigeoit de lui qu'il le vînt
voir fouvent, & difoit qu'il trouvoit toujours à apprendre dans fa converfation.

Molière employoit une partie de fon revenu en libéralités, qui alloient beaucoup plus
loin que ce qu'on appelle dans d'autres hommes des charités. Il encourageoit fouvent par
des préfens confidérables de jeunes auteurs
qui marquoient du talent : c'eft peut-être à
Molière que la France doit Racine. Il engagea le jeune Racine, qui fortoit du Port-
royal, à travailler pour le théâtre dès l'âge
de dix-neuf ans. Il lui fit compofer la tragé-

die de *Théagène & Chariclée* ; & quoique cette piéce fût trop foible pour être jouée, il fit préfent au jeune auteur de cent louis, & lui donna le plan des *Frères ennemis*.

Il n'eft peut-être pas inutile de dire, qu'environ dans le même tems, c'eft-à-dire en 1661, Racine ayant fait une ode fur le mariage de Louis XIV, M. Colbert lui envoya cent louis au nom du Roi.

Il eft très-trifte pour l'honneur des lettres, que Molière & Racine ayent été brouillés depuis ; de fi grands génies, dont l'un avoit été le bienfaiteur de l'autre, devoient être toujours amis.

Il éleva & il forma un autre homme, qui, par la fupériorité de fes talens, & par les dons finguliers qu'il avoit reçus de la nature, mérite d'être connu de la poftérité. C'étoit le comédien Baron, qui a été unique dans la tragédie & dans la comédie. Molière en prit foin comme de fon propre fils.

Un jour Baron vint lui annoncer qu'un comédien de campagne, que la pauvreté empêchoit de fe préfenter, lui demandoit quelque léger fecours pour aller joindre fa troupe. Molière ayant fû que c'étoit un nommé Mondorge, qui avoit été fon camarade, demanda à Baron combien il croyoit qu'il falloit lui donner ? Celui-ci répondit au hafard :

Quatre piſtoles. Donnez-lui quatre piſtoles pour moi, lui dit Molière, *en voilà 20 qu'il faut que vous lui donniez pour vous;* & il joignit à ce préſent, celui d'un habit magnifique. Ce ſont de petits faits, mais ils peignent le caractère.

Un autre trait mérite plus d'être rapporté. Il venoit de donner l'aumône à un pauvre. Un inſtant après, le pauvre court après lui, & lui dit, *Monſieur, vous n'aviez peut-être pas deſſein de me donner un louis d'or, je viens vous le rendre. Tiens, mon ami*, dit Molière, *en voilà un autre;* & il s'écria: *Où la vertu va-t-elle ſe nicher!* Exclamation qui peut faire voir qu'il réfléchiſſoit ſur tout ce qui ſe préſentoit à lui, & qu'il étudioit par-tout la nature en homme qui la vouloit peindre.

Molière, heureux par ſes ſuccès & par ſes protecteurs, par ſes amis & par ſa fortune, ne le fut pas dans ſa maiſon. Il avoit épouſé en 1661 une jeune fille, née de la Béjart & d'un gentilhomme nommé Modène. On diſoit que Molière en étoit le père: le ſoin avec lequel on avoit répandu cette calomnie, fit que pluſieurs perſonnes prirent celui de la réfuter. On prouva que Molière n'avoit connu la mère qu'après la naiſſance de cette fille. La diſproportion d'âge, & les dangers auxquels une comédienne jeune & belle eſt expoſée, rendirent ce mariage malheureux; &

Molière, tout philofophe qu'il étoit d'ailleurs, effuya dans fon domeftique les dégoûts, les amertumes, & quelquefois les ridicules, qu'il avoit fi fouvent joués fur le théâtre[1]. Tant il eft vrai que les hommes qui font au-deffus des autres par les talens, s'en rapprochent prefque toujours par les foibleffes. Car pourquoi les talens nous mettroient-ils au-deffus de l'humanité ?

La dernière piéce qu'il compofa fut *le Malade imaginaire.* Il y avoit quelque tems que fa poitrine étoit attaquée, & qu'il crachoit quelquefois du fang. Le jour de la troifiéme repréfentation, il fe fentit plus incommodé qu'auparavant : on lui confeilla de ne point jouer ; mais il voulut faire un effort fur lui-même, & cet effort lui coûta la vie.

Il lui prit une convulfion en prononçant *juro*, dans le divertiffement de la réception *du Malade imaginaire.* On le rapporta mourant chez lui, rue de Richelieu. Il fut affifté quelques momens par deux de ces fœurs religieufes qui viennent quêter à Paris pendant le carême, & qu'il logeoit chez lui. Il mourut entre leurs bras, étouffé par le fang qui lui fortoit par la bouche, le 17 Février 1673, âgé de cinquante-trois ans. Il ne laiffa qu'une

[1] C'eft ici qu'on pourroit appliquer ce que dit Quintilien : *Rifum fecit, fed ridiculus fuit.*

fille, qui avoit beaucoup d'efprit. Sa veuve
époufa un comédien nommé Guérin.

. Le malheur qu'il avoit eu de ne pouvoir
mourir avec les fecours de la religion, & la
prévention contre la comédie, déterminèrent
M. Harlay de Chanvalon [1], archevêque de
Paris, fi connu par fes intrigues galantes, à
refufer la fépulture à Molière. Le Roi le re-
grettoit ; & ce Monarque, dont il avoit été
le domeftique & le penfionnaire, eut la bonté de prier l'archevêque de Paris de le faire
inhumer dans une églife. Le curé de Saint
Euftache, fa paroiffe, ne voulut pas s'en
charger. La populace, qui ne connoiffoit
dans Molière que le comédien, & qui ignoroit qu'il avoit été un excellent auteur, un
philofophe, un grand homme en fon genre,
s'attroupa en foule à la porte de fa maifon le
jour du convoi : fa veuve fut obligée de jeter
de l'argent par les fenêtres ; & ces miférables,
qui auroient, fans favoir pourquoi, troublé
l'enterrement, accompagnèrent le corps avec
refpect.

La difficulté qu'on fit de lui donner la fépulture, & les injuftices qu'il avoit effuyées
pendant fa vie, engagèrent le fameux père

---

[1] Voyez fon portrait dans
le *Segraifiana*, pag. 24, il
finit par ces mot, c'étoit une *grande happelourde... Il n'é-
toit propre qu'à attraper de
petites femmes.*

Boühours à compofer cette efpèce d'épitaphe, qui, de toutes celles qu'on fit pour
Molière, eft la feule qui mérite d'être rap-
portée, & la feule qui ne foit pas dans cette
fauffe & mauvaife hiftoire qu'on a mife jufqu'ici au-devant de fes ouvrages.

> Tu réformas & la ville & la cour ;
>   Mais quelle en fut la récompenfe ?
>   Les François rougiront un jour
>   De leur peu de reconnoiffance.
>   Il leur fallut un comédien,
> Qui mît à les polir fa gloire & fon étude ;
> Mais, Molière, à ta gloire il ne manqueroit rien,
> Si parmi les défauts que tu peignis fi bien,
> Tu les avois repris de leur ingratitude.

Non-feulement j'ai omis dans cette vie de
Molière les contes populaires touchant Chapelle & fes amis ; mais je fuis obligé de dire,
que ces contes adoptés par Grimareft font
très-faux. Le feu duc de Sully, le dernier
prince de Vendôme, l'abbé de Chaulieu,
qui avoient beaucoup vécu avec Chapelle,
m'ont affuré que toutes ces hiftoriettes ne
méritoient aucune créance.

AVERTISSEMENT

Sur le Supplément à la Vie de MOLIÈRE.

Aucune main ne devoit ofer toucher au tableau qu'on vient de voir ; il peint Molière par tous les grands traits de fa vie , & l'on ne s'eft livré à la recherche de quelques autres détails , que pour fatisfaire à la curiofité d'un ordre de lecteurs avides de tout ce qui regarde les grands hommes de la nation.

Les avertiffemens & les obfervations de l'Éditeur contiennent plufieurs anecdotes , qui, s'y étant placées naturellement , n'ont pas dû groffir çe Supplément.

SUPPLÉMENT

A LA VIE DE MOLIÈRE.

EN FAISANT des recherches plus exactes que l'on n'en a fait jusqu'à préfent fur la famille de Molière, on a appris qu'il s'y confervoit une tradition qui donneroit, au nom de Poquelin, plus d'importance civile qu'il n'en a eu; mais la plus grande gloire de ce nom fera toujours d'avoir été celui du père de notre théâtre comique.

Un nommé Poquelin, Écoffois, fut un de ceux qui composèrent la garde que Charles VII attacha à fa perfonne, fous le commandement du général *Patillôc.* Les defcendans de ce Poquelin s'établirent, les uns à Tournai, les autres à Cambray, où ils ont joui long-tems des droits de la noblesse : les malheurs des tems leur firent une nécessité du commerce, dans lequel quelques-uns d'entr'eux vinrent faire oublier leurs priviléges à Paris.

Tels font les faits qu'on a appris de quelques perfonnes qui portent encore parmi nous le nom de Poquelin; mais qu'importe aux parens collatéreaux de Molière la notoriété mieux conftatée d'une nobleffe que leurs ancêtres avoient perdue? Ils ont acquis un plus beau titre, & que les tems ne peuvent effacer, celui d'appartenir à un des plus grands hommes qu'ayent produit les lettres.

L'éditeur a fous les yeux un arbre généalogique de la famille des Poquelins établis à Paris; qui le croiroit! Jean-Baptifte Poquelin, dit Molière, ne s'y trouve point: fa profeffion de comédien l'en a exclus. Il n'y avoit pourtant que l'orgueil bien pardonnable de vouloir tenir à lui qui pût juftifier la peine qu'on a prife de faire une généalogie. Qu'eft-ce que le nom de Poquelin féparé de celui de Molière?

On trouve beaucoup de contes affez incertains fur l'effroi que caufa dans la famille de Poquelin fon envie d'embraffer le métier de comédien [1]; ce que nous remarquerons, c'eft qu'une déclaration du Roi du 16 Avril

---

[1] *Voyez* Vie de Molière par Grimareft, les Hommes Illuftres de Perrault, & le Dictionnaire de Bayle. La fingularité des Anecdotes infpiroit rarement à ce dernier le defir d'en juftifier la réalité.

1641, enregiſtrée au Parlement le 24 du même mois, défendoit que *l'état d'acteur pût être déſormais imputé à blâme, & préjudiciât à la réputation du comédien dans le commerce public.* Il n'eſt pas du reſſort de ces additions d'examiner pourquoi cette déclaration enregiſtrée n'a été que la loi d'un moment, il ſuffit pour le jeune Poquelin qu'elle ait exiſté & qu'elle ait pû le défendre alors contre les vaines réſiſtances de ſa famille. Reçu en furvivance dans la charge de ſon père auprès du Roi, il n'en perdit jamais ni l'exercice ni les avantages.

On a oui dire ſouvent à M. le Préſident de Monteſquieu, d'après une ancienne tradition de Bordeaux, que Molière, encore comédien de campagne, avoit fait repréſenter dans cette ville une tragédie de ſa façon, qui avoit pour titre *la Thébaïde*, mais que le peu de ſuccès qu'elle avoit eu, l'avoit détourné du genre tragique [1]. Nous ſavons que le

[1] Nous avions Corneille, qu'importoient à la Muſe tragique de nouveaux efforts, qui ne pouvoient humainement égaler les premiers ? le bonheur de la France écartaMolière de cette route, afin que le ſublime auteur de *Cinna*, de *Rodogune* & des *Horaces*, vît la comédie portée auſſi haut qu'il avoit placé la tragédie.

jeune Racine alla offrir à Molière, de retour à Paris, sa tragédie de *Théagène & de Chariclée*, qui se ressentoit trop de l'âge de l'auteur & de la source romanesque où elle avoit été puisée ; & que Molière entrevoyant le génie du jeune homme, lui donna le plan des *Frères ennemis*. C'étoit, sans doute, celui dont il avoit tiré si peu de parti à Bordeaux.

Il y a grande apparence que la traduction de Lucrèce fut le premier ouvrage de Molière. L'historien de sa vie dit qu'il n'avoit mis en vers que les endroits qui pouvoient prêter davantage à la poésie.

Cet ouvrage, dont il ne nous a conservé qu'un morceau dans la scène cinquiéme du second acte du *Misantrope*, cessa de lui plaire dès qu'il eut acquis quelque réputation à Paris. On sait qu'en 1664 il refusa chez le comte du Broussin d'en faire la lecture, *dans la crainte qu'elle ne le fît paroître indigne des louanges que venoit de lui donner son ami Despréaux dans la satire que ce dernier lui avoit adressée.*

Le style de Molière étoit si défectueux dans ses premiers essais, qu'il a fait probablement le sacrifice de cette traduction à son goût perfectionné, & au bonheur qu'il eut

par la fuite d'être difficilement content de ce
qu'il avoit fait.

On fait qu'à la lecture de ce vers de Boileau parlant de lui :

Il plaît à tout le monde & ne fauroit fe plaire,

il s'écria, en ferrant la main du fatirique,
*voilà la plus grande vérité que vous ayez jamais
dite : je ne fuis pas du nombre de ces efprits fu-
blimes dont vous parlez ; mais tel que je fuis, je
n'ai jamais rien fait dont je fois véritablement
content.* Ce qui doit faire admirer encore plus
la modeftie de Molière, c'eft qu'il a tenu ce difcours dans la même année où les trois premiers actes du *Tartuffe* ont été joués à la Cour.

Les différentes courfes que Molière fit
dans le Languedoc avec fa troupe, lui pro-
curèrent la connoiffance d'un Artifte avec
lequel il contracta l'amitié la plus étroite.
Avignon fut le lieu où il rencontra le célèbre Mignard, qui, revenant d'Italie, s'occupoit dans le Comtat à deffiner les antiques
d'*Orange & de S. Remi.* A l'union vive & du-
rable qui s'établit entre-eux, il fembloit que
tous deux devinaffent leur célébrité future,
& combien leur gloire mutuelle devoit ajouter au plaifir qu'ils trouvoient à s'aimer.

Réunis depuis à Paris, ils se donnèrent tous deux des preuves de leur attachement. Mignard laissa à la postérité le portrait de son ami ; & Molière, dans son poëme du Val-de-Grace, rendit, comme l'Ariofte au Titien, l'immortalité qu'il venoit d'en recevoir.

L'auteur des Observations critiques sur différens poëmes[1], né pour la critique, s'il veut bien ne pas l'exagérer & n'en pas séparer l'hommage qu'on doit aux vraies beautés, prétend que *Molière avec un génie très-rare, n'a pu parvenir à se faire lire, quand il a voûlu, par les vers du poëme de la peinture.* On remarquera ici contre cette décision trop généralement exprimée, qu'il falloit n'y pas comprendre les morceaux excellens sur la fresque & sur la peinture à l'huile, ainsi que quelques autres endroits sur l'art du dessin & sur le coloris, dans lesquels il y a les vers les plus heureux & les beautés les plus décidées.

On trouve dans l'*Anonimiana* une critique de ce poëme. Le rédacteur inconnu de ces mêlanges nous revèle que Molière aimoit la fille de son ami, devenue depuis madame *de Feuquieres.*

On y attribue à une femme cette critique,

[1] M. Clément.

entreprife, dit-on, pour faire plaifir à M. de Colbert, qui préféroit le Brun à Mignard.

Cette critique eft fuivie d'un envoi qui en fut fait à Molière; l'auteur s'y excufe du peu de talent qu'elle vient de montrer pour la poéfie; mais, ajoute la dame prétendue,

. . . . *Ce n'eft pas merveille*
Que l'on foit ignorant dans le métier d'autrui .

. . . .
Si tu fais bien des vers, tu fais peu la peinture, &c.

Cette anecdote de la préférence ouverte que donnoit le Miniftre à M. le Brun fur Mignard, & du manége du premier de ces peintres, eft apperçue dans le poëme du Val-de-Grace, lorfque Molière dit avec adreffe :

Les grands hommes, Colbert, font mauvais courtifans .

. . . .
Ils ne fauroient quitter les foins de leur métier
Pour aller chaque jour fatiguer ton portier . &c.

Colbert étoit trop grand pour faire un crime à Molière de fon amitié pour Mignard, & nous voyons qu'en 1666 un de fes parens fut affocié à M.M. *Ranchin* & *Pecquot* pour l'établiffement de la manufacture des glaces, & que, trois ans après, ce même Poquelin fut un des trente affociés de la Compagnie des affurances fondée par le même Miniftre. Le nom de Molière qui fe trouve dans cette lifte pourroit faire penfer que notre auteur avoit lui-même un intérêt dans cette affaire.

Mais, pour dire nn mot encore de la critique du poëme du Val-de-Grace, nous remarquerons qu'elle n'eft qu'une efpéce de parodie bouffonne de toutes les beautés du plafond de Mignard.

L'auteur de l'Anonimiana, dans l'annonce qu'il fait de cette critique, ajoute qu'on la donne avec tous fes défauts, parçe que M. de Colbert qu'elle a réjoui, n'a pas voulu qu'on y touchât. Il dit encore que les foixante ou quatre-vingt premiers vers de la dame auteur font fur les mêmes rimes que celles de Molière, & rien n'eft moins vrai. Comment tombe-t-on dans des erreurs auffi aifées à éviter ?

Ménage préféroit le poëme de Perrault fur la peinture à celui de Molière, quoiqu'il trouvât celui de fon ami *un peu obfcur en quelques endroits, & trop négligé dans d'autres.* L'avis de Ménage eft fufpect à l'égard de Molière, & généralement il eft de peu de poids en fait de vers.

M. de Puimorin , frère de Defpréaux,
ayant effayé de tourner en épigramme un
mot affez malin qu'il avoit dit à Pradon ,
n'avoit pu faire que ces deux vers :

Hélas ! pour mes péchés je n'ai fû que trop lire
Depuis que tu fais imprimer.

Ce fut à fon frère & à meffieurs Racine
& Molière raffemblés , qu'il demanda deux
autres vers pour rimer aux fiens, & voici ceux
qu'ils lui donnèrent :

Froid, fec, dur, rude auteur, digne objet de fatire,
De ne favoir pas lire ofes-tu me blâmer ?
Hélas ! &c.

Ce qu'il y a de particulier dans ce fait peu
intéreffant par lui-même, c'eft que Racine
& Molière eurent une petite querelle fur le
premier hémiftiche du fecond vers. Le poëte
tragique vouloit qu'on écrivît

De mon peu de lecture ofes-tu me blâmer ?

pour éviter fans doute la confonnance de la
rime *fatire* avec le mot *lire* qui termine
cet hémiftiche : mais Molière foutint qu'il
falloit s'en tenir à la première expreffion , &
que la raifon & l'art même demandoient &
autorifoient fouvent le facrifice d'une plus
grande perfection du vers à une plus grande

D iv

juftefle. Defpréaux (dit fon commentateur)
n'oublia pas cette décifion de Molière, &
en fit un précepte dans fon art poétique,
chant 4.

> Quelquefois dans fa courfe un efprit vigoureux
>
> Trop refferré par l'art, fort des règles prefcrites,
>
> Et de l'art même apprend à franchir leurs limites.

Racine, ami de Molière, à qui il avoit des
obligations de plus d'une efpèce, donna le
15 Décembre 1655 fa tragédie d'*Alexandre*.
L'abbé de Bernay, chez lequel il demeuroit,
fouhaitoit qu'elle fût repréfentée à l'hôtel
de Bourgogne; mais Racine étoit trop re-
connoiffant pour ne pas fe défendre d'abord
de faire cette injure au théâtre de Molière,
Defpréaux fut confulté, & l'abbé de Bernay
fe rendit à fon avis. Malheureufement cette
piéce qu'on ne joue plus, eut peu de fuccès [1],
& les amis du poëte le forcèrent à retirer fa
tragédie & à la confier aux acteurs de l'hôtel de Bourgogne qui la firent réuffir. C'eft
de-là que vint la brouillerie de Racine & de
Molière (dit le Boleana).

[1] Ce fut fur la lecture de cette piéce que le grand Corneille lui confeilla d'abandonner le genre de la tragédie. Ce fait peut être cru, parcé que l'*Alexandre* n'étoit pas digne de Racine.

Ce fait , qui fe trouve en plufieurs endroits, n'eft défavoué nulle párt. Comment
le concilier avec la gazette en vers de Robi-
net, qui nous apprend dans fa lettre du 20
Décembre qu'Alexandre

> Paroît, comme on fait, à la fois
> Sur nos deux théâtres François.

& qui ajoute que

> . . . . Pour ce vainqueur de la Grèce
> Ce n'eft pas trop de ces deux lieux.

L'Alexandre avoit donc été diftribué aux
deux théâtres, comme nous avons vu en
1725 *la Force du fang*, comédie de *Bruéis*,
jouée en même - tems chez les comédiens
François & chez les Italiens, & avoir chez
les derniers quelques repréfentations de plus.

Ce qui fâcha Molière dans cette occafion,
ce fut de perdre la meilleure do fes actrices
la Duparc, qui paffa à l'hôtel de Bourgogne,
& qu'il foupçonna y avoir été entraînée par
les amis de Racine, ou peut-être par lui-
même. Au refte, leur petite défunion, qui
ne fut que trop réelle, ne les rendit jamais
injuftes l'un envers l'autre ; & leur refroidiffe-
ment ne fit point la honte des lettres.

Racine regarda toujours Molière comme

un homme unique. Louis XIV lui demandant un jour quel étoit le premier des grands hommes qui avoient illustré son règne, il lui nomma Molière. *Je ne le croyois pas*, répondit le roi; mais vous vous y connoissez mieux que moi.

L'Euripide François avoit, comme on le voit, bien oublié sa brouillerie avec Molière. La prééminence accordée à notre auteur par Racine, ne peut trouver pour contradicteur qu'un esprit médiocre. Mais comment Louis XIV osa-t-il dire *qu'il ne le croyoit pas*, lui qui avoit été le protecteur fidèle de Molière ! le sens supérieur qui guidoit toujours ce prince semble l'avoir abandonné dans cette circonstance. C'étoit sans doute à Racine lui-même que ce Prince accordoit le premier rang. La noblesse du genre en imposoit au monarque. A mérite égal entre l'auteur comique & l'auteur tragique, le peuple & les grands sont entraînés vers le dernier.

Molière n'approuva point dans l'Épître de Despréaux sur le passage du Rhin le vers cinquantième.

> Il apprend qu'un héros conduit par la victoire,
> A de ses bords fameux flétri l'antique gloire.

Ce dernier vers peut faire entendre, difoit-il, que la préfence du roi a deshonoré le fleuve; Defpréaux fe défendit, Molière ne fe rendit point, & le vers refta. Molière ofoit donc difputer même de vers avec Defpréaux, au moins pour la juftefle. L'auteur du *Mifan-trope* & des quatre premiers actes du *Tar-tuffe*, pouvoit ne reconnoître aucun poëte François au-deffus de lui.

On a oüi dire à Boileau que Molière, après lui avoir lu le *Mifantrope*, lui avoit dit, *vous verrez bien autre chofe*. Il mettoit alors la dernière main au *Tartuffe*; ce trait décide prefque la préférence qu'il donnoit à ce dernier ouvrage fur l'autre.

Molière quelquefois confultoit fa fervante, a dit le fublime auteur de la *Métromanie*, d'après la tradition. On fait de plus que Molière voulant un jour éprouver l'inftinct de la vieille *Laforeft*, lui fit lecture de quelques fcènes du comédien Brécour comme étant de lui; mais que la bonne femme ne fut point fa dupe, & ne reconnut point l'heureufe main de fon maître. Ce trait la fait juger digne de l'honneur fingulier que lui faifoit Molière. Il eft inutile, fans doute, d'ajouter ici que ce n'étoit pas le *Mifantrope*, par exemple, qu'il lifoit à cette fervante, qui n'étoit bonne au plus qu'à lui faire préjuger l'impreffion de gaîté qu'il devoit faire fur le public dans fes fcènes comiques.

Ne diffimulons rien, voici un tort de Molière, c'eft le cœur qui nuifit à l'efprit. Lorfque les *deux Jocondes* parurent, on ofa balancer entre ces deux contes, on gagea même & pour l'un & pour l'autre ; l'abbé le Vayer fut pour la Fontaine, & M. de Saint-Gille pour le poëte *Bouillon*; on prit Molière pour arbitre, & la franchife de fon goût ne décida point la gageure ; il n'alla point juf-qu'à fe déclarer contre la Fontaine, mais il refufa de prononcer contre M. de Saint-Gille fon ami. Boileau décida cette querelle auffi inconcevable que le déni de juftice de Molière.

Defpréaux, en compofant fa feconde fa-tire, trouvoit difficile de faire un vers qui rimât à celui-ci :

Dans mes vers recoufus mettre en piéce Malherbe,

Il confulta la Fontaine & Molière qui tous deux jugèrent la chofe peu faifable. Def-

préaux en vint cependant à bout, en ajou-
tant même à son idée ; voici ce vers :

Et transposant cent fois & le nom & le verbe,

Dans mes vers recousus, &c.

. Quelqu'un a écrit que la comédie du *Tartuffe* avoit été faite à la prière du grand Condé, qui vouloit se venger du P. *de la Chaize*,
confesseur du Roi, & que le personnage de
l'imposteur fut joué la première fois en sou-
tane & en chapeau à grands bords. Mais
cette anecdote tombe dès qu'on se rappelle
que le P. *de la Chaize* ne devint confesseur
qu'en 1675, après la mort de Molière. Il
avoit été précédé dans cette place par le
P. *Ferrier* en 1670, & le prédécesseur de celui-
ci avoit été le P. *Annat*, à qui le caractère du
Tartuffe étoit bien étranger, puisqu'au rapport
de l'Abbé de Choisi, *trouvant le poids trop
pesant, il s'en déchargea sur le P. Ferrier, &
eut l'honneur & la consolation de mourir simple
Religieux.*

Comment après cela ne pas se tenir dans
la plus grande défiance sur le compte des
compilateurs !

Le célèbre abbé de Longuerue nous paroît le seul qui ait écrit que Molière avoit

inventé le nom de *Tartuffe* d'après le mot Allemand *Der Teüfel*, qui se prononce vulgairement *Terteif*, & qui signifie le diable. Nous croyons cependant que l'anecdote qu'on trouvera sur ce nom qui a fait un mot de plus dans la langue Françoise, est plus vraisemblable. Voyez le *Tartuffe*.

M. Joly, Évêque d'Agen, prêchoit à Paris avec beaucoup d'action. On le comparoit à Molière; ce dernier, disoit-on, est plus grand prédicateur, & l'autre, plus grand comédien. Molière avoit dit de lui-même, à l'occasion du reproche que lui faisoient les ennemis du *Tartuffe*, d'avoir porté sur le théâtre une morale trop saine : *Pourquoi ne me seroit-il pas permis de faire des sermons, tandis qu'on permet au P. M. B. G.* [1] *de faire des farces ?*

Molière étoit fort ami du célèbre Avocat *Fourcroi*, homme très - redoutable dans la conversation par la capacité & la force de ses poulmons, ils eurent une dispute à table en présence de Despréaux, à qui Molière disoit : *Qu'est-ce que la raison avec un filet de voix, contre une gueule comme celle-là ?*

Lully, fais-nous rire, disoit Molière à cet excellent musicien, qu'il ne regardoit hors de

_____
[1] Le P. Maimbourg.

fon talent que comme un bouffon. Il falloit qu'il montât fur un tabouret pour jouer fes contes dont la pantomime faifoit le principal mérite.

Dans le Poëme du Siècle de Louis-le-Grand, de ce Perrault fi vanté de notre tems, & fi méprifé du fien, de ce profond Littérateur qui demandoit à un de fes amis quelles étoient les plus belles Odes de Pindare, d'Horace, & de Malherbe même; il eft fingulier de trouver Molière placé fur la ligne de Triftan & de Rotrou, & fur-tout de l'entendre vanter par fa naïveté dans ce pitoyable vers,

> *Les Molières naïfs, les Rotrou, les Triftan.*

Quelle compagnie & quel éloge! Inimitable Molière! (s'écrie l'Auteur des Variétés amufantes & férieufes,) les âges qui ont fuivi n'ont pas été fi injuftes envers vous.

Un an après la mort de Molière, on ne fait quel particulier s'avifa de mettre en vers *le Mariage Forcé*, qui ne parut imprimé chez la veuve Dupont qu'en 1676, quoique la permiffion de M. de la Reynie foit datée de 1674. Cette piéce eft devenue fort rare, & mérite peu la peine d'être recherchée. Si Somaize qui, en 1660, avoit mis en vers déteftables *les Précieufes Ridicules*, vivoit en

core en 1674, il ne faut pas chercher un autre
Auteur pour celle dont nous parlons , &
qu'on nous a communiquée depuis l'impreffion du troifième volume de cette Édition.,
où fe trouve *le Mariage Forcé.*

Lorfque Molière , dans la fcène huitième
de *Sganarelle* avec *Marphurius ,* fait dire au
premier , j'ai une grande inclination pour
la fille , voici comme on le traveftit dans la
fcène cinquième de la Traduction.

SGANARELLE.

. . . · . . . . . . Son air
Me force adroitement d'en devenir le pair.

Et dans la fcène de *Dorimène* & de *Lycafte ,*
qui , chez Molière , eft la treizième , & chez
le Traducteur, la feptième, *Dorimène* dit :

Je ne dois pas au ciel long-tems demander *trève ,*
Ni foupirer après l'heureûx état de *veuve.*

Ces deux traits fuffifent pour donner l'idée
de cette miférable Traduction.

Louis XIV demandant à Defpréaux quels
Auteurs avoient le mieux réuffi dans l'art de
la comédie. Je n'en connois qu'un , dit le Sa-
tirique, tous les autres n'ont fait que des
farces. Si bien donc, reprit le Roi, que Defpréaux n'eftime que Molière ; il n'y a auffi
que

que lui, Sire, répondit-il, qui foit eftimable dans fon genre.

C'eft d'après ces jugemens que le même Prince difoit au commencement du fiécle préfent, qu'il avoit perdu deux hommes qu'il ne répareroit jamais, Lully & Molière.

Bien des gens fe rappellent d'avoir ouï dire à M. de la Motte, que l'Académie Françoife avoit fouhaité de compter Molière au nombre de fes membres ; mais cette loi de 1641, dont on a parlé, fans avoir été révoquée, étoit reftée dans l'oubli. En vain lui propofa-t-on de quitter fa profeffion, tout fut inutile, & l'Académie n'orna point fa lifte de ce nom fameux. Son éloge qu'elle a propofé à l'Europe, & pour lequel M. de Chamfort a été couronné, eft une preuve des regrets qu'elle en a. C'eft fe l'affocier autant qu'il eft en elle aujourd'hui, de l'avoir choifi le premier pour fervir de modèle aux gens de lettres. La place honorable qu'elle fit prendre le jour de la lecture publique de l'éloge de ce grand homme à deux de fes neveux [1], marque en-

---

[1] M. Poquelin, âgé de plus de 80 ans, & M. l'Abbé de la Foffe, fils d'une Poque-lin, & petit-fils du célèbre de la Foffe, de l'Académie de Peinture.

core avec plus d'intérêt la confidération qu'il
a confervée dans ce corps.

. *Il y a un point d'honneur pour moi à ne point*
quitter, difoit-il à fon ami Defpréaux, qui le
follicitoit d'abandonner l'action théâtrale,
nuifible même à fa fanté, & de s'en tenir à la
compofition de fes pièces.

` M. de Colbert avoit témoigné, dit - on,
fa furprife de ce que Molière n'étoit pas de
l'Académie. M. Perrault fit part de cet étonnement fi jufte à fes confrères, qui répon-
dirent qu'un homme tel que Molière étoit
fans doute au deffus des règles & méritoit des
diftinctions ; mais qu'il falloit obtenir de lui
de ne plus jouer que des perfonnages graves,
& d'abandonner les rôles comiques à caufe
du petit inconvénient des coups de bâton.
Molière, ajoute-t-on, fe refufa même à cet
accommodement qui nous paroît peu vraifemblable. Comment imaginer en effet que
des gens fenfés aient vu une différence effentielle entre l'acteur qui reçoit des coups de
bâton & celui qui les donne ?

` N'eft-ce point ici le lieu de faire remar-
quer la fatalité attachée au plus grand nombre des auteurs comiques, relativement à
l'Académie Françoife ? Bruéis, Palaprat,

Regnard, le Sage, Dufrefni, Autereau, Jolly, de Lifle, Fagan, Pison, Saintfoix, Collé, l'auteur du *Complaifant, du Fat puni, des Tuteurs,* &c. &c. [1] ne font point fur fes liftes, tandis que des auteurs de tragédies, abfolument oubliées, tels que celui des *Tindarydes,* y font infcrits.

Il arriva en 1669 une aventure à un jeune médecin chez un barbier de fon voifinage, jaloux des vifites trop fréquentes que le docteur rendoit à fa femme. Le médecin échappé du danger qu'il avoit couru, avoit rendu plainte contre le barbier; & Gui-Patin dans fa lettre 504, dit que le bruit couroit que Molière vouloit faire une comédie de cette hiftoire; *ce qui pourroit bien arriver,* ajoute-t-il, & ce qui n'arriva point. On prétendoit que la comédie que devoit faire notre auteur auroit pour titre, *le Médecin fouetté,* & *le Barbier cocu.* V. lettre 507.

Molière, en portant ce Vaudeville au théâtre, n'eût fait qu'une fatyre, & non point une comédie; fi Gui - Patin eût mieux connu & l'artifte & l'art, il n'eût point accrédité ce

---

[1] On ne parle point de Grand & Baron, à caufe de Montfleuri, Dancourt, le leur profeffion de comédien.

bruit. Souvenons-nous du mot du comte de Buſſi Rabutin. *Deſpréaux attaqua le vice à force ouverte, & Molière plus finement que lui.*

Un jour Molière ſoupoit (dit M. l'abbé d'Olivet) avec Racine, Deſpréaux, la Fontaine & Descoteaux, fameux joueur de flute. La Fontaine étoit ce jour-là, encore plus qu'à ſon ordinaire, plongé dans ſes diſtractions; Racine & Deſpréaux, pour le tirer de ſa léthargie, ſe mirent à le railler, & ſi vivement qu'à la fin Molière trouva que c'étoit paſſer les bornes. Au ſortir de table il pouſſa Deſcoteaux dans l'embraſure d'une fenêtre, & lui parlant de l'abondance du cœur : *Nos beaux eſprits,* dit-il, *ont beau ſe trémouſſer, ils n'effaceront pas le bon homme.*

Le fameux ſouper d'Auteuil [1] eſt là principale anecdote de la vie de Molière, ſur laquelle M. de Voltaire a voulu répandre du doute. Cependant on trouve encore des Gens qui ſe ſouviennent de l'avoir ouï raconter à

---

[1] *Ce fameux ſouper,* dit M. Racine le fils, *quoique peu croyable, eſt très-véritable.* Cet auteur nous apprend que le grave Deſpréaux étoit de la partie, & qu'il a raconté plus d'une fois cette folie de ſa jeuneſſe.

Defpréaux, à Baron, & à plufieurs anciens habitans du lieu de la fcène.

Il eft très-poffible que l'amitié qu'avoient pour Chapelle le duc de Sulli, le prince de Vendôme & l'abbé de Chaulieu, les ait engagés à nier un fait qui n'annonçoit ni la fobriété, ni la fageffe de leur ami; mais cette hiftoriette, fût-elle incertaine, n'honore-t-elle pas affez Molière pour nous mettre dans l'obligation de la conferver ?

Heureux celui fur lequel la tradition laiffe des faits qui le peignent avec avantage. A les fuppofer faux, la fiction a eu befoin pour leur donner la vogue d'une opinion avantageufe pour celui qui en eft l'objet. Ce font des traits qui appartiennent au portrait qu'on en veut faire; ils achèvent la reffemblance. C'eft ainfi que la jolie fable du Nain de mademoifelle Lenclos, eft une preuve qu'elle conferva fes charmes bien au-delà du tems ordinaire.

D'après cette réflexion, on peut je crois, fans manquer aux égards qu'on doit aux opinions de M. de Voltaire, raconter un fait qu'il n'a peut-être rejeté que par l'éloignement qu'il a quelquefois pour les chofes un peu fingulières. Le voici.

Molière avoit dans le village d'Auteuil une

maifon où il donnoit des foupers à la meilleure compagnie de la cour & de la ville,
mais comme fa fanté languiffante exigeoit
prefque toujours qu'il fût au lait pour toute
nourriture, c'étoit fon ami Chapelle qui faifoit les honneurs de fa maifon. Un jour que
ce dernier y étoit allé avec Meffieurs de
Nantouillet, Jonfac, Defpréaux [1], Baron &
quelques autres, Molière, qui avoit affifté au
commencement du fouper, fe retira, & laiffa
fes amis fe livrer au plaifir de caufer & de
boire auffi long-tems qu'ils le voudroient.

Le feu de la converfation, & fur-tout les
fumées du vin, échauffèrent par degrès les
efprits, & la converfation étant tombée fur
les misères humaines, nos gens exhalèrent
bientôt les triftes rêves d'une philofophie

---

[1] Chapelle avoit rendu Boiléau prefque auffi buveur que lui; on fçait qu'il l'enivra une fois en écoutant fes con-feils fur la fobriété, mais peu de gens connoiffent le qua-train qu'il fit un jour fur le plaifir qu'il avoit à déranger quelquefois la raifon du Sa-tirique : le voici.

O Dieux ! que j'épargne de bile
Et d'injures au genre-humain,
Lorfque verfant ta lampe d'huile,
Je te mets le verre à la main !

fombre & noire. Nous fommes tous des lâches, dit Chapelle, que ne ceffons-nous de murmurer & de vivre ? La rivière eft à cent pas, allons nous y précipiter.

L'enthoufiafme du poëte ivre paffa rapidement dans toutes les têtes. Déjà on fe leve en applaudiffant, on fe prépare, en s'embraffant pour la dernière fois, à terminer des jours qui paroiffent d'un poids & d'un ennui iufupportables. Le célèbre Baron heureufement avoit confervé plus de fens-froid, il court au lit de Molière, qui bientôt paroît au milieu de fes amis. Eh quoi! leur dit-il, j'apprends que vous avez conçu le projet le plus courageux & le plus fage, & je ne devrai qu'à Baron l'honneur de le partager ? Eft-ce donc pour moi que la vie a des douceurs ? & fuis-je fait pour la méprifer moins que vous ? Il a raifon, s'écria Chapelle, il nous manquoit, qu'il vienne.... Un moment, reprit Molière, n'abandonnons point une réfolution fi belle aux fauffes interprétations qu'on peut lui donner. On faura qu'à la fuite d'un long fouper nous aurons fait le facrifice de notre vie, & la calomnie avide de tout dénigrer, répandra le bruit que l'ivreffe nous a plus infpirés

que la philofophie. Amis, fauvons notre fageffe, attendons le retour prochain du foleil; alors, aux yeux de tout le monde, nous
donnerons cette leçon publique du jufte
mépris de la vie. Parb.eu, dit Chapelle, fa
réflexion eft de bon fens, donnons au repos
le refte de la nuit, notre fageffe n'en fera
que plus pure & plus éclatante. Molière
en fut cru, on dormit, & le reveil, comme
il l'avoit prévu, fit trouver à fes convives
affez de plaifir à vivre pour les exciter à rire
de leur ridicule faillie de la nuit.

Defpréaux, qu'on fe peint fouvent plus
trifte qu'il n'étoit, s'amufoit quelquefois à
contre-faire très-heureufement les gens qu'il
voyoit. Un jour qu'il avoit diverti le roi en
contre-faifant devant lui tous les comédiens,
Louis XIV voulut qu'il contrefît auffi Molière qui étoit préfent, & lui demanda enfuite s'il s'étoit reconnu. Nous ne pouvons,
répondit Molière, juger de notre reffemblance; mais la mienne eft parfaite s'il m'a
auffi bien imité qu'il a imité les autres.

Molière s'étant un jour préfenté en fa qualité de valet-de-chambre pour faire le lit du
roi, un autre valet-de-chambre qui devoit

le faire avec lui se retira brusquement, en
disant qu'il n'avoit point de service à partager avec un comédien. Bellocq, autre valet-
de-chambre, homme d'esprit, & qui faisoit
de jolis vers, s'approcha dans le moment &
dit : *M. de Molière voulez-vous bien que j'aie
l'honneur de faire le lit du roi avec vous?* Cette
aventure, fort ridicule pour le premier camarade de Molière, vint aux oreilles de sa majesté, qui fut très-fâchée qu'on eût marqué du
mépris à un homme d'un génie aussi rare.

Molière eut encore plus d'une fois à souffrir du même préjugé avec sa famille. En
vain engagea-t-il sa troupe à donner à son
théâtre les entrées libres aux Poquelins qui
s'y présenteroient. Il n'y en eut que très-peu
qui en profitèrent. On a vu dans le premier
article de ce Supplément qu'un particulier
de cette famille l'avoit encore supprimé dans
l'arbre généalogique qu'il en a dressé de nos
jours, mais on doit à ses autres parens la justice d'assurer qu'ils désavoueroient cette
omission si elle devenoit publique.

Ennemi de toutes les espèces de grimaces,
Molière passa dans la société pour un homme
solide & sûr. La droiture de son cœur & la
franchise de son caractère, lui firent des amis

de tout ce qu'il y avoit en France de plus
aimable & de plus diftingué. Sa maifon fut
le rendez-vous de toutes les efpéces de mérite, & fa haute réputation ne fit appercevoir
aucune différence entre le grand Seigneur &
lui.

Monfieur le Prince aimoit fon entretien, il
l'avoit prié de lui donner les momens qu'il
pourroit avoir libres; il trouvoit, difoit-il,
toujours à profiter avec lui; fon jugement
fain, fa raifon étonnante & fon goût fupérieur, le lui faifoient préférer à tous les hommes célèbres de fon tems: & nous ne devons
pas oublier ce que ce héros dit au bel efprit
qui lui apporta une épitaphe de ce Poëte
comique: *Plût au ciel que ce fût lui qui m'ap-*
portât la tienne !

Molière toujours entouré de gens aimables.
& livrés à l'amour des plaifirs, ne pouvoit
pas toujours garder le régime qu'exigeoit fa
poitrine, témoins ces vers de fon ami Chapelle dans fon épître à M. de Jonfac.

> Molière que bien connoiffez
> Et qui vous a fi bien farcés,
> Meffieurs les coquets & coquettes,
> Les fuivoit ; & buvoit affez
> Pour vers le foir être en goguettes.

Avec une santé foible, avec un travail sans relâche, avec des soucis domestiques & des embarras de toute espèce [1], Molière, dont la mémoire s'étendra dans tous les siécles, ne vécut que 51 ans. La France le perdit, le pleura, & doit le pleurer encore en se voyant si loin de réparer sa perte. La nature a peut-être préparé moins de honte aux autres nations, puisqu'elle ne leur a pas offert d'aussi grands modèles à suivre.

Je cherche dans Paris les statues de Corneille & de Molière, où sont - elles ? Où sont leurs mausolées ! s'écrie M. de Saintfoix dans ses Essais Historiques sur Paris, tome 3.

Mademoiselle Molière, qui s'étoit comportée en femme estimable à la mort de son mari, & qui crioit à l'ingratitude des hommes en voyant qu'on lui refusoit une sépulture, oublia bientôt sa douleur & se remaria avec *Guerin Detriché*, son camarade obscur.

[1] *Voyez* la lettre que lui écrit Chapelle, sur les difficultés qu'il éprouvoit à distribuer ses rôles à ses trois principales Actrices. Il le compare à Jupiter, embarrassé de concilier les trois Déesses pendant le siége de Troye.

C'eſt à l'occaſion de ce mariage qu'on fit ce quatrain.

Les graces & les ris regnent ſur ſon viſage ,
Elle a l'air tout charmant & l'eſprit tout de feu ,
Elle avoit un mari d'eſprit qu'elle aimoit peu ,
Elle en prend un de chair qu'elle aime davantage.

On ne ſauroit lui pardonner le peu de ſoin qu'elle eut des fragmens de pléces que laiſſa Molière ; elle les abandonna à la Grange , & l'on ignore ce qu'ils ſont devenus.

Elle eut bientôt lieu de s'appercevoir qu'elle avoit perdu de la conſidération qu'attiroit Molière ſur elle , puiſque trois ans après ſa mort , dans un mémoire imprimé d'une af- faire horrible & criminelle qu'eut à ſoutenir Lully contre le Sieur Guichard , Intendant Général des Bâtimens de Son Alteſſe Mon- ſeigneur , en 1676 , & dans laquelle on l'avoit entendue comme témoin , on la reſpecta aſſez peu pour renouveller les anciens ſoupçons de ſa naiſſance , en l'appelant *orpheline de ſon mari , & veuve de ſon père.* Page 109.

Elle n'avoit eu de Molière qu'une fille ; dont elle négligea trop l'éducation ; la jeune perſonne ſe laiſſa enlever par M. *Rachel de Montalant* , qui l'épouſa , & qui a paſſé ſa vie avec elle à Argenteuil ; il n'y eut aucun en-

fant de ce mariage , & Molière n'a laiffé que
des collatéraux , dont un de ceux qui fe trouvent cités à la note de la page 67 de ce Supplément , eft mort dans le cours de l'impreffion , en 1772.

On n'imagineroit pas que Molière dût jamais fe trouver cité parmi les Imitateurs de
l'Anthologie , cependant M. M... C... dans
la Traduction qu'il vient de nous donner de
quelques Poëtes Grecs, p. 176, après une prétendue Épigramme qui dit : *Si vous voulez
m'offrir quelques préfens agréables , que ce foit
pendant que je refpire encore ; en verfant du
vin fur ma cendre, loin de l'enivrer , vous n'en
feriez qu'un peu de boue ; & de plus , les morts
font infenfibles à tous ces honneurs* , croit que
ce font ces idées d'un ancien qui ont infpiré
à Molière les quatre vers fuivans , tirés de la
fcène première du quatrième acte *du Bourgeois Gentilhomme.*

Quand on a paffé l'onde noire,

Adieu le bon vin , nos amours ;

Dépêchons-nous de boire ,

On ne boit pas toujours.

Il y a bien de la fagacité à cette découverte , & c'eft avec autant de juftelle qu'on
a fouvent annoncé de prétendues imitations
de Molière.

L'Artifte qui a deffiné les figures de cette

édition, a cru devoir imiter nos Acteurs sur le costume de Molière, qui n'existe plus que dans les rôles comiques, & dont les ajustemens sont rappelés dans le Dialogue de la piéce. C'est ainsi qu'on peut voir *Harpagon* entouré de ses aiguillettes; le Marquis *de Mascarille* avec ses canons, ses rubans, ses plumes, & l'énorme perruque d'un siècle où cet ajustement n'a toujours fait qu'augmenter de volume, &c. Nous dirons ici en passant que les Comédiens ne se piquent pas d'être fort exacts sur ce point, puisque les deux Amans *des Précieuses* paroissent habillés selon les usages du 18e siècle, quoique Cathos remarque dans la scène 5e que *leurs rabats* [1] *ne font pas de la bonne faiseuse.* C'est d'après cette liberté d'usage aujourd'hui, que M. Moreau a donné à *ses Précieuses* des ajustemens modernes, quoique le Marquis *de Mascarille* soit vêtu à la mode de 1660. Cependant, si l'on veut jeter les yeux sur l'estampe qui est à la tête de l'*Impromptu de Versailles,* on y verra le costume du tems, soit par rapport aux hommes, soit par rapport aux femmes. Cette piéce, qui ne se joue plus, n'a essuyé sur nos Théâtres aucune altération pour le costume,

[1] Rabat. Ce mot vient de celui de rabattre, parce qu'autrefois le rabat n'étoit autre chose qu'un collet de chemise rabattu sur les épaules.

& M. Moreau l'a choifie, fans doute, par
cette raifon, pour l'obferver fidèlement.

De toutes les épitaphes qu'on a faites pour
Molière, M. de Voltaire n'a confervé que
celle du P. Bouhours. Nous ofons croire cependant que plus d'un lecteur lui affociera
avec plaifir celle de la Fontaine, & nous faura gré d'y joindre celle de Chapelle, qui eft
peu connue, ainfi que les deux meilleures
épitaphes latines qui ayent paru dans le tems.

ÉPITAPHE DE MOLIÈRE,
Par LA FONTAINE.

Sous ce tombeau giffent Plaute & Térence,
Et cependant le feul Molière y gît ;
Il les faifoit revivre en fon efprit,
Par leur bel art réjouiffant la France ;
Ils font partis & j'ai peu d'efpérance
De les revoir ; malgré tous nos efforts,
Pour un long tems, felon toute apparence,
Térence & Plaute, & Molière font morts.

AUTRE par CHAPELLE.

Puisqu'a Paris on dénie
La terre après le trépas,
A ceux qui durant leur vie
Ont joué la comédie,
Pourquoi ne jette-t-on pas
Les bigots à la voirie,
Ils font dans le même cas.

Autre par M. Huet, Évêque d'Avranches.

PLAUDEBAT, Moleri, tibi plenis aula theatris,
    Nunc eadem mœrens poft tua fata gemit.
Si rifum nobis movifles parciùs olim,
    Parciùs heu ! lacrymis tingeret ora dolor.

EPITAPHIUM

PRO MOLLERO COMŒDO.

HIC facunde jaces facetiarum,
Molleri, arbiter & pater jocorum,
Salfi dramatis artifex & actor,
Aufus qui proceres fecare & urbem,
Plaudentes fimul & fimul frementes :
Notas utilibus docere nugis,
Et ridens vitium vafer notabas,
Ipfo fie melior Catone cenfor.

Notre projet étoit de tranfcrire ici ce que l'Auteur des Mémoires Littéraires imprimés à Londres en 1771, vient de nous donner fur Molière ; mais comme nous différons en quelques points, nous nous contenterons de renvoyer le Lecteur à l'ouvrage même. En général nous n'avons rien fur le père de la fcène Françoife, ni de plus judicieux, ni de plus utile.

AVERTISSEMENT

AVERTISSEMENT
DE L'ÉDITEUR

CETTE première comédie, repréfentée à Lyon en 1653, & enfuite à Béziers aux États de Languedoc, ne fut jouée à Paris fur le théâtre du petit Bourbon, accordé depuis peu à la troupe de Molière, que le 3 Décembre 1658.

Le goût des théâtres italiens & efpagnols que nos auteurs copioient fervilement, nous offroit tous les jours des piéces d'une intrigue compliquée, des actions romanefques d'une importance grave & trifte, ou des folies peu dignes d'amufer une nation fpirituelle, aimable & polie.

La coutume, humiliante pour l'humanité, (dit M. de Voltaire) que les hommes puiffans avoient pour lors de tenir des fous auprès d'eux, avoit infecté le théâtre. On n'y voyoit que de vils bouffons, & on ne repréfentoit que le ridicule de ces miférables, au lieu de jouer celui de leurs maîtres.

Le fuccès du *Menteur* & celui de quelques fcènes heureufes de Rotrou, n'avoient point empêché la farfe groffière de tenir infolemment fa place fur

Tome I.   F

nos théâtres, & les turlupinades s'y montroient
tous les jours, lorfque l'*Étourdi* fut repréfenté.

Le public, étonné une feconde fois, apperçut
dans cet ouvrage les qualités les plus effentielles
à l'art de la comédie, & fans lefquelles elle languit & fe dénature, c'eft à-dire, le mouvement
& la gaîté : non pas cette extravagance, ni cette
déraifon *des Jodelets* & des *Dom Japhets ;* mais
cet enjouement libre, ingénieux & plaifant dont
Plaute avoit donné les premières leçons à Molière.

Le tems où ce génie fupérieur devoit, au rire de
Plaute, unir les graces & le beau naturel de Térence, pour les furpaffer tous deux, demandoit,
pour paroître, une étude encore plus approfondie
du caractère & des mœurs de la nation.

Jufques-là, les Italiens avoient offert à Molière
une infinité d'efquiffes, dont il avoit conçu qu'on
pouvoit étendre & prononcer l'effet avec plus de
force & plus d'art que n'en employoient des acteurs
étrangers, bornés à de fimples canevas par la décadence du bon goût en Italie.

Ils avoient auffi dans ce qu'ils ont droit d'appeler leur bon théâtre, relativement à leurs repréfentations mimiques compofées de fcènes à l'impromptu ; ils avoient, dis-je, beaucoup de piéces
écrites & imprimées, & c'eft quelquefois dans ces

dernières que puiſa notre auteur. *L'Inavvertito,* piéce
(en proſe) de *Nicolas Barbieri* dit *Beltrame.*[1], imprimée en 1629, lui fournit un caractère agréable &
vif qu'il fit paroître ſous le titre de *l'Étourdi.*

En ſuivant ainſi les traces des auteurs de la
ſcène italienne, il étoit difficile qu'il ſe garantît
d'abord de tous leurs défauts ; auſſi trouve-t-on
dans *l'Étourdi* quelques événemens découſus, des
ſcènes vagues & vuides, des reconnoiſſances bruſ-
quées, & un dénouement pénible.

Il eſt vrai que ces défauts ne pouvoient être apperçus au milieu de l'autre ſiécle que par un bien
petit nombre de ſpectateurs ; & que les ſeuls progrès de Molière dans l'art du théâtre qu'il créa,
pour ainſi dire, nous les ont rendu ſenſibles.

Il préſentoit dans *l'Étourdi* une imitation vive
& fidèle de la nature, il développoit avec autant
d'eſprit que de feu un caractère actif. Ce qu'on ad-
mira ſur-tout, ce fut le mouvement rapide d'une
action ſoutenue avec chaleur ; ce fut cette facilité
de dialogue particulière à notre auteur, & plus

---

[1] *L'inavvertito, ovvero, Scappino diſturbato & Mezzetino travagliato, commedia (in proſa) di Nicolo Barbieri detto Beltrame, in Torino* 1629. Ce comédien auteur, dans un ouvrage intitulé *Suplica,* qui eſt un Traité ſur la comédie, nous apprend que Louis XIII l'honora de ſa protection & le combla de bienfaits.

encore cette gaîté franche & naïve, cette surface
riante qui nous cachent encore aujourd'hui les
taches de ce premier tableau de Molière.

Le Dictionnaire des théâtres, & M de Voltaire lui-
même, ce qui est bien plus imposant, soutiennent
que cette comédie devroit porter le seul titre des
Contre-tems; mais qu'il soit permis d'observer que
l'étourderie de Lélie est presque toujours le mobile du renversement des machines que son valet
met en jeu pour le servir, & comme dit Regnier :

.Quand on se brûle au feu que soi-même on attise,

.Ce n'est point accident, mais c'est une sottise.

A l'égard du style de l'ouvrage, quoique léger &
facile en comparaison de la manière d'écrire le dialogue comique de ce tems-là, il est peu correct.
Cependant la plûpart des fautes qu'on observe
sont si aisées à corriger, qu'on ne sauroit douter
que Molière ne les eût fait disparoître s'il eût eu
le tems de revenir sur ses premières productions.

L'*Inavvertito*, d'après lequel Molière a dessiné
son *Étourdi*, a été examiné avec soin ; & c'est ici
le lieu d'apprendre au public combien les lettres
ont d'obligation à M. *de Floncel*, dont la plus abon-
dante collection de livres Italiens que nous con-
noissions, étoit toujours ouverte à ceux qui pouvoient en avoir besoin.

La chaîne des événemens n'est pas la même

dans les deux piéces , & les différences de ftyle y
font infinies. Molière eft auffi étonnant dans les
chofes qu'il imite que dans celles qu'il crée. C'eft
toujours l'ouvrage du génie. Beltrame eft plein de
Concetti , & n'eft pas même exempt des indécences,
devenues trop familières de fon tems [1].

L'amour de la vérité ne permet pas dè diffimuler que le dénouement de l'*Inavvertito* eft plus fimple & plus théâtral que celui de l'*Étourdi*. On peut
regretter avec raifon que Molière ait négligé de
faire ufage du dernier trait de caractère qui termine la piéce de *Beltrame* ; ceux de nos lecteurs
qui ne connoiffent pas la langue Italienne feront,
peut-être bien aifes de trouver ici une idée de ce
dénouement.

Fulvio irrité contre lui-même de toutes fes
étourderies, veut renoncer à tout, & partir au moment que fes affaires fe font heureufement arran-
gées. C'eft en vain qu'on cherche à le retenir & à
l'inftruire de ce qui eft arrivé, *il n'a plus de fottife
à faire que celle de ne nous pas écouter*, dit Scapin,
(qui joue dans la pièce le rôle du Mafcarille de
Molière) *il faut bien qu'il les épuife toutes ... fa
fuite peut encore nous jeter dans de nouveaux em-*

[1] *Il Bertaniftro è come il mento di ftato, & in un Dif-
furto, in un Grande è aggradi- graziato à latrocinio , &c.*

barras, & le bourreau n'a garde de nous en épargner.... O fortune ! donne-moi de la patience, &
conſerve ma tête au défaut de celle de mon maître !
Un ami de Scapin ramène cependant Fulvio qui
tremble de ſe nuire encore : *eh morbleu !* lui dit
Scapin, *ſoyez tranquille & prenez garde à vous.*

F U L V I O.

*Mon cher Scapin, tu veux que je reſte, ſonge à
quoi tu me haſardes.*

S C A P I N.

*C'étoit avant tout ceci qu'il falloit vous craindre ;
je vous en diſpenſe actuellement.*

F U L V I O.

*C'eſt-à-dire que tout eſt déſeſpéré.... ah malheu-
reux que je ſuis ! je l'ai bien mérité.*

Pantalon, père de Fulvio, ſurvient avec les autres
acteurs ; il voit ſon fils agité & tremblant : *Mon
fils,* lui dit-il, *qu'avez-vous donc ? & que ſignifie
ce trouble où je vous vois ?*

F U L V I O (à Scapin)

Scapin, mon cher Scapin.

S C A P I N.

*Ce n'eſt pas moi qui vous parle ; c'eſt ſur Monſieur
votre père qu'il faut jeter les yeux.*

PANTALON.

Approchez, Fulvio ; est-il vrai que vous soyez amoureux de cette jeune personne ?

FULVIO (troublé.)

Moi, Monsieur ?... non... oh non !

PANTALON.

Comment, non ?

FULVIO.

Non, vous dis-je, non assurément.

PANTALON.

A quel propos nier ce que tout le monde assure ?

SCAPIN.

Pour montrer son bel esprit. Ça, voyons, pourquoi dites-vous non à Monsieur votre père ?

FULVIO.

Tu m'as dit de prendre garde à moi.

SCAPIN.

Eh bien qu'en concluez-vous ?

FULVIO.

Je ne sais.

SCAPIN.

Quelle cervelle ! eh M. répondez naïvement à ce qu'on vous demande.

F iv

PANTALON.

Parle, mon fils, veux-tu cette jeune personne pour ta femme ?

FULVIO.

Scapin....

SCAPIN.

Eh dites qu'ouï.

FULVIO.

Si je fais encore quelque balourdise ?

SCAPIN.

Et dites qu'ouï encore un coup.

FULVIO.

Eh bien, mon père, ouï.

PANTALON.

Prends-lui la main.

SCAPIN.

Ne le faites-pas, croyez-moi....

FULVIO (se retirant.)

Oh ciel ! j'aurai fait quelque étourderie.

PANTALON.

Et comment ?

FULVIO.

Scapin tu me dis de ne point le faire.

SCAPIN.

Oui, de si mauvaise grace ; vous ne me laissez pas achever.

FULVIO.

Eh bien, mon père, prononcez, je tiens sa main.

PANTALON.

Elle est sa femme.

FULVIO.

Oh ma chère Cinthia ! me voilà votre époux, à la fin je triomphe.

SCAPIN.

Je vous conseille de vous en feliciter beaucoup. Eh, morbleu, si les morceaux ne vous tomboient dans la bouche, vous mourriez de faim.

Cette scène naïve étoit digne assurément du pinceau de Molière, & auroit animé le dénouement trop romanesque & trop brusque de sa première comédie. Ce que l'on doit dire encore à l'avantage de l'*Inavvertito* de Beltrame, c'est qu'il est bien supérieur à l'*Etourdi* que nous donnent

aujourd'hui nos comédiens Italiens, qui ne font de
ce perfonnage qu'un ricaneur imbécile & peu fou-
tenable.

L'ÉTOURDI,

ou

LES CONTRE-TEMS;

COMÉDIE

EN CINQ ACTES.

ACTEURS.

PANDOLFE, père de Lélie.

ANSELME, père d'Hippolyte.

TRUFALDIN, vieillard.

CÉLIE, efclave de Trufaldin.

HIPPOLYTE, fille d'Anfelme.

LÉLIE, fils de Pandolfe.

LÉANDRE, fils de famille.

ANDRÉS, cru Égyptien.

MASCARILLE, valet de Lélie.

ERGASTE, ami de Mafcarille.

UN COURIER.

DEUX TROUPES de mafques.

La fcène eft à Meffine, dans une place publique.

L'ÉTOURDI

L'ÉTOURDI,

OU

LES CONTRE-TEMS,

COMÉDIE.

ACTE PREMIER.

SCÈNE PREMIÈRE.

LÉLIE.

HÉ BIEN, Léandre, hé bien, il faudra contester,
Nous verrons de nous deux qui pourra l'emporter,
Qui, dans nos soins communs pour ce jeune miracle,
Aux vœux de son rival portera plus d'obstacle:
Préparez vos efforts, & vous défendez bien,
Sûr que de mon côté je n'épargnerai rien.

SCÈNE II.

LÉLIE, MASCARILLE.

LÉLIE.

AH, Mascarille!

MASCARILLE.

Quoi?

LÉLIE.

Voici bien des affaires;
J'ai dans ma passion toutes choses contraires:
Léandre aime Célie; & par un trait fatal,
Malgré mon changement, est encor mon rival.

MASCARILLE.

Léandre aime Célie!

LÉLIE.

Il l'adore, te dis-je.

MASCARILLE.

Tant pis.

LÉLIE.

Hé, oui, tant pis, c'est-là ce qui m'afflige:
Toutefois j'aurois tort de me désespérer;
Puisque j'ai ton secours, je dois me rassurer.

Je fais que ton efprit, en intrigues fertile,
N'a jamais rien trouvé qui lui fût difficile ;
Qu'on te peut appeler le roi des ferviteurs;
Et qu'en toute la terre...

MASCARILLE.

Hé, trêve de douceurs.
Quand nous faifons befoin, nous autres miférables,
Nous fommes les chéris & les incomparables ;
Et dans un autre tems, dès le moindre courroux,
Nous fommes des coquins qu'il faut rouer de coups.

LÉLIE.

Ma foi, tu me fais tort avec cette invective ;
Mais enfin, difcourons de l'aimable captive,
Dis ¹ fi les plus cruels & plus durs fentimens
Ont rien d'impénétrable à des traits fi charmans :
Pour moi, dans fes difcours, comme dans fon vifage,
Je vois pour fa naiffance un noble témoignage;
Et je crois que le ciel, dedans ² un rang fi bas,
Cache fon origine, & ne l'en tire pas.

MASCARILLE.

Vous êtes romanefque avecque vos chimères.
Mais que fera Pandolfe en toutes ces affaires?
C'eft Monfieur votre père, au moins à ce qu'il dit;
Vous favez que fa bile affez fouvent s'aigrit,
Qu'il pefte contre vous d'une belle manière
Quand vos déportemens lui bleffent la vifière;

Il est avec Anselme en parole pour vous,
Que ³ de son Hippolyte on vous fera l'époux,
S'imaginant que c'est dans le seul mariage,
Qu'il pourra rencontrer de quoi vous faire sage ;
Et s'il vient à savoir que, rebutant son choix,
D'un objet inconnu vous recevez les loix,
Que de ce fol amour la fatale puissance
Vous soustrait au devoir de votre obéissance,
Dieu sait quelle tempête alors éclatera,
Et de quels beaux sermons on vous régalera.

LÉLIE.

Ah, trêve, je vous prie, à votre rhétorique !

MASCARILLE.

Mais vous, trêve plutôt à votre politique ;
Elle n'est pas fort bonne, & vous devriez tâcher...

LÉLIE.

Sais-tu qu'on n'acquiert rien de bon à me fâcher,
Que chez moi les avis ont de tristes salaires,
Qu'un valet-conseiller y fait mal ses affaires ?

MASCARILLE.

(à part.)   (haut.)
Il se met en courroux. Tout ce que j'en ai dit
N'étoit rien que pour rire, & vous sonder l'esprit.
D'un censeur de plaisirs ai-je fort l'encolure,
Et Mascarille est-il ennemi de nature ?
Vous savez le contraire, & qu'il est très-certain,
Qu'on ne peut me taxer que d'être trop humain.
                              Moquez-vous

Moquez-vous des fermons d'un vieux barbon de père :
Pouſſez votre bidet, vous dis-je, & laiſſez faire.
Ma foi, j'en fuis d'avis, que ces Penards chagrins
Nous viennent étourdir de leurs contes badins,
Et vertueux par force, eſperent par envie
Oter aux jeunes gens les plaiſirs de la vie.
Vous ſavez mon talent, je m'offre à vous ſervir.

LÉLIE.

Ah! c'eſt par ces diſcours que tu peux me ravir.
Au reſte, mon amour, quand je l'ai fait paroître,
N'a point été mal vu des yeux qui l'ont fait naître;
Mais Léandre, à l'inſtant, vient de me déclarer
Qu'à me ravir Célie, il ſe va préparer :
C'eſt pourquoi dépêchons, & cherche dans ta tête
Les moyens les plus prompts d'en faire ma conquête.
Trouve ruſes, détours, fourbes, inventions,
Pour fruſtrer mon rival de ſes prétentions.

MASCARILLE.

Laiſſez-moi quelque-tems rêver à cette affaire.
(à part.)
Que pourrois-je inventer pour ce coup néceſſaire ?

LÉLIE.

Hé bien, le ſtratagême ?

MASCARILLE.

Ah, comme vous courez !
Ma cervelle toujours marche à pas meſurés.

J'ai trouvé votre fait : Il faut... Non, je m'abuſe ;
Mais ſi vous alliez.

L É L I E.

Où ?

M A S C A R I L L E.

C'eſt une foible ruſe.

J'en ſongeois une ſ ....

L É L I E.

Et quelle ?

M A S C A R I L L E.

Elle n'iroit pas bien.

Mais ne pourriez-vous pas !...

L É L I E.

Quoi ?

M A S C A R I L L E.

Vous ne pourriez rien.

Parlez avec Anſelme [6].

L É L I E.

Et que lui puis-je dire ?

M A S C A R I L L E.

Il eſt vrai, c'eſt tomber d'un mal dedans un pire.
Il faut pourtant l'avoir. Allez chez Trufaldin

L É L I E.

Que faire ?

M A S C A R I L L E.

Je ne ſai.

L É L I E.

C'en eſt trop à la fin.

Et tu me mets à bout par ces contes frivoles.

MASCARILLE.

Monfieur, fi vous aviez en main force piftoles;
Nous n'aurions pas befoin maintenant de rêver
A chercher les biais que nôus devòns trouver,
Et pourrions, par un prompt achat de cette efclave,
Empêcher qu'un rival vous prévienne & vous brave 7.
De ces Égyptiens qui la mirent ici,
Trufaldin qui la garde, eft en quelque fouci,
Et trouvant fon argent qu'ils lui font trop attendre,
Je fais bien qu'il feroit très-ravi de la vendre :
Car enfin en vrai ladre il a toujours vécu,
Il fe feroit feffer pour moins d'un quart d'écu
Et l'argent eft le dieu que fur-tout il révère :
Mais le mal, c'eft....

LÉLIE.

Quoi? c'eft...

MASCARILLE.

Que monfieur votre père
Eft un autre vilain, qui ne vous laiffe pas,
Comme vous voudriez, manier fes ducats ;
Qu'il n'eft point de reffort, qui, pour votre reffource,
Pût faire maintenant ouvrir la moindre bourfe :
Mais tâchons de parler à Célie un moment,
Pour favoir-là-deffus quel eft fon fentiment ;
Sa fenêtre eft ici.

G ij

LÉLIE.

Mais Trufaldin, pour elle,
Fait de jour & de nuit exacte sentinelle.
Prens-garde.

MASCARILLE.

Dans ce coin demeurez en repos.
O bonheur ! La voilà qui sort tout-à-propos.

SCÈNE III.

CÉLIE, LÉLIE, MASCARILLE.

LÉLIE.

AH, que le ciel m'oblige, en offrant à ma vue
Les célestes attraits dont vous êtes pourvue !
Et, quelque mal cuisant que m'aient causé vos yeux,
Que je prens de plaisir à les voir en ces lieux !

CÉLIE.

Mon cœur, qu'avec raison votre discours étonne,
N'entend pas que mes yeux fassent mal à personne ;
Et, si dans quelque chose ils vous ont outragé,
Je puis vous assurer que c'est sans mon congé [8].

LÉLIE.

Ah, leurs coups sont trop beaux pour me faire une injure
Je mets toute ma gloire à chérir leur blessure,
Et....

MASCARILLE.

Vous le prenez là d'un ton un peu trop haut ;
Ce ftyle maintenant n'eft pas ce qu'il nous faut.
Profitons mieux du tems, & fachons vîte d'elle
Ce que....

TRUFALDIN *dans fa maifon.*

Célie !

MASCARILLE *à Lélie.*

Hé bien ?

LÉLIE.

O rencontre cruelle !
Ce malheureux vieillard devoit-il nous troubler !

MASCARILLE.

Allez, retirez-vous, je faurai lui parler.

SCÈNE IV.

TRUFALDIN, CÉLIE, LÉLIE, *retiré dans un coin*, MASCARILLE.

TRUFALDIN *à Célie.*

QUE faites-vous dehors ? Et quel foin vous talonne,
Vous à qui je défens de parler à perfonne ?

CÉLIE.

Autrefois j'ai connu cet honnête garçon.
Et vous n'avez pas lieu d'en prendre aucun foupçon.

MASCARILLE.

Eft-ce là le feigneur Trufaldin !

CÉLIE.

Oui, lui-même.

MASCARILLE.

Monfieur, je fuis tout vôtre ? , & ma joie eft extrême
De pouvoir faluer en toute humilité
Un homme dont le nom eft par-tout fi vanté.

TRUFALDIN.

Très-humble ferviteur.

MASCARILLE.

J'incommode peut-être ;
Mais je l'ai vûe ailleurs, où m'ayant fait connoître
Les grands talens qu'elle a pour favoir l'avenir,
Je voulois fur ce point un peu l'entretenir.

TRUFALDIN.

Quoi, te mêlerois-tu d'un peu de diablerie ?

CÉLIE.

Non, tout ce que je fai n'eft que blanche magie.

MASCARILLE.

Voici donc ce que c'eft. Le maître que je fers
Languit pour un objet qui le tient dans fes fers,
Il auroit bien voulu, du feu qui le dévore
Pouvoir entretenir la beauté qu'il adore ;
Mais un dragon veillant fur ce rare tréfor,
N'a pû, quoi qu'il ait fait, le lui permettre encor ;

Et , ce qui plus le gêne & le rend misérable ,
Il vient de découvrir un rival redoutable ;
Si bien que , pour savoir si ses soins amoureux
Ont sujet d'espérer quelque succès heureux ,
Je viens vous consulter, sûr que de votre bouche
Je puis apprendre au vrai le secret qui nous touche.

CÉLIE.

Sous quel astre ton maître a-t-il reçu le jour ?

MASCARILLE.

Sous un astre à jamais ne changer son amour.

CÉLIE.

Sans me nommer l'objet pour qui son cœur soupire,
La science que j'ai m'en peut assez instruire.
Cette fille a du cœur, & dans l'adversité
Elle fait conserver une noble fierté ;
Elle n'est pas d'humeur à trop faire connoître
Les secrets sentimens qu'en son cœur on fait naître :
Mais je le sais comme elle ; & d'un esprit plus doux,
Je vais en peu de mots te les découvrir tous.

MASCARILLE.

O merveilleux pouvoir de la vertu magique !

CÉLIE.

Si ton maître en ce point de constance se pique,
Et que la vertu seule anime son dessein ,
Qu'il n'appréhende plus de soupirer en vain ;

Il a lieu d'efpérer, & le fort qu'il veut prendre
N'eft pas fourd aux traités, & voudra bien fe rendre.

MASCARILLE.

C'oft beaucoup; mais ce fort dépend d'un gouverneur
Difficile à gagner.

CÉLIE.

C'eft-là tout le malheur.

MASCARILLE à part regardant Lélie.

Au diable le fâcheux qui toujours nous éclaire.

CÉLIE.

Jo vais vous enfeigner ce que vous devez faire.

LÉLIE les joignant.

Ceffez, ô Trufaldin, de vous inquiéter,
C'eft par mon ordre feul qu'il vient vous vifiter,
Et je vous l'envoyois ce ferviteur fidèle,
Vous offrir mon fervice, & vous parler pour elle,
Dont je vous veux dans peu payer la liberté;
Pourvu qu'entre nous deux le prix foit arrêté.

MASCARILLE à part.

La pefte foit la bête!

TRUFALDIN.

Ho, ho! qui des deux croire!
Ce difcours au premier eft fort contradictoire.

MASCARILLE.

Monſieur, ce galant homme a le cerveau bleſſé;
Ne le ſavez-vous pas ?

TRUFALDIN.

Je ſai ce que je ſai.
J'ai crainte ici deſſous de quelque manigance.
(*à Célie.*)
Rentrez, & ne prenez jamais cette licence.
Et vous filoux fieffés, ou je me trompe fort,
Mettez pour me jouer vos flûtes mieux d'accord.

SCÈNE V.

LÉLIE, MASCARILLE.

MASCARILLE.

C'EST bien fait. Je voudrois qu'encor ſans flatterie,
Il nous eût d'un bâton chargés de compagnie.
A quoi bon ſe montrer, & comme un étourdi,
Me venir démentir de tout ce que je di ?

LÉLIE.

Je penſois faire bien.

MASCARILLE.

Oui, c'étoit fort l'entendre.
Mais quoi! cette action ne doit point me ſurprendre.

Vous êtes si fertile en pareils contre-tems,
Que vos écarts d'esprit n'étonnent plus les gens.

LÉLIE.

Ah! mon Dieu, pour un rien me voilà bien coupable!
Le mal est-il si grand, qu'il soit irréparable ?
Enfin, si tu ne mets Célie entre mes mains,
Songe au moins de Léandre à rompre les desseins ;
Qu'il ne puisse acheter avant moi cette belle.
De peur que ma présence encor soit criminelle [10],
Je te laisse.

MASCARILLE *seul.*

Fort bien. A dire vrai, l'argent
Seroit dans notre affaire un sûr & fort agent :
Mais, ce ressort manquant, il faut user d'un autre.

SCENE VI.
ANSELME, MASCARILLE.
ANSELME.

PAR mon chef, c'est un siécle étrange que le nôtre,
J'en suis confus. Jamais tant d'amour pour le bien,
Et jamais tant de peine à retirer le sien.
Les dettes aujourd'hui, quelque soin qu'on emploie,
Sont comme les enfans que l'on conçoit en joie,
Et dont avecque peine on fait l'accouchement.
L'argent dans notre bourse entre agréablement :

Mais le terme venu que nous devons le rendre,
C'eſt lors, que les douleurs commencent à nous prendre.
Baſte ; ce n'eſt pas peu que deux mille francs, dûs
Depuis deux ans entiers, me ſoient enfin rendus ;
Encore eſt-ce un bonheur.

   MASCARILLE *à part les quatre premiers vers.*

        O Dieu ! la belle proie
A tirer en volant ! Chût, il faut que je voie
Si je pourrois un peu de près le carreſſer.
Je ſais bien les diſcours dont il le faut bercer.
Je viens de voir, Anſelme...

     ANSELME.
      Et qui ?
    MASCARILLE.
        Votre Nérine.
     ANSELME.
Que dit-elle de moi, cette gente aſſaſſine ?
    MASCARILLE.
Pour vous elle eſt de flamme.
     ANSELME.
      Elle ?
    MASCARILLE.
       Et vous aime tant,
Que c'eſt grande pitié.
     ANSELME.
      Que tu me rends content !

MASCARILLE.

Peu s'en faut que d'amour la pauvrette ne meure:
Anselme, mon mignon, crie-t-elle à toute heure [11],
Quand est-ce que l'hymen unira nos deux cœurs,
Et que tu daigneras éteindre mes ardeurs?

ANSELME.

Mais pourquoi jusqu'ici me les avoir célées?
Les filles, par ma foi, sont bien dissimulées!
Mascarille, en effet, qu'en dis-tu? Quoique vieux,
J'ai de la mine encore assez pour plaire aux yeux.

MASCARILLE.

Oui, vraiment, ce visage est encor fort mettable;
S'il n'est pas des plus beaux, il est des agréable [12].

ANSELME.

Si bien donc...

MASCARILLE *veut prendre la bourse.*

Si bien donc qu'elle est sotte de vous [13],
Ne vous regarde plus...

ANSELME.
Quoi?

MASCARILLE.
Que comme un époux;
Et vous veut...

ANSELME.
Et me veut...

MASCARILLE.

           Et vous veut, quoi qu'il tienne,
Prendre la bourse....

ANSELME.

     La ?

MASCARILLE *prend la bourse & la laisse tomber.*

           La bouche avec la sienne.

ANSELME.

Ah, je t'entends. Viens-çà, lorsque tu la verras,
Vante-lui mon mérite autant que tu pourras.

MASCARILLE.

Laissez-moi faire.

ANSELME.

Adieu.

MASCARILLE.

           Que le ciel vous conduise!

ANSELME *revenant.*

Ah, vraiment, je faisois une étrange sottise,
Et tu pouvois pour toi m'accuser de froideur.
Je t'engage à servir mon amoureuse ardeur,
Je reçois par ta bouche une bonne nouvelle,
Sans du moindre présent récompenser ton zèle:
Tiens, tu te souviendras....

MASCARILLE.

Ah, non pas, s'il vous plaît.

ANSELME.

Laiſſe-moi....

MASCARILLE.

Point du tout. J'agis ſans intérêt.

ANSELME.

Je le ſais, mais pourtant...

MASCARILLE.

Non, Anſelme, vous dis-je;
Je ſuis homme d'honneur, cela me déſoblige.

ANSELME.

Adieu donc, Maſcarille.

MASCARILLE *à part.*

O longs diſcours !

ANSELME *revenant.*

Je veux
Régaler par tes mains cet objet de mes vœux,
Et je vais te donner de quoi faire pour elle
L'achat de quelque bague, où telle bagatelle
Que tu trouveras bon.

MASCARILLE.

Non, laiſſez votre argent;
Sans vous mettre en ſouci, je ferai le préſent ;
Et l'on m'a mis en main une bague à la mode,
Qu'après vous payerez [14], ſi cela l'accommode.

ANSELME.

Soit ; donne-la pour moi, mais sur-tout fais si bien,
Qu'elle garde toujours l'ardeur de me voir sien [15].

SCÈNE VII.

LÉLIE, ANSELME, MASCARILLE.

LÉLIE, *ramassant la bourse.*

A qui la bourse ?

ANSELME.

Ah, dieux, elle m'étoit tombée,
Et j'aurois après cru qu'on me l'eût dérobée !
Je vous suis bien tenu de ce soin obligeant,
Qui m'épargne un grand trouble, & me rend mon argent ;
Je vais m'en décharger au logis tout-à-l'heure.

SCÈNE VIII.

LÉLIE, MASCARILLE.

MASCARILLE.

C'EST être officieux , & très-fort, ou je meure.

LÉLIE.

Ma foi , sans moi, l'argent étoit perdu pour lui.

MASCARILLE.

Certes , vous faites-rage , & payez aujourd'hui

D'un jugement très-rare & d'un bonheur extrême,
Nous avancerons fort, continuez de même.

LÉLIE.

Qu'est-ce donc? Qu'ai-je fait?...

MASCARILLE.

Le sot, en bon François;
Puisque je puis le dire, & qu'enfin je le dois.
Il fait bien l'impuissance où son père le laisse,
Qu'un rival, qu'il doit craindre, étrangement nous presse;
Cependant, quand je tente un coup pour l'obliger,
Dont je cours moi tout seul la honte & le danger...

LÉLIE.

Quoi? C'étoit...

MASCARILLE.

Oui, bourreau, c'étoit pour la captive,
Que j'attrapois l'argent dont votre soin nous prive.

LÉLIE.

S'il est ainsi, j'ai tort [16]; mais qui l'eût deviné;

MASCARILLE.

Il falloit, en effet, être bien rafiné.

LÉLIE.

Tu me devois par signe avertir de l'affaire.

MASCARILLE.

Oui, je devois au dos avoir mon luminaire.
Au nom de Jupiter, laissez-nous en repos,
Et ne nous chantez plus d'impertinens propos.

Un

Un autre après cela quitteroit tout peut-être ;
Mais j'avois médité tantôt un coup de maitre,
Dont tout présentement je veux voir les effets ;
A la charge que si...

LÉLIE.

Non, je te le promets,
De ne me mêler plus de rien dire ou rien faire.

MASCARILLE.

Allez donc ; votre vue excite ma colère.

LÉLIE.

Mais sur-tout hâte-toi, de peur qu'en ce dessein...

MASCARILLE.

Allez, encore un coup, j'y vais mettre la main.

(*Lélie sort.*)

Menons bien ce projet ; la fourbe sera fine,
S'il faut qu'elle succède ainsi que j'imagine.
Allons voir... Bon, voici mon homme justement.

SCÈNE IX.

PANDOLFE, MASCARILLE.

PANDOLFE.

Mascarille.

MASCARILLE.

Monſieur.

PANDOLFE.

A parler franchement,
Je ſuis mal ſatisfait de mon fils.

MASCARILLE.

De mon maître !
Vous n'êtes pas le ſeul qui ſe plaigne de l'être,
Sa mauvaiſe conduite, inſupportable en tout,
Met à chaque moment ma patience à bout.

PANDOLFE.

Je vous croyois pourtant aſſez d'intelligence
Enſemble.

MASCARILLE.

Moi ? Monſieur, perdez cette croyance,
Toujours de ſon devoir je tâche à l'avertir,
Et l'on nous voit ſans ceſſe avoir maille à partir ;
A l'heure même encor nous avons eu querelle
Sur l'hymen d'Hippolyte où je le vois rebelle,

Où , par l'indignité d'un refus criminel ,
Je le vois offenser le respect paternel.

PANDOLFE.

Querelle ?

MASCARILLE.
Oui, querelle, & bien avant pouffée.

PANDOLFE.

Je me trompois donc bien ; car j'avois la penfée
Qu'à tout ce qu'il faifoit tu donnois de l'appui.

MASCARILLE.

Moi? Voyez ce que c'eft que du monde aujourd'hui,
Et comme l'innocence eft toujours opprimée.
Si mon intégrité vous étoit confirmée,
Je fuis auprès de lui gagé pour ferviteur,
Vous me voudriez [17] encor payer pour précepteur :
Oui , vous ne pourriez pas lui dire davantage
Que ce que je lui dis, pour le faire être fage.
Monfieur, au nom de Dieu, lui fais-je affez fouvent,
Ceffez de vous laiffer conduire au premier vent ;
Réglez-vous; regardez l'honnête homme de pere
Que vous avez du ciel; comme on le confidère ;
Ceffez de lui vouloir donner la mort au cœur,
Et , comme lui , vivez en perfonne d'honneur.

PANDOLFE.

C'eft parler comme il faut. Et que peut il répondre ?

MASCARILLE.

Répondre ? Des chanfons dont il me vient confondre
H ij

Ce n'eſt pas qu'en effet, dans le fond de ſon cœur,
Il ne tienne de vous des ſemences d'honneur.
Mais ſa raiſon n'eſt pas maintenant ſa maîtreſſe.
Si je pouvois parler avecque hardieſſe,
Vous le verriez dans-peu ſoumis ſans nul effort.

PANDOLFE.

Parle.

MASCARILLE.

    C'eſt un ſecret qui m'importeroit fort
S'il étoit découvert : mais à votre prudence
Je puis le confier avec toute aſſurance.

PANDOLFE.

Tu dis bien.

MASCARILLE.

    Sachez donc que vos vœux ſont trahis
Par l'amour qu'une eſclave imprime à votre fils.

PANDOLFE.

On m'en avoit parlé ; mais l'action me touche
De voir que je l'apprenne encore par ta bouche.

MASCARILLE.

Vous voyez ſi je ſuis le ſecret confident . . .

PANDOLFE.

Vraiment je ſuis ravi de cela.

MASCARILLE.

Cependant

A ſon devoir, ſans bruit, deſirez-vous le rendre ?
Il faut... J'ai toujours peur qu'on nous vienne ſurprendre

Ce feroit fait de moi, s'il favoit ce difcours.
Il faut, dis-je, pour rompre à toute chofe cours,
Acheter fourdement l'efclave idolâtrée,
Et la faire paffer en une autre contrée.
Anfelme a grand accès auprès de Trufaldin,
Qu'il aille l'acheter pour vous dès ce matin ;
Après, fi vous voulez en mes mains la remettre,
Je connois des marchands, & puis bien vous promettre
D'en retirer l'argent qu'elle pourra coûter,
Et, malgré votre fils, de la faire écarter ;
Car enfin, fi l'on veut qu'à l'hymen il fe range,
A cet amour naiffant il faut donner le change;
Et de plus, quand bien même il feroit réfolu,
Qu'il auroit pris le joug que vous avez voulu,
Cet autre objet pouvant réveiller fon caprice,
Au mariage encor peut porter préjudice.

PANDOLFE.

C'eft très-bien raifonner; ce confeil me plaît fort...
Je vois Anfelme; vas, je m'en vais faire effort
Pour avoir promptement cette efclave funefte,
Et la mettre en tes mains pour achever le refte.

MASCARILLE *feul.*

Bon ; allons avertir mon maître de ceci.
Vive la fourberie & les fourbes auffi.

H iij

SCENE X.

HIPPOLYTE, MASCARILLE.

HIPPOLYTE.

Oui, traître, c'eſt ainſi que tu me rends ſervice ?
Je viens de tout entendre , & voir ton artifice ;
A moins que de cela , l'euſſé-je ſoupçonné ?
Tu payes d'impoſture, & tu m'en as donné.
Tu m'avois promis, lâche, & j'avois lieu d'attendre
Qu'on te verroit ſervir mes ardeurs pour Léandre ,
Que du choix de Lélie, où l'on veut m'obliger,
Ton adreſſe & tes ſoins ſauroient me dégager ;
Que tu m'affranchirois du projet de mon père ;
Et cependant ici tu fais tout le contraire ;
Mais tu t'abuſeras ; je ſais un ſûr moyen
Pour rompre cet achat où ¹⁸ tu pouſſes ſi bien ,
Et je vais de ce pas...

MASCARILLE.

        Ah, que vous êtes prompte !
La mouche tout d'un coup à la tête vous monte ¹⁹ ,
Et, ſans conſidérer s'il a raiſon ou non,
Votre eſprit, contre moi, fait le petit démon.
J'ai tort , & je devrois, ſans finir mon ouvrage,
Vous faire dire vrai, puiſqu'ainſi l'on m'outrage.

HIPPOLYTE.

Par quelle illusion penses-tu m'éblouir ?
Traître, peux-tu nier ce que je viens d'ouir ?

MASCARILLE.

Non. Mais il faut savoir que tout cet artifice
Ne va directement qu'à vous rendre service ;
Que ce conseil adroit, qui semble être sans fard ;
Jette dans le panneau l'un & l'autre vieillard ;
Que mon soin par leurs mains ne veut avoir Célie,
Qu'à dessein de la mettre au pouvoir de Lélie ;
Et faire que, l'effet de cette invention
Dans le dernier excès portant sa passion,
Anselme, rebuté de son prétendu gendre,
Puisse tourner son choix du côté de Léandre.

HIPPOLYTE.

Quoi, tout ce grand projet, qui m'a mise en courroux,
Tu l'as formé pour moi, Mascarille ?

MASCARILLE.

Oui, pour vous.
Mais puisqu'on reconnoît si mal mes bons offices,
Qu'il me faut de la sorte essuyer vos caprices ;
Et que, pour récompense, on s'en vient de hauteur
Me traiter de faquin, de lâche, d'imposteur,
Je m'en vais réparer l'erreur que j'ai commise,
Et, dès ce même pas, rompre mon entreprise.

H iv

HIPPOLYTE *l'arrêtant.*

Hé, ne me traite pas si rigoureusement,
Et pardonne aux transports d'un premier mouvement!

MASCARILLE.

Non, non, laissez-moi faire; il est en ma puissance
De détourner le coup qui si fort vous offense.
Vous ne vous plaindrez point de mes soins désormais;
Oui, vous aurez mon maître, & je vous le promets.

HIPPOLYTE.

Hé, mon pauvre garçon, que ta colère cesse.
J'ai mal jugé de toi, j'ai tort, je le confesse.

(*tirant sa bourse.*)

Mais je veux réparer ma faute par ceci.
Pourrois-tu te résoudre à me quitter ainsi?

MASCARILLE.

Non, je ne le saurois, quelque effort que je fasse:
Mais votre promptitude est de mauvaise grace.
Apprenez qu'il n'est rien qui blesse un noble cœur,
Comme quand²°il peut voir qu'on le touche en l'honneu

HIPPOLYTE.

Il est vrai, je t'ai dit de trop grosses injures:
Mais que ces deux louis guérissent tes blessures.

MASCARILLE.

Hé, tout cela n'est rien; je suis tendre à ces coups;
Mais déjà je commence à perdre mon courroux:

Il faut de ſes amis endurer quelque choſe.

HIPPOLYTE.

Pourras-tu mettre à fin ce que je me propoſe,
Et crois-tu que l'effet de tes deſſeins hardis,
Produiſe à mon amour le ſuccès que tu dis?

MASCARILLE.

N'ayez point pour ce fait l'eſprit ſur des épines.
J'ai des reſſorts tout prêts pour diverſes machines;
Et, quand ce ſtratagême à nos vœux manqueroit,
Ce qu'il ne feroit pas un autre le feroit.

HIPPOLYTE.

Crois qu'Hippolyte au moins ne ſera pas ingrate.

MASCARILLE.

L'eſpérance du gain n'eſt pas ce qui me flatte.

HIPPOLYTE.

Ton maître te fait ſigne, & veut parler à toi:
Je te quitte: mais ſonge à bien agir pour moi.

SCÈNE XI.
LÉLIE, MASCARILLE.
LÉLIE.

QUE diable fais-tu là? Tu me promets merveille;
Mais ta lenteur d'agir eſt pour moi ſans pareille.
Sans que mon bon génie au-devant m'a pouſſé [21],
Déjà tout mon bonheur eût été renverſé.

C'étoit fait de mon bien, c'étoit fait de ma joie,
D'un regret éternel je devenois la proie ;
Bref, si je ne me fusse en ce lieu rencontré,
Anselme avoit l'esclave, & j'en étois frustré ;
Il l'emmenoit chez lui : mais j'ai paré l'atteinte,
J'ai détourné le coup, & tant fait, que, par crainte,
Le pauvre Trufaldin l'a retenue.

MASCARILLE.

Et trois :

Quand nous ferons à dix, nous ferons une croix 22.
C'étoit par mon adresse, ô cervelle incurable,
Qu'Anselme entreprenoit cet achat favorable !
Entre mes propres mains on la devoit livrer,
Et vos soins endiablés nous en viennent sevrer.
Et puis pour votre amour je m'emploierois encore :
J'aimerois mieux cent fois être grosse pécore,
Devenir cruche, chou, lanterne, loup garou,
Et que monsieur Satan vous vînt tordre le cou.

LÉLIE *seul.*

Il nous le faut mener en quelque hôtellerie,
Et faire sur les pots décharger sa furie.

Fin du premier Acte.

ACTE II.

SCÈNE PREMIÈRE.

LÉLIE, MASCARILLE.

MASCARILLE.

A vos desirs enfin il a fallu se rendre,
Malgré tous mes sermens, je n'ai pu m'en défendre;
Et, pour vos intérêts que je voulois laisser,
En de nouveaux périls viens ¹ de m'embarrasser.
Je suis ainsi facile; & si de Mascarille
Madame la nature avoit fait une fille,
Je vous laisse à penser ce que ç'auroit été.
Toutefois, n'allez pas sur cette sûreté
Donner de vos revers au projet que je tente,
Me faire une bévue, & rompre mon attente.
Auprès d'Anselme encor nous vous excuserons,
Pour en pouvoir tirer ce que nous desirons;
Mais si dorénavant votre imprudence éclate,
Adieu, vous dis, mes soins pour l'espoir qui vous flatte.

LÉLIE.

Non, je serai prudent, te dis-je, ne crains rien :
Tu verras seulement....

MASCARILLE.

Souvenez-vous-en bien,

J'ai commencé pour vous un hardi ftratagême,
Votre père fait voir une pareffe extrême,
A rendre par fa mort tous vos defirs contens²;
Je viens de le tuer (de parole, j'entens;)
Je fais courir le bruit que d'une apoplexie
Le bon homme furpris, a quitté cette vie.
Mais avant, pour pouvoir mieux feindre ce trépas,
J'ai fait que vers fa grange il a porté fes pas;
On eft venu lui dire, & par mon artifice,
Que les ouvriers ³ qui font après fon édifice,
Parmi les fondemens qu'ils en jettent encor,
Avoient fait par hafard rencontre d'un tréfor;
Il a volé d'abord; & comme à la campagne
Tout fon monde à préfent, hors nous deux, l'accompa
Dans l'efprit d'un chacun je le tue aujourd'hui,
Et produis un fantôme enfeveli pour lui:
Enfin, je vous ai dit à quoi je vous engage.
Jouez bien votre rôle; & pour mon perfonnage,
Si vous appercevez que j'y manque d'un mot,
Dites abfolument que je ne fuis qu'un fot.

SCÈNE II.

LÉLIE *seul.*

Son esprit, il est vrai, trouve une étrange voie
Pour adresser mes vœux au comble de leur joie;
Mais quand d'un bel objet on est bien amoureux,
Que ne feroit-on pas pour devenir heureux?
Si l'amour est au crime une assez belle excuse 4,
Il en peut bien servir à la petite ruse
Que sa flamme aujourd'hui me force d'approuver,
Par la douceur du bien qui m'en doit arriver.
Juste ciel, qu'ils sont prompts! Je les vois en parole 5.
Allons nous préparer à jouer notre rôle.

SCÈNE III.

ANSELME, MASCARILLE.

MASCARILLE.

La nouvelle a sujet de vous surprendre fort.

ANSELME.

Être mort de la sorte!

MASCARILLE.

Il a certes grand tort

Je lui fais mauvais gré d'une telle incartade.

ANSELME.

N'avoir pas seulement le tems d'être malade!

MASCARILLE.

Non, jamais homme n'eut si hâte de mourir.

ANSELME.

Et Lélie ?

MASCARILLE.

Il se bat, & ne peut rien souffrir;
Il s'est fait en maints lieux contusion & bosse,
Et veut accompagner son papa dans la fosse :
Enfin, pour achever, l'excès de son transport
M'a fait en grande hâte ensevelir le mort,
De peur que cet objet, qui le rend hypocondre,
A faire un vilain coup ne me l'allât semondre [6].

ANSELME.

N'importe, tu devois attendre jusqu'au soir,
Outre qu'encore un coup j'aurois voulu le voir,
Qui tôt ensevelit, bien souvent assassine,
Et tel est cru défunt, qui n'en a que la mine.

MASCARILLE.

Je vous le garantis trépassé comme il faut.
Au reste, pour venir au discours de tantôt,
Lélie, & l'action lui sera salutaire,
D'un bel enterrement veut régaler son père

Et confoler un·peu ce défunt de fon fort
Par le plaifir de voir faire honneur à fa mort;
Il hérite beaucoup; mais comme en fes affaires,
Il fe trouve affez neuf, & ne voit encor guères,
Que fon bien la plûpart n'eft point en ces quartiers[7],
Ou que ce qu'il y tient confifte en des papiers,
Il voudroit vous prier, enfuite de l'inftance[8],
D'excufer de tantôt fon trop de violence,
De lui prêter au moins pour ce dernier devoir....

ANSELME.

Tu me l'as déjà dit, & je m'en vais le voir.

MASCARILLE *feul.*

Jufques-ici du moins tout va le mieux du monde.
Tâchons à ce progrès que le refte réponde,
Et de peur de trouver dans le port un écueil,
Conduifons le vaiffeau de la main & de l'œil.

SCÈNE IV.

ANSELME, LÉLIE, MASCARILLE.

ANSELME.

Sortons; je ne faurois qu'avec douleur très-forte
Le voir empaqueté de cette étrange forte.
Las, en fi peu de tems! Il vivoit ce matin.

MASCARILLE.

En peu de tems par fois on fait bien du chemin.

LÉLIE *pleurant.*

Ah!

ANSELME.

Mais quoi, cher Lélie, enfin il étoit homme.
On n'a point pour la mort de difpenfe de Rome 9.

LÉLIE.

Ah!

ANSELME.

Sans leur dire gare, elle abat les humains,
Et contre eux de tout tems a de mauvais deffeins.

LÉLIE.

Ah!

ANSELME.

Ce fier animal, pour toutes nos priéres,
N'en perdroit pas un coup de fes dents meurtrières;
Tout le monde y paffe.

LÉLIE.

Ah!

MASCARILLE.

Vous avez beau prêcher,
Ce deuil enraciné ne fe peut arracher.

ANSELME.

Si malgré ces raifons votre ennui perfévére,
Mon cher Lélie, au moins, faites qu'il fe modére.

LÉLIE.

LÉLIE.

Ah!

MASCARILLE.

Il n'en fera rien, je connois fon humeur.

ANSELME.

Au refte, fur l'avis de votre ferviteur ,
J'apporte ici l'argent qui vous eft néceffaire.
Pour faire célébrer les obsèques d'un père.

LÉLIE.

Ah! ah!

MASCARILLE.

Comme à ce mot s'augmente fa douleur!
Il ne peut, fans mourir, fonger à ce malheur.

ANSELME.

Je fais qué vous verrez aux papiers du bon homme,
Que je fuis débiteur d'une plus grande fomme:
Mais, quand par ces raifons je ne vous devrois rien,
Vous pourriez librement difpofer de mon bien.
Tenez, je fuis tout vôtre , & le ferai paroître.

LÉLIE *s'en allant.*

Ah!

MASCARILLE.

Le grand déplaifir que fent Monfieur mon maîtr

ANSELME.

Mafcarille , je crois qu'il feroit à propos
Qu'il me fît de fa main un reçu de deux mots.

Tome I. I

MASCARILLE.

Ah !

ANSELME.

Des événemens l'incertitude est grande.

MASCARILLE.

Ah !

ANSELME.

Faisons-lui signer le mot que je demande.

MASCARILLE.

Las! en l'état qu'il est comment vous contenter ?
Donnez-lui le loisir de se désatrister;
Et, quand ses déplaisirs prendront quelque allégeance,
J'aurai soin d'en tirer d'abord votre assurance.
Adieu. Je sens mon cœur qui se gonfle d'ennui,
Et m'en vais tout mon saoul pleurer avecque lui.
Hi !

ANSELME *seul.*

Le monde est rempli de beaucoup de traverses;
Chaque homme tous les jours en ressent de diverses;
Et jamais ici bas...

SCÈNE V.
PANDOLFE, ANSELME.

ANSELME.

AH, bons dieux, je frémi !
Pandolfe qui revient ! Fût-il bien endormi !
Comme depuis fa mort fa face eft amaigrie !
Las ! ne m'approchez pas de plus près je vous prie !
J'ai trop de répugnance à coudoyer un mort.

PANDOLFE.

D'où peut donc provenir ce bizarre tranfport ?

ANSELME.

Dites-moi de bien loin quel fujet vous amène.
Si pour me dire adieu vous prenez tant de peine,
C'eft trop de courtoifie, & véritablement
Je me ferois paffé de votre compliment.
Si votre ame eft en peine & cherche des prières,
Las ! je vous en promets, & ne m'effrayez guères !
Foi d'homme épouvanté, je vais faire à l'inftant
Prier tant Dieu pour vous, que vous ferez content.
    Difparoiffez donc, je vous prie,
    Et que le ciel, par fa bonté,
    Comble de joie & de fanté
    Votre défunte feigneurie !

PANDOLFE *riant.*

Malgré tout mon dépit, il m'y faut prendre part.

ANSELME.

Las ! pour un trépaſſé vous êtes bien gaillard !

PANDOLFE.

Eſt-ce jeu, dites-nous, ou bien ſi c'eſt folie,
Qui traite de défunt une perſonne en vie ?

ANSELME.

Hélas! vous êtes mort, & je viens de vous voir....

PANDOLFE.

Quoi, j'aurois trépaſſé ſans m'en appercevoir ?

ANSELME.

Si-tôt que Maſcarille en a dit la nouvelle,
J'en ai ſenti dans l'ame une douleur mortelle.

PANDOLFE.

Mais enfin, dormez-vous ? Etes-vous éveillé ?
Me connoiſſez-vous pas ?

ANSELME.

Vous êtes habillé
D'un corps aërien qui contrefait le vôtre,
Mais qui dans un moment peut devenir tout autre.
Je crains fort de vous voir comme un géant grandir,
Et tout votre viſage affreuſement laidir.
Pour Dieu, ne prenez point de vilaine figure ;
J'ai prou ⁹ de ma frayeur en cette conjoncture.

PANDOLFE.

En une autre ſaiſon, cette naïveté
Dont vous accompagnez votre crédulité,

Anſelme, me ſeroit un charmant badinage,
Et j'en prolongerois le plaiſir davantage :
Mais avec cette mort, un tréſor ſuppoſé,
Dont parmi les chemins on m'a déſabuſé,
Fomente dans mon ame un ſoupçon légitime.
Maſcarille eſt un fourbe, & fourbe fourbiſſime,
Sur qui ne peuvent rien la crainte & le remords,
Et qui pour ſes deſſeins a d'étranges reſſorts.

ANSELME.

M'auroit-on joué piéce & fait ſupercherie ?
Ah, vraiment, ma raiſon, vous ſeriez fort jolie !
Touchons un peu pour voir : En effet c'eſt bien lui.
Malepeſte du ſot que je ſuis aujourd'hui !
De grace, n'allez pas divulguer un tel conte ;
On en feroit jouer quelque farce à ma honte :
Mais, Pandolfe, aidez-moi vous-même à retirer
L'argent que j'ai donné pour vous faire enterrer.

PANDOLFE.

De l'argent, dites-vous ? Ah, voilà l'enclouure !
C'eſt-là le nœud ſecret de toute l'aventure ;
A votre dam. Pour moi, ſans me mettre en ſouci,
Je vais faire informer de cette affaire-ci
Contre ce Maſcarille ; & ſi l'on peut le prendre,
Quoi qu'il puiſſe coûter, je veux le faire pendre.

ANSELME ſeul.

Et moi, la bonne dupe à trop croire un vaurien,
Il faut donc qu'aujourd'hui je perde & ſens & bien.

Il me sied bien, ma foi, de porter tête grise,
Et d'être encor si prompt à faire une sottise;
D'examiner si peu sur un premier rapport....
Mais je vois....

SCÈNE VI.

LÉLIE, ANSELME.

LÉLIE.

MAINTENANT avec ce passeport,
Je puis à Trufaldin rendre aisément visite.

ANSELME.

A ce que je puis voir, votre douleur vous quitte?

LÉLIE.

Que dites-vous? Jamais elle ne quittera
Un cœur qui chérement toujours la gardera.

ANSELME.

Je reviens sur mes pas vous dire avec franchise,
Que tantôt avec vous j'ai fait une méprise;
Que parmi ces louis, quoiqu'ils paroissent beaux,
J'en ai, sans y penser, mêlé que je tiens faux,
Et j'apporte sur moi de quoi mettre en leur place;
De nos faux monnoyeurs l'insupportable audace
Pullule en cet État d'une telle façon,
Qu'on ne reçoit plus rien qui soit hors de soupçon!

Mon Dieu, qu'on feroit bien de les faire tous pendre !

LÉLIE.

Vous me faites plaisir de les vouloir reprendre :
Mais je n'en ai point vu de faux comme je croi.

ANSELME.

Je les connoîtrai bien, montrez, montrez les moi.
Est-ce tout ?

LÉLIE.

Oui.

ANSELME.

Tant mieux. Enfin je vous raccroche,
Mon argent bien aimé, rentrez dedans ma poche ;
Et vous, mon brave escroc, vous ne tenez plus rien.
Vous tuez donc les gens qui se portent fort bien ?
Et qu'auriez-vous donc fait sur moi, chétif beau-père ?
Ma foi, je m'engendrois d'une belle manière,
Et j'allois prendre en vous un beau-fils fort discret :
Allez, allez mourir de honte & de regret.

LÉLIE *seul.*

Il faut dire j'en tiens. Quelle surprise extrême !
D'où peut-il avoir sû sitôt le stratagême ?

SCÈNE VII.

LÉLIE, MASCARILLE.

MASCARILLE.

QUOI, vous étiez forti? Je vous cherchois par-tout.
Hé bien, en fommes-nous enfin venus à bout?
Je le donne en fix coups au fourbe le plus brave;
Çà donnez-moi que j'aille acheter notre efclave;
Votre rival après fera bien étonné.

LÉLIE.

Ah, mon pauvre garçon, la chance a bien tourné!
Pourrois-tu de mon fort deviner l'injuftice?

MASCARILLE.

Quoi? Que feroit-ce?

LÉLIE.

Anfelme, inftruit de l'artifice,
M'a repris maintenant tout ce qu'il nous prêtoit,
Sous couleur de changer de l'or que l'on doutoit.

MASCARILLE.

Vous vous moquez peut-être.

LÉLIE.

Il eft trop véritable.

MASCARILLE.

Tout de bon?

LÉLIE.

Tout de bon; j'en fuis inconfolable.

Tu te vas emporter d'un couroux sans égal.

MASCARILLE.

Moi, Monsieur? Quelque sot, la colère fait mal,
Et je veux me choyer, quoi qu'enfin il arrive.
Que Célie, après tout, soit ou libre ou captive,
Que Léandre l'achette, ou qu'elle reste là,
Pour moi je m'en soucie autant que de cela.

LÉLIE.

Ah, n'aye point pour moi si grande indifférence,
Et fois plus indulgent à ce peu d'imprudence!
Sans ce dernier malheur, ne m'avoueras-tu pas
Que j'avois fait merveille, & qu'en ce feint trépas
J'éludois un chacun d'un deuil si vraisemblable,
Que les plus clair-voyans l'auroient cru véritable?

MASCARILLE.

Vous avez en effet sujet de vous louer.

LÉLIE.

Hé bien, je suis coupable, & je veux l'avouer;
Mais si jamais mon bien te fut considérable,
Répare ce malheur, & me fois secourable.

MASCARILLE.

Je vous baise les mains; je n'ai pas le loisir.

LÉLIE.

Mascarille, mon fils [10].

MASCARILLE.
Point.

LÉLIE.
Fais-moi ce plaisir.

MASCARILLE.

Non, je n'en ferai rien.

LÉLIE.

Si tu m'es inflexible,

Je m'en vais me tuer.

MASCARILLE.

Soit; il vous est loisible.

LÉLIE.

Je ne puis te fléchir ?

MASCARILLE.

Non.

LÉLIE.

Vois-tu le fer prêt ?

MASCARILLE.

Oui.

LÉLIE.

Je vais le pousser.

MASCARILLE.

Faites ce qu'il vous plaît.

LÉLIE.

Tu n'auras pas regret de m'arracher la vie ?

MASCARILLE.

Non.

LÉLIE.

Adieu, Mascarille.

MASCARILLE.

Adieu, Monsieur Lélie.

LÉLIE.

Quoi?...

MASCARILLE.

Tuez-vous donc vîte. Ah, que de longs devis!

LÉLIE.

Tu voudrois bien, ma foi, pour avoir mes habits,
Que je fiſſe le ſot, & que je me tuaſſe.

MASCARILLE.

Savois-je pas qu'enfin ce n'étoit que grimace;
Et quoique ces eſprits jurent d'effectuer,
Qu'on n'eſt point aujourd'hui ſi prompt à ſe tuer!

SCÈNE VIII.

TRUFALDIN, LÉANDRE, LÉLIE, MASCARILLE.

Trufaldin parle bas à Léandre, dans le fond du théâtre.

LÉLIE.

Que vois-je? Mon rival & Trufaldin enſemble!
Il achette Célie; ah, de frayeur je tremble!

MASCARILLE.

Il ne faut point douter qu'il fera ce qu'il peut,
Et, s'il a de l'argent, qu'il pourra ce qu'il veut.
Pour moi, j'en ſuis ravi. Voilà la récompenſe
De vos bruſques erreurs, de votre impatience.

LÉLIE.

Que dois-je faire ? Dis, veuilles me conseiller.

MASCARILLE.

Je ne fais.

LÉLIE.

Laiſſe-moi, je vais le queréller.

MASCARILLE.

Qu'en arrivera-t-il ?

LÉLIE.

Que veux-tu que je faſſe

Pour empêcher ce coup?

MASCARILLE.

Allez, je vous fais grace :
Je jette encore un œil pitoyable ſur vous.
Laiſſez-moi l'obſerver; par des moyens plus doux
Je vais, comme je crois, ſavoir ce qu'il projette.

(*Lélie ſort.*)

TRUFALDIN *à Léandre.*

Quand on viendra tantôt, c'eſt une affaire faite.

(*Trufaldin ſort.*)

MASCARILLE *à part en s'en allant.*

Il faut que je l'attrape, & que de ſes deſſeins
Je fois le confident, pour mieux les rendre vains.

LÉANDRE *ſeul.*

Graces au ciel ! voilà mon bonheur hors d'atteinte;
J'ai ſu me l'aſſurer, & je n'ai plus de crainte.

Quoi que déformais puiffe entreprendre un rival,
Il n'eft plus en pouvoir de me faire du mal.

SCÈNE IX.

LÉANDRE, MASCARILLE.

MASCARILLE *dit ces deux vers dans la maifon,*
& entre fur le théâtre.

AHI, ahi, à l'aide, au meurtre, au fecours, on m'affomm
Ah, ah, ah, ah, ah, ah! O traître! O bourreau d'homm

LÉANDRE.

D'où procède cela ? Qu'eft-ce ? Que te fait-on ?

MASCARILLE.

On vient de me donner deux cens coups de bâton.

LÉANDRE.

Qui ?

MASCARILLE.

Lélie.

LÉANDRE.

Et pourquoi ?

MASCARILLE.

Pour une bagatelle
Il me chaffe & me bat d'une façon cruelle.

LÉANDRE.

Ah, vraiment, il a tort!

MASCARILLE.

Mais, ou je ne pourrai,
Ou je jure bien fort que je m'en vengerai.
Oui, je te ferai voir, batteur que Dieu confonde,
Que ce n'eſt pas pour rien qu'il faut rouer le monde,
Que je ſuis un valet, mais fort homme d'honneur,
Et qu'après m'avoir eu quatre ans pour ſerviteur,
Il ne me falloit pas payer en coups de gaules,
Et me faire un affront ſi ſenſible aux épaules :
Je te le dis encor, je ſaurai m'en venger;
Une eſclave te plaît, tu voulois m'engager
A la mettre en tes mains, & je veux faire enſorte
Qu'un autre te l'enlève, ou le diable m'emporte.

LÉANDRE.

Écoute, Maſcarille, & quitte ce tranſport.
Tu m'as plû de tout tems, & je ſouhaitois fort
Qu'un garçon comme toi plein d'eſprit & fidèle,
A mon ſervice un jour pût attacher ſon zèle :
Enfin, ſi le parti te ſemble bon pour toi,
Si tu veux me ſervir, je t'arrête avec moi.

MASCARILLE.

Oui, Monſieur, d'autant mieux que le deſtin propice
M'offre à me bien venger, en vous rendant ſervice;
Et que dans mes efforts pour vos contentemens,
Je puis à mon brutal trouver des châtimens :

De Célie, en un mot, par mon adreſſe extrême...

LÉANDRE.

Mon amour s'eſt rendu cet office lui-même.
Enflammé d'un objet qui n'a point de défaut,
Je viens de l'acheter moins encor qu'il ne vaut.

MASCARILLE.

Quoi, Célie eſt à vous?

LÉANDRE.

            Tu la verrois paroître,
Si de mes actions j'étois tout-à-fait maître;
Mais quoi! Mon père l'eſt: comme il a volonté,
Ainſi que je l'apprends d'un paquet apporté,
De me déterminer à l'hymen d'Hippolyte,
J'empêche qu'un rapport de tout ceci l'irrite.
Donc avec Trufaldin, car je ſors de chez lui,
J'ai voulu tout exprès agir au nom d'autrui,
Et l'achat fait, ma bague eſt la marque choiſie
Sur laquelle au premier il doit livrer Célie.
Je ſonge auparavant à chercher les moyens
D'ôter aux yeux de tous ce qui charme les miens,
A trouver promptement un endroit favorable
Où puiſſe être en ſecret cette captive aimable.

MASCARILLE.

Hors de la ville un peu, je puis avec raiſon
D'un vieux parent que j'ai vous offrir la maiſon;
Là, vous pourrez la mettre avec toute aſſurance,
Et de cette action nul n'aura connoiſſance.

LÉANDRE.

Oui? Ma foi, tu me fais un plaifir fouhaité.
Tiens donc, & vas pour moi prendre cette beauté;
Dès que par Trufaldin ma bague fera vue,
Auffi-tôt en tes mains elle fera rendue,
Et dans cette maifon tu me la conduiras.
Quand... Mais chut, Hippolyte eft ici fur nos pas.

SCENE X.

HIPPOLYTE, LÉANDRE, MASCARILLE.

HIPPOLYTE.

JE dois vous annoncer, Léandre, une nouvelle;
Mais la trouverez-vous agréable ou cruelle?

LÉANDRE.

Pour en pouvoir juger, & répondre foudain,
Il faudroit la favoir.

HIPPOLYTE.

      Donnez-moi donc la main
Jufqu'au Temple, en marchant, je pourrai vous l'appren

LÉANDRE à *Mafcarille*.

Vas, vas-t-en me fervir fans davantage attendre.

❧

SCÈN

SCÈNE XI.

MASCARILLE *seul.*

Oui, je te vais servir d'un plat de ma façon.
Fut-il jamais au monde un plus heureux garçon !
O que dans un moment Lélie aura de joie !
Sa maîtresse en nos mains tomber par cette voie,
Recevoir tout son bien d'où l'on attend son mal,
Et devenir heureux par la main d'un rival !
Après ce rare exploit, je veux que l'on s'apprête
A me peindre en héros, un laurier sur la tête,
Et qu'au bas du portrait on mette en lettres d'or,
Vivat Mascarillus fourbum Imperator.

SCÈNE XII.

TRUFALDIN, MASCARILLE.

MASCARILLE.

Hola !

TRUFALDIN.

Que voulez-vous ?

MASCARILLE.

Cette bague connue
Vous dira le sujet qui cause ma venue.

TRUFALDIN.

Oui, je reconnois bien la bague que voilà.
Je vais quérir l'efclave ; arrêtez un peu là.

SCÈNE XIII

TRUFALDIN, UN COURIER, MASCARILLE.

LE COURIER *à Trufaldin.*

SEIGNEUR, obligez-moi de m'enfeigner un homme...

TRUFALDIN.

Et qui ?

LE COURIER.

Je crois que c'eft Trufaldin qu'il fe nomme.

TRUFALDIN.

Et que lui voulez-vous ? Vous le voyez ici.

LE COURIER.

Lui rendre feulement la lettre que voici.

TRUPALDIN *lit.*

Le ciel, dont la bonté prend fouci de ma vie,
Vient de me faire ouir, par un bruit affez doux,
Que ma fille, à quatre ans, par des voleurs ravie,
Sous le nom de Célie eft efclave chez vous.

Si vous fûtes jamais ce que c'est qu'être père,
Et vous trouvez sensible aux tendresses du sang,
Conservez-moi chez vous cette fille si chère,
Comme si de la vôtre elle tenoit le rang.

Pour l'aller retirer je pars d'ici moi-même,
Et vous vais de vos soins récompenser si bien,
Que par votre bonheur, que je veux rendre extrême,
Vous bénirez le jour où vous causez le mien.

De Madrid. DOM PEDRO DE GUSMAN,
Marquis DE MONTALCANE.

(*Il continue.*)

Quoiqu'à leur nation bien peu de foi soit due,
Ils me l'avoient bien dit, ceux qui me l'ont vendue,
Que je verrois dans peu quelqu'un la retirer,
Et que je n'aurois pas sujet d'en murmurer;
Et cependant j'allois dans mon impatience,
Perdre aujourd'hui les fruits d'une haute espérance.

(*au courier.*)

Un seul moment plus tard tous vos pas étoient vains,
J'allois mettre à l'instant cette fille en ses mains:
Mais suffit; j'en aurai tout le soin qu'on desire.

(*le courier sort.*)

(*à Mascarille.*)

Vous-même vous voyez ce que je viens de lire.
Vous direz à celui qui vous a fait venir
Que je ne lui saurois ma parole tenir,

K ij

Qu'il vienne retirer son argent.

MASCARILLE.

Mais l'outrage
Que vous lui faites....

TRUFALDIN.

Vas, sans causer davantage.

MASCARILLE *seul.*

Ah, le fâcheux paquet que nous venons d'avoir !
Le sort a bien donné la baie à mon espoir ;
Et bien à la malheure est-il venu d'Espagne
Ce courier que la foudre & la grêle accompagne.
Jamais, certes, jamais plus beau commencement
N'eut en si peu de tems plus triste événement.

SCENE XIV.

LÉLIE *riant*, MASCARILLE.

MASCARILLE.

QUEL beau transport de joie à présent vous inspire ?

LÉLIE.

Laisse m'en rire encore avant que te le dire.

MASCARILLE.

Ça rions donc bien fort, nous en avons sujet.

LÉLIE.

Ah ! je ne serai plus de tes plaintes l'objet.

Tu ne me diras plus, toi, qui toujours me cries,
Que je gâte en brouillon toutes tes fourberies:
J'ai bien joué moi-même un tour des plus adroits.
Il est vrai, je suis prompt, & m'emporte par fois:
Mais pourtant, quand je veux, j'ai l'imaginative
Aussi bonne, en effet, que personne qui vive;
Et toi-même avoueras que ce que j'ai fait, part
D'une pointe d'esprit où peu de monde a part.

MASCARILLE.

Sachons donc ce qu'a fait cette imaginative.

LÉLIE.

Tantôt l'esprit ému d'une frayeur bien vive
D'avoir vu Trufaldin avecque mon rival,
Je songeois à trouver un reméde à ce mal;
Lorsque, me ramassant tout entier en moi-même,
J'ai conçu, digéré, produit un stratagême,
Devant qui tous les tiens, dont tu fais tant de cas,
Doivent, sans contredit, mettre pavillon bas.

MASCARILLE.

Mais qu'est-ce?

LÉLIE.

      Ah, s'il te plaît, donne-toi patience.
J'ai donc feint une lettre avecque diligence,
Comme d'un grand seigneur écrite à Trufaldin,
Qui mande qu'ayant su, par un heureux destin,
Qu'une esclave qu'il tient sous le nom de Célie,
Est sa fille autrefois par des voleurs ravie;

Il veut la venir prendre, & le conjure au moins
De la garder toujours, de lui rendre des foins :
Qu'à ce fujet il part d'Efpagne, & doit pour elle
Par de fi grands préfens reconnoître fon zèle,
Qu'il n'aura point regret de caufer fon bonheur.

MASCARILLE.

Fort bien.

LÉLI

Écoute donc ; voici bien le meilleur.
La lettre que je dis a donc été remife ;
Mais, fais-tu bien comment? En faifon fi bien prife,
Que le porteur m'a dit, que, fans ce trait falot,
Un homme l'emmenoit, qui s'eft trouvé fort fot.

MASCARILLE.

Vous avez fait ce coup fans vous donner au diable ?

LÉLIE.

Oui. D'un tour fi fubtil m'aurois-tu cru capable ?
Loue au moins mon adreffe, & la dextérité
Dont je romps d'un rival le deffein concerté.

MASCARILLE.

A vous pouvoir louer felon votre mérite,
Je manque d'éloquence & ma force eft petite.
Oui, pour bien étaler cet effort relevé,
Ce bel exploit de guerre à nos yeux achevé,
Ce grand & rare effet d'une imaginative,
Qui ne céde en vigueur à perfonne qui vive,

Ma langue est impuiffante, & je voudrois avoir
Celles de tous les gens du plus exquis favoir,
Pour vous dire en beaux vers, ou bien en docte profe
Que vous ferez toujours, quoi que l'on fe propofe,
Tout ce que vous avez été durant vos jours :
C'eft-à-dire, un efprit chauffé tout à rebours,
Une raifon malade & toujours en débauche,
Un envers de bon fens, un jugement à gauche,
Un brouillon, une bête, un brufque, un étourdi,
Que fai-je ? Un... cent fois plus encor que je ne di,
C'eft faire en abrégé votre panégyrique.

L É L I E.

Apprends-moi le fujet qui contre moi te pique ?
Ai-je fait quelque chofe ? Éclaircis-moi ce point.

M A S C A R I L L E.

Non, vous n'avez rien fait; mais ne me fuivez point.

L É L I E.

Je te fuivrai par-tout, pour favoir ce myftère.

M A S C A R I L L E.

Oui ? Sus donc préparez vos jambes à bien faire;
Car je vais vous fournir de quoi les exercer.

L É L I E *feul.*

Il m'échappe. O malheur qui ne fe peut forcer !
Au difcours qu'il m'a fait que faurois-je comprendre,
Et quel mauvais office aurois-je pu me rendre ?

Fin du fecond Acte.

K ij

ACTE III.

SCÈNE PREMIÈRE.

MASCARILLE *feul.*

Taisez-vous, ma bonté, ceſſez votre entretien,
Vous êtes une ſotte, & je n'en ferai rien.
Oui, vous avez raiſon, mon couroux, je l'avoue;
Relier tant de fois ce qu'un brouillon dénoue,
C'eſt trop de patience; & je dois en ſortir,
Après de ſi beaux coups qu'il a ſu divertir.
Mais auſſi raiſonons un peu ſans violence.
Si je ſuis maintenant ma juſte impatience,
On dira que je céde à la difficulté;
Que je me trouve à bout de ma ſubtilité:
Et que deviendra lors cette publique eſtime,
Qui te vante par-tout pour un fourbe ſublime,
Et que tu t'es acquiſe en tant d'occaſions,
A ne t'être jamais vu court d'inventions?
L'honneur, ô Maſcarille, eſt une belle choſe!
A tes nobles travaux ne fais aucune pauſe,
Et, quoi qu'un maître ait fait pour te faire enrager,
Acheve pour ta gloire, & non pour l'obliger.
Mais quoi! Que feras-tu, que de l'eau toute claire?
Traverſé ſans repos par ce démon contraire,

Tu vois qu'à chaque inſtant il te fait déchanter [1],
Et que c'eſt battre l'eau que prétendre arrêter
Ce torrent effréné, qui de tes artifices
Renverſe en un moment les plus beaux édifices.
Hé bien, pour toute grace, encore un coup du moins,
Au haſard du ſuccès, ſacrifions des ſoins ;
Et s'il pourſuit encore à rompre notre chance,
J'y conſens, ôtons-lui toute notre aſſiſtance.
Cependant notre affaire encor n'iroit pas mal,
Si par là nous pouvions perdre notre rival,
Et que Léandre enfin, laſſé de ſa pourſuite,
Nous laiſsât jour entier pour ce que je médite.
Oui, je roule en ma tête un trait ingénieux,
Dont je promettrois bien un ſuccès glorieux,
Si je puis n'avoir plus cet obſtacle à combattre.
Bon, voyons ſi ſon feu ſe rend opiniâtre.

SCÈNE II.

LÉANDRE, MASCARILLE.

MASCARILLE.

Monsieur, j'ai perdu tems [2], votre homme ſe dédit.

LÉANDRE.

De la choſe lui-même il m'a fait le récit ;
Mais c'eſt bien plus ; j'ai ſu que tout ce beau myſtère,
D'un rapt d'Égyptiens, d'un grand Seigneur pour père,

Qui doit partir d'Espagne, & venir en ces lieux,
N'est qu'un pur stratagême, un trait facétieux,
Une histoire à plaisir, un conte dont Lélie
A voulu détourner notre achat de Célie.

MASCARILLE.

Voyez un peu la fourbe !

LÉANDRE.

Et pourtant Trufaldin
Est si bien imprimé ; de ce conte badin,
Mord si bien à l'appât de cette foible ruse,
Qu'il ne veut point souffrir que l'on le désabuse.

MASCARILLE.

C'est pourquoi désormais il la gardera bien,
Et je ne vois pas lieu d'y prétendre plus rien.

LÉANDRE.

Si d'abord à mes yeux elle parut aimable,
Je viens de la trouver tout-à-fait adorable ;
Et je suis en suspens, si pour me l'acquérir,
Aux extrêmes moyens je ne dois point courir ;
Par le don de ma foi rompre sa destinée,
Et changer ses liens en ceux de l'hyménée.

MASCARILLE.

Vous pourriez l'épouser ?

LÉANDRE.

Je ne sais : mais enfin,
Si quelque obscurité se trouve en son destin,

Sa grace & fa vertu font de douces amorces,
Qui, pour tirer les cœurs, ont d'incroyables forces.

MASCARILLE.

Sa vertu, dites-vous ?

LÉANDRE.

Quoi ? que murmures-tu ?
Acheve, explique-toi fur ce mot de vertu.

MASCARILLE.

Monfieur, votre vifage en un moment s'altère,
Et je ferai bien mieux peut-être de me taire.

LÉANDRE.

Non, non, parle.

MASCARILLE.

Hé bien donc, très-charitablement
Je vous veux retirer de votre aveuglement.
Cette fille....

LÉANDRE.

Pourfuis.

MASCARILLE.

N'eft rien moins qu'inhumaine,
Dans le particulier elle oblige fans peine,
Et fon cœur, croyez-moi, n'eft point roche après tout,
A quiconque la fait prendre par le bon bout ;
Elle fait la fucrée, & veut paffer pour prude ; .
Mais je puis en parler avecque certitude.
Vous favez que je fuis quelque peu du métier
A me devoir connoître en un pareil gibier.

LÉANDRE.

Célie...

MASCARILLE.

Oui, sa pudeur n'est que franche grimace,
Qu'une ombre de vertu qui garde mal-la place,
Et qui s'évanouit, comme l'on peut savoir,
Aux rayons du soleil qu'une bourse fait voir.

LÉANDRE.

Las, que dis-tu? Croirai-je un discours de la sorte!

MASCARILLE.

Monsieur, les volontés sont libres; que m'importe?
Non, ne me croyez pas, suivez votre dessein,
Prenez cette matoise, & lui donnez la main;
Toute la ville en corps reconnoîtra ce zèle,
Et vous épouserez le bien public en elle.

LÉANDRE.

Quelle surprise étrange!

MASCARILLE *à part.*

Il a pris l'hameçon.
Courage, s'il se peut enferrer tout de bon,
Nous nous ôtons du pied une fâcheuse épine.

LÉANDRE.

Oui, d'un coup étonnant ce discours m'assassine.

MASCARILLE.

Quoi, vous pourriez...

LÉANDRE.

Vas-t-en jusqu'à la poste, & voi
Je ne sai quel paquet qui doit venir pour moi.

(seul après avoir rêvé.)

Qui ne s'y fût trompé! Jamais l'air d'un visage,
Si ce qu'il dit est vrai , n'imposa davantage.

SCÈNE III.

LÉLIE, LÉANDRE.

LÉLIE.

Du chagrin qui vous tient quel peut être l'objet ?

LÉANDRE.

Moi ?

LÉLIE.

Vous-même.

LÉANDRE.

Pourtant je n'en ai pas sujet.

LÉLIE.

Je vois bien ce que c'est, Célie en est la cause.

LÉANDRE.

Mon esprit ne court pas après si peu de chose.

LÉLIE.

Pour elle vous aviez pourtant de grands desseins :
Mais il faut dire ainsi, lorsqu'ils se trouvent vains.

LÉANDRE.

Si j'étois affez fot pour chérir fes careffes,
Je me moquerois bien de toutes vos fineffes.

LÉLIE.

Quelles fineffes donc?

LÉANDRE.

Mon Dieu, nous favons tout.

LÉLIE.

Quoi ?

LÉANDRE.

Votre procédé de l'un à l'autre bout.

LÉLIE.

C'eft de l'hébreu pour moi, je n'y puis rien comprendre.

LÉANDRE.

Feignez, fi vous voulez, de ne me pas entendre;
Mais, croyez-moi, ceffez de craindre pour un bien,
Où je ferois fâché de vous difputer rien.
J'aime fort la beauté qui n'eft point profanée;
Et ne veux point brûler pour une abandonnée.

LÉLIE.

Tout beau, tout beau, Léandre.

LÉANDRE.

Ah, que vous êtes bon !

Allez, vous dis-je encor, fervez-la fans façon,
Vous pourrez vous nommer homme à bonnes fortunes.
Il eft vrai, fa beauté n'eft pas des plus communes;

Mais en revanche auſſi le reſte eſt fort commun.

LÉLIE.

Léandre, arrêtez-là ce diſcours importun.
Contre moi tant d'efforts qu'il vous plaira pour elle,
Mais ſur-tout, retenez cette atteinte mortelle.
Sachez que je m'impute à trop de lâcheté
D'entendre mal parler de ma divinité ;
Et que j'aurai toujours bien moins de répugnance
A ſouffrir votre amour, qu'un diſcours qui l'offenſe.

LÉANDRE.

Ce que j'avance ici me vient de bonne part.

LÉLIE.

Quiconque vous l'a dit eſt un lâche, un pendard.
On ne peut impoſer de tache à cette fille ,
Je connois bien ſon cœur.

LÉANDRE.

Mais enfin , Maſcarille
D'un ſemblable procès eſt juge compétent ,
C'eſt lui qui la condamne.

LÉLIE.

Oui ?

LÉANDRE.

Lui-même.

LÉLIE.

Il prétend
D'une fille d'honneur inſolemment médire,
Et que peut-être encor je n'en ferai que rire !

Gage qu'il se dédit.

LÉANDRE.

Et moi, gage que non.

LÉLIE.

Parbleu, je le ferois mourir sous le bâton,
S'il m'avoit soutenu des fauſſetés pareilles.

LÉANDRE.

Moi, je lui couperois sur le champ les oreilles,
S'il n'étoit pas garant de tout ce qu'il m'a dit.

SCÈNE IV.

LÉLIE, LÉANDRE, MASCARILLE.

LÉLIE.

AH, bon, bon, le voilà. Venez-çà, chien maudit.

MASCARILLE.

Quoi?

LÉLIE.

Langue de serpent fertile en impoſtures,
Vous oſez sur Célie attacher vos morſures,
Et lui calomnier la plus rare vertu
Qui puiſſe faire éclat sous un fort abattu?

MASCARILLE *bas à Lélie.*

Doucement, ce diſcours eſt de mon induſtrie.

LÉLIE.

Non, non, point de clin d'œil & point de raillerie,

Je

Je fuis aveugle à tout, fourd à quoi que ce foit;
Fût-ce mon propre frère, il me la payeroit;
Et fur ce que j'adore ofer porter le blâme,
C'eft me faire une plaie au plus tendre de l'ame.
Tous ces fignes font vains. Quels difcours as-tu faits?

MASCARILLE.

Mon Dieu, ne cherchons point querelle, ou je m'en vais.

LÉLIE.

Tu n'échapperas pas.

MASCARILLE.

Ahi.

LÉLIE.

Parle donc, confeffe.

MASCARILLE *bas à Lélie.*

Laiffez-moi, je vous dis que c'eft un tour d'adreffe.

LÉLIE.

Dépêche, qu'as-tu dit? Vuide entre-nous ce point.

MASCARILLE *bas à Lélie.*

J'ai dit ce que j'ai dit : ne vous emportez point.

LÉLIE *mettant l'épée à la main.*

Ah, je vous ferai bien parler d'une autre forte!

LÉANDRE *l'arrêtant.*

Alte un peu, retenez l'ardeur qui vous emporte.

MASCARILLE *à part.*

Fut-il jamais au monde un efprit moins fenfé?

LÉLIE.

Laiffez-moi contenter mon courage offenfé.

Tome I. L

LÉANDRE.

C'eſt trop que de vouloir le battre en ma préſence.

LÉLIE.

Quoi, châtier mes gens n'eſt pas en ma puiſſance?

LÉANDRE.

Comment vos gens?

MASCARILLE *à part.*

Encore! Il va tout découvrir.

LÉLIE.

Quand j'aurois volonté de le battre à mourir,
Hé bien? c'eſt mon valet.

LÉANDRE.

C'eſt maintenant le nôtre.

LÉLIE.

Le trait eſt admirable! Et comment donc le vôtre?

LÉANDRE.

Sans doute.

MASCARILLE *bas à Lélie.*

Doucement.

LÉLIE.

Hem, que veux-tu conter?

MASCARILLE *à part.*

Ah, le double bourreau qui me va tout gâter,
Et qui ne comprend rien, quelque ſigne qu'on donne!

LÉLIE.

Vous rêvez bien, Léandre, & me la baillez bonne.

Il n'eſt pas mon valet ?

LÉANDRE.

Pour quelque mal commis,

Hors de votre ſervice il n'a pas été mis ?

LÉLIE.

Je ne ſais ce que c'eſt.

LÉANDRE.

Et plein de violence,

Vous n'avez pas chargé ſon dos avec outrance ?

LÉLIE.

Point du tout. Mei, l'avoir chaſſé, roué de coups ?
Vous vous moquez de moi, Léandre, ou lui de vous.

MASCARILLE, *à part.*

Pouſſe, pouſſe, bourreau, tu fais bien tes affaires.

LÉANDRE *à Maſcarille.*

Donc les coups de bâton ne ſont qu'imaginaires !

MASCARILLE.

Il ne ſait ce qu'il dit, ſa mémoire....

LÉANDRE.

Non, non,

Tous ces ſignes pour toi ne diſent rien de bon.
Oui, d'un tour délicat mon eſprit te ſoupçonne,
Mais pour l'invention, vas, je te le pardonne.
C'eſt bien aſſez pour moi, qu'il m'ait déſabuſé,
De voir par quels motifs tu m'avois impoſé,

L ij

Et, que m'étant commis à ton zèle hypocrite,
A si bon compte encor je m'en sois trouvé quitte.
Ceci doit s'appeler *un avis au lecteur.*
Adieu, Lélie, adieu, très-humble serviteur.

SCÈNE V.

LÉLIE, MASCARILLE.

MASCARILLE.

COURAGE, mon garçon, tout heur nous accompagne,
Mettons flamberge au vent, & bravoure en campagne,
Faisons l'*Olibrius*, *l'occiseur d'innocens.*

LÉLIE.

Il t'avoit accusé de discours médisans
Contre...

MASCARILLE.

Et vous ne pouviez souffrir mon artifice,
Lui laisser son erreur, qui vous rendoit service,
Et par qui son amour s'en étoit presque allé?
Non, il a l'esprit franc, & point dissimulé.
Enfin chez son rival je m'ancre avec adresse,
Cette fourbe en mes mains va mettre sa maîtresse,
Il me la fait manquer; avec de faux rapports,
Je veux de son rival rallentir les transports,

Mon brave incontinent vient qui le défabufe;
J'ai beau lui faire figne, & montrer que c'eft rufe,
Point d'affaire; il pourfuit fa pointe jufqu'au bout,
Et n'eft point fatisfait qu'il n'ait découvert tout.
Grand & fublime effort d'une imaginative,
Qui ne le céde point à perfonne qui vive!
C'eft une rare piéce, & digne fur ma foi,
Qu'on en faffe préfent au cabinet d'un roi.

LÉLIE.

Je ne m'étonne pas fi je romps tes attentes;
A moins d'être informé des chofes que tu tentes,
J'en ferois encor cent de la forte.

MASCARILLE.

Tant pis.

LÉLIE.

Au moins, pour t'emporter à de juftes dépits,
Fais-moi dans tes deffeins entrer de quelque chofe;
Mais que de leurs refforts la porte me foit clofe,
C'eft ce qui fait toujours que je fuis pris fans verd.

MASCARILLE.

Ah, voilà tout le mal! c'eft cela qui nous perd.
Ma foi, mon cher patron, je vous le dis encore,
Vous ne ferez jamais qu'une pauvre pécore.

LÉLIE.

Puifque la chofe eft faite, il n'y faut plus penfer.
Mon rival, en tout cas, ne peut me traverfer,

Et pourvu que tes foins en qui je me repofe...

MASCARILLE.

Laiffons-là ce difcours, & parlons d'autre chofs.
Je ne m'appaife pas, non, fi facilement,
Je fuis trop en colère. Il faut premièrement
Me rendre un bon office, & nous verrons enfuite
Si je dois de vos feux embraffer la conduite.

LÉLIE.

S'il ne tient qu'à cela, je n'y réfifte pas.
As-tu befoin, dis-moi, de mon fang, de mon bras?

MASCARILLE.

De quelle vifion fa cervelle eft frappée !
Vous êtes de l'humeur de ces amis d'épée,
Que l'on trouve toujours plus prompts à dégaîner,
Qu'à tirer un teſton ſ s'il falloit le donner.

LÉLIE.

Que puis-je donc pour toi?

MASCARILLE.

C'eft que de votre père
Il faut abfolument appaifer la colère.

LÉLIE.

Nous avons fait la paix.

MASCARILLE.

Oui; mais non pas pour nous.
Je l'ai fait ce matin mort pour l'amour de vous;

La vifion le choque [6], & de pareilles feintes
Aux vieillards comme lui font de dures atteintes,
Qui, fur l'état prochain de leur condition,
Leur font faire à regret trifte réflexion.
Le bon homme, tout vieux, chérit fort la lumière,
Et ne veut point de jeu deffus cette matière;
Il craint le pronoftic, &, contre moi fâché,
On m'a dit qu'en juftice il m'avoit recherché.
J'ai peur, fi le logis du Roi fait ma demeure,
De m'y trouver fi bien dès le premier quart-d'heure,
Que j'aye peine auffi d'en fortir par après.
Contre moi dès long-tems on a force décrets;
Car enfin la vertu n'eft jamais fans envie,
Et dans ce maudit fiécle eft toujours pourfuivie.
Allez donc le fléchir.

L É L I E.

          Oui, nous le fléchirons :
Mais auffi tu promets ..

M A S C A R I L L E.

          Ah, mon Dieu, nous verrons !

(*Lélie fort.*)

Ma foi, prenons haleine après tant de fatigues.
Ceffons pour quelque tems le cours de nos intrigues,
Et de nous tourmenter de même qu'un lutin.
Léandre pour nous nuire eft hors de garde enfin,
Et Célie arrêtée avecque l'artifice...

SCÈNE VI.

ERGASTE, MASCARILLE.

ERGASTE.

JE te cherchois par-tout pour te rendre un service,
Pour te donner avis d'un secret important.

MASCARILLE.

Quoi donc ?

ERGASTE.

N'avons-nous point ici quelque écoutant?

MASCARILLE.

Non.

ERGASTE.

Nous sommes amis autant qu'on le peut être ;
Je sais tous tes desseins & l'amour de ton maître ;
Songez à vous tantôt. Léandre fait parti
Pour enlever Célie , & je suis averti
Qu'il a mis ordre à tout , & qu'il se persuade
D'entrer chez Trufaldin par une mascarade ,
Ayant sû qu'en ce tems, assez souvent le soir ,
Des femmes du quartier en masque l'alloient voir.

MASCARILLE.

Oui? Suffit ; il n'est pas au comble de sa joie ,
Je pourrai bien tantôt lui souffler cette proie ;

Et contre cet affaut je fais un coup fourré,
Par qui je veux qu'il foit de lui-même enferré.
Il ne fait pas les dons dont mon ame eft pourvue.
Adieu, nous boirons pinte à la première vue.

SCÈNE VII.

MASCARILLE *feul.*

IL faut, il faut tirer à nous ce que d'heureux
Pourroit avoir en foi ce projet amoureux,
Et par une furprife adroite & non commune,
Sans courir le danger, en tenter la fortune.
Si je vais me mafquer pour devancer fes pas,
Léandre affurément ne nous bravera pas,
Et là, premier que lui, fi nous faifons la prife,
Il aura fait pour nous les frais de l'entreprife;
Puifque 7 par fon deffein déjà prefque éventé,
Le foupçon tombera toujours de fon côté,
Et que nous, à couvert de toutes fes pourfuites,
De ce coup hafardeux ne craindrons point de fuites.
C'eft ne fe point commettre à faire de l'éclat,
Et tirer les marrons de la patte du chat.
Allons donc nous mafquer avec quelques bons frères;
Pour prévenir nos gens, il ne faut tarder guères.
Je fais où gît le lièvre, & me puis fans travail,
Fournir en un moment d'hommes & d'attirail.

Croyez que je mets bien mon adreſſe en uſage:
Si j'ai reçu du ciel des fourbes en partage,
Je ne ſuis point au rang de ces eſprits mal nés,
Qui cachent les talens que Dieu leur a donnés.

SCÈNE VIII.

LÉLIE, ERGASTE.

LÉLIE.

IL prétend l'enlever avec ſa maſcarade ?

ERGASTE.

Il n'eſt rien plus certain. Quelqu'un de ſa brigade
M'ayant de ce deſſein inſtruit, ſans m'arrêter,
A Maſcarille alors j'ai couru tout conter,
Qui s'en va, m'a-t-il dit, rompre cette partie
Par une invention deſſus le champ bâtie;
Et, comme je vous ai rencontré par hazard,
J'ai cru que je devois du tout vous faire part.

LÉLIE.

Tu m'obliges par trop avec cette nouvelle :
Va, je reconnoîtrai ce ſervice fidèle.

SCÈNE IX.

LÉLIE *seul.*

Mon drôle affurément leur jouera quelque trait;
Mais je veux de ma part feconder fon projet.
Il ne fera pas dit qu'en un fait qui me touche,
Je ne me fois non plus remué qu'une fouche.
Voici l'heure, ils feront furpris à mon afpect.
Foin! Que n'ai-je avec moi pris mon porte-refpect?
Mais vienne qui voudra contre notre perfonne,
J'ai deux bons piftolets, & mon épée eft bonne.
Hola! Quelqu'un, un mot.

SCENE X.

TRUFALDIN *à fa fenêtre,* LÉLIE.

TRUFALDIN.

Qu'est-ce? Qui me vient voir?

LÉLIE.

Fermez foigneufement votre porte ce foir.

TRUFALDIN.

Pourquoi?

LÉLIE.

Certaines gens font une mafcarade
Pour vous venir donner une fâcheufe aubade;

Ils veulent enlever votre Célie.

TRUFALDIN.

O dieux !

LÉLIE.

Et fans doute bientôt ils viendront en ces lieux.
Demeurez ; vous pourrez voir tout de la fenêtre.
Hé bien ? qu'avois-je dit ? Les voyez-vous paroître ?
Chut, je veux à vos yeux leur en faire l'affront,
Nous allons voir beau jeu, fi la corde ne rompt.

SCÈNE XI.

LÉLIE, TRUFALDIN, MASCARILLE
& fa fuite, mafqués.

TRUFALDIN.

O ! Les plaifans robins [8], qui penfent me furprendre !

LÉLIE.

Mafques, où courez vous ? Le pourroit-on apprendre ?
Trufaldin, ouvrez-leur pour jouer un momon [9].

(*à Mafcarille déguifé en femme.*)

Bon Dieu, qu'elle eft jolie, & qu'elle a l'air mignon !
Et quoi, vous murmurez ? mais fans vous faire outrage,
Peut-on lever le mafque, & voir votre vifage ;

TRUFALDIN.

Allez, fourbes, méchans ; retirez-vous d'ici,
Canaille ; & vous, Seigneur, bon foir & grand merci.

SCÈNE XII.

LÉLIE, MASCARILLE.

LÉLIE *après avoir démafqué Mafcarille.*

MASCARILLE, eft-ce toi ?

MASCARILLE.

Nenni-dà, c'eft quelque autre.

LÉLIE.

Hélas, quelle furprife ! & quel fort eft le nôtre !
L'aurois-je deviné, n'étant point averti
Des fecrettes raifons qui t'avoient traveſti.
Malheureux que je fuis, d'avoir deſſous ce mafque
Été, fans y penfer, te faire cette frafque !
Il me prendroit envie, en mon jufte courroux,
De me battre moi-même, & me donner cent coups.

MASCARILLE.

Adieu, fublime efprit, rare imaginative.

LÉLIE.

Las ! Si de ton fecours ta colère me prive,

A quel faint me vouerai-je!

MASCARILLE.

Au grand diable d'enfer.

LÉLIE.

Ah, fi ton cœur pour moi n'eft de bronze ou de fer,
Qu'encore un coup du moins mon imprudence ait grace!
S'il faut pour l'obtenir que tes genoux j'embraffe,
Vois moi...

MASCARILLE.

Tarare; allons, camarades, allons:
J'entends venir des gens qui font fur nos talons.

SCENE XIII.

**LÉANDRE & fa fuite mafqués , TRUFALDIN
à fa fenêtre.**

LÉANDRE.

Sans bruit; ne faifons rien que de la bonne forte.

TRUFALDIN.

Quoi, mafques toute nuit affiégeront ma porte!
Meffieurs, ne gagnez point de rhumes à plaifir;
Tout cerveau qui le fait, eft certes de loifir.
Il eft un peu trop tard pour enlever Célie;
Difpenfez-l'en ce foir, elle vous en fupplie;

La belle est dans le lit , & ne peut vous parler ;
J'en suis fâché pour vous Mais pour vous régaler
Du souci qui, pour elle, ici vous inquiette ,
Elle vous fait présent de cette cassolette [10].

LÉANDRE.

Fi , cela sent mauvais, & je suis tout gâté.
Nous sommes découverts , tirons de ce côté.

Fin du troisième Acte.

ACTE IV.

SCÈNE PREMIÈRE.

LÉLIE, *déguisé en Arménien*, MASCARILLE.

MASCARILLE.

Vous voilà fagoté d'une plaifante forte.

LÉLIE.

Tu ranimes par-là mon efpérance morte.

MASCARILLE.

Toujours de ma colère on me voit revenir;
J'ai beau jurer, pefter, je ne m'en puis tenir.

LÉLIE.

Auffi crois, fi jamais je fuis dans la puiffance[1],
Que tu feras content de ma reconnoiffance,
Et que, quand je n'aurois qu'un feul morceau de pain....

MASCARILLE.

Bafte; fongez à vous dans ce nouveau deffein.
Au moins fi l'on vous voit commettre une fottife,
Vous n'imputerez plus l'erreur à la furprife;
Votre rôle en ce jeu par cœur doit être fû.

LÉLIE.

Mais comment Trufaldin chez lui t'a-t-il reçu!

MASCARILLE.

MASCARILLE.

D'un zèle fimulé j'ai bridé le bon fire,
Avec empreſſement je ſuis venu lui dire,
S'il ne ſongeoit à lui, que l'on le ſurprendroit;
Que l'on couchoit en joue, & de plus d'un endroit,
Celle dont il a vu qu'une lettre en avance
Avoit ſi fauſſement divulgué la naiſſance;
Qu'on avoit bien voulu m'y mêler quelque peu,
Mais que j'avois tiré mon épingle du jeu;
Et que, touché d'ardeur pour ce qui le regarde,
Je venois l'avertir de ſe donner de garde.
De-là, moraliſant, j'ai fait de grands diſcours
Sur les fourbes qu'on voit ici-bas tous les jours;
Que pour moi, las du monde & de ſa vie infame,
Je voulois travailler au ſalut de mon ame,
A m'éloigner du trouble, & pouvoir longuement
Près de quelqu'honnête homme être paiſiblement;
Que s'il le trouvoit bon, je n'aurois d'autre envie
Que de paſſer chez lui le reſte de ma vie,
Et que même à tel point il m'avoit ſû ravir,
Qne, ſans lui demander gages pour le ſervir,
Je mettrois en ſes mains, que je tenois certaines,
Quelque bien de mon père, & le fruit de mes peines,
Dont,. avenant que Dieu de ce monde m'ôtât,
J'entendois tout de bon que lui ſeul héritât.
C'étoit le vrai moyen d'acquérir ſa tendreſſe.
Et comme, pour réſoudre avec votre maîtreſſe

Des biais ¹ qu'on doit prendre à terminer vos vœux;
Je voulois en secret vous aboucher tous deux,
Lui-même a su m'ouvrir une voie assez belle,
De pouvoir hautement vous loger avec elle.
Venant m'entretenir d'un fils privé du jour,
Dont cette nuit en songe il a vu le retour;
A ce propos, voici l'histoire qu'il m'a dite,
Et sur quoi j'ai tantôt notre fourbe construite.

LÉLIE.

C'est assez, je sais tout : tu me l'as dit deux fois.

MASCARILLE.

Oui, oui, mais quand j'aurois passé jusques à trois,
Peut être encor qu'avec toute sa suffisance,
Votre esprit manquera dans quelque circonstance.

LÉLIE.

Mais à tant différer je me fais de l'effort.

MASCARILLE.

Ah, de peur de tomber, ne courons pas si fort!
Voyez-vous ? Vous avez la caboche un peu dure,
Rendez-vous affermi dessus cette aventure.
Autrefois Trufaldin de Naples est sorti,
Et s'appeloit alors Zanobio Ruberti;
Un parti qui causa quelque émeute civile,
Dont il fut seulement soupçonné dans sa ville,
(De fait il n'est pas homme à troubler un état)
L'obligea d'en sortir une nuit sans éclat.

Une fille fort jeune, & fa femme laiſſées,
A quelque tems de là ſe trouvant trépaſſées,
Il en eut la nouvelle, & dans ce grand ennui,
Voulant dans quelque ville emmener avec lui,
Outre ſes biens, l'eſpoir qui reſtoit de ſa race,
Un ſien fils écolier, qui ſe nommoit Horace,
Il écrit à Bologne, où pour mieux être inſtruit,
Un certain maître Albert jeune l'avoit conduit,
Mais pour ſe joindre tous, le rendez-vous qu'il donne
Durant deux ans entiers ne lui fit voir perſonne :
Si bien que, les jugeant morts après ce tems-là,
Il vint en cette ville, & prit le nom qu'il a :
Sans que de cet Albert ni de ce fils Horace
Douze ans aient découvert jamais la moindre trace.
Voilà l'hiſtoire en gros, redite ſeulement
Afin de vous ſervir ici de fondement.
Maintenant vous ſerez un marchand d'Arménie,
Qui les aurez vus ſains l'un & l'autre en Turquie.
Si j'ai, plutôt qu'aucun, un tel moyen trouvé
Pour les reſſuſciter ſur ce qu'il a rêvé,
C'eſt qu'en fait d'aventure, il eſt très-ordinaire
De voir gens pris ſur mer par quelque Turc corſaire,
Puis ³ être à leur famille à point nommé rendus,
Après quinze ou vingt ans qu'on les a cru perdus.
Pour moi, j'ai vû déjà cent contes de la ſorte.
Sans nous alambiquer, ſervons-nous en; qu'importe?
Vous leur aurez oüi leur diſgrace conter,
Et leur aurez fourni de quoi ſe racheter,

M ij

Mais que, parti plutôt pour chofe néceffaire,
Horace vous chargea de voir ici fon père
Dont il a fû le fort, & chez qui vous devez
Attendre quelques jours qu'ils y foient arrivés.
Je vous ai fait tantôt des leçons étendues.

LÉLIE.

Ces répétitions ne font que fuperflues.
Dès l'abord mon efprit a compris tout le fait.

MASCARILLE.

Je m'en vais là-dedans donner le premier trait.

LÉLIE.

Écoute, Mafcarille, un feul point me chagrine.
S'il alloit de fon fils me demander la mine ?

MASCARILLE.

Belle difficulté ! Devez-vous pas favoir
Qu'il étoit fort petit alors qu'il l'a pû voir?
Et puis, outre cela, le tems & l'efclavage
Pourroient-ils pas avoir changé tout fon vifage!

LÉLIE.

Il eft vrai. Mais dis-moi, s'il connoît qu'il m'a vû⁴,
Que faire?

MASCARILLE.

De mémoire êtes-vous dépourvu ?
Nous avons dit tantôt, qu'outre que votre image
N'avoit dans fon efprit pu faire qu'un paffage,
Pour ne vous avoir vu que durant un moment;
Et le poil & l'habit déguifent grandement.

LÉLIE.

Fort bien. Mais à propos cet endroit de Turquie?

MASCARILLE.

Tout, vous dis-je, est égal, Turquie ou Barbarie.

LÉLIE.

Mais le nom de la ville où j'aurai pû le voir ?

MASCARILLE.

Tunis. Il me tiendra, je crois, jusques au soir.
La répétition, dit-il, est inutile,
Et j'ai déjà nommé douze fois cette ville.

LÉLIE.

Vas, vas-t'en commencer, il ne me faut plus rien.

MASCARILLE.

Au moins soyez prudent, & vous conduisez bien;
Ne donnez point ici de l'imaginative.

LÉLIE.

Laisse moi gouverner. Que ton ame est craintive!

MASCARILLE.

Horace dans Bologne écolier, Trufaldin
Zanobio Ruberti dans Naples citadin,
Le précepteur Albert....

LÉLIE.

Ah, c'est me faire honte
Que de me tant prêcher! Suis-je un sot à ton compte?

MASCARILLE.

Non pas du tout, mais bien quelque chose approchant.

SCÈNE II.

LÉLIE *feul.*

Quand il m'eſt inutile, il fait le chien couchant,
Mais, parce qu'il ſent bien le ſecours qu'il me donne,
Sa familiarité juſques-là s'abandonne.
Je vais être de près éclairé des beaux yeux,
Dont la force m'impoſe un joug ſi précieux;
Je m'en vais ſans obſtacle, avec des traits de flamme,
Peindre à cette beauté les tourmens de mon ame;
Je ſaurai quel arrêt je dois.... Mais les voici.

SCÈNE III.

TRUFALDIN, LÉLIE, MASCARILLE.

TRUFALDIN.

Sois béni, juſte ciel de mon ſort adouci!

MASCARILLE.

C'eſt à vous de rêver, & de faire des ſonges,
Puiſqu'en vous il eſt faux que ſonges ſont menſonges,

TRUFALDIN *à Lélie.*

Quelle grace, quels biens vous rendrai-je, Seigneur,
Vous, que je dois nommer l'ange de mon bonheur?

LÉLIE.

Ce font foins fuperflus, & je vous en difpenfe.

TRUFALDIN *à Mafcarille.*

J'ai, je ne fais pas où, vu quelque reffemblance
De cet Armenien.

MASCARILLE.

C'eft ce que je difois ;
Mais on voit des rapports admirables par fois.

TRUFALDIN.

Vous avez vu ce fils où mon efpoir fe fonde ?

LÉLIE.

Oui, Seigneur Trufaldin, le plus gaillard du monde.

TRUFALDIN.

Il vous a dit fa vie, & parlé fort de moi ?

LÉLIE.

Plus de dix mille fois.

MASCARILLE.

Quelque peu moins, je cro

LÉLIE.

Il vous a dépeint tel que je vous vois paroître,
Le vifage, le port...

TRUFALDIN.

Cela pourroit-il être,
Si lorfqu'il m'a pu voir il n'avoit que fept ans,
Et fi fon précepteur, même depuis ce tems,

M iv

Auroit peine à pouvoir connoître mon visage ?

MASCARILLE.

Le sang, bien autrement, conserve cette image ;
Par des traits si profonds ce portrait est tracé,
Que mon père ..

TRUFALDIN.

Suffit. Où l'avez-vous laissé ?

LÉLIE.

En Turquie, à Turin.

TRUFALDIN.

Turin ? Mais cette ville
Est, je pense, en Piémont.

MASCARILLE à part.

O cerveau mal habile !

(à Trufaldin.)

Vous ne l'entendez pas, il veut dire Tunis,
Et c'est en effet là qu'il laissa votre fils ;
Mais les Arméniens ont tous par habitude
Certain vice de langue à nous autres fort rude ;
C'est que dans tous les mots ils changent nis en rin,
Et pour dire Tunis, ils prononcent Turin.

TRUFALDIN.

Il falloit, pour l'entendre, avoir cette lumière.
Quel moyen, vous dit-il, de rencontrer son père ?

MASCARILLE.

(*àpart.*)   (*à Trufaldin, après s'être escrimé.*)

Voyez s'il répondra. Je repaſſois un peu
Quelque leçon d'eſcrime, autrefois en ce jeu
Il n'étoit point d'adreſſe à mon adreſſe égale,
Et j'ai battu le fer en mainte & mainte ſalle.

TRUFALDIN *à Maſcarille.*

Ce n'eſt pas maintenant ce que je veux ſavoir.

(*à Lélie.*)

Quel autre·nom, dit-il, que je devois avoir ?

MASCARILLE.

Ah, Seigneur Zanobio Ruberti, quelle joie
Eſt celle maintenant que le ciel vous envoie !

LÉLIE.

C'eſt là votre vrai nom, & l'autre eſt emprunté.

TRUFALDIN.

Mais où vous a·t'il dit qu'il reçut la clarté;

MASCARILLE.

Naples eſt un ſéjour qui paroît agréable ;
Mais pour vous ce doit être un lieu fort haïſſable.

TRUFALDIN.

Ne peux-tu, ſans parler, ſouffrir notre diſcours ?

LÉLIE.

Dans Naples ſon deſtin a commencé ſon cours.

TRUFALDIN.

Où l'envoyai-je jeune, & sous quelle conduite?

MASCARILLE.

Ce pauvre maître Albert a beaucoup de mérite
D'avoir depuis Bologne accompagné ce fils,
Qu'à sa discrétion vos soins avoient commis.

TRUFALDIN.

Ah !

MASCARILLE *à part.*

Nous sommes perdus si cet entretien dure.

TRUFALDIN.

Je voudrois bien savoir de vous leur aventure,
Sur quel vaisseau le sort qui m'a sû travailler....

MASCARILLE.

Je ne sais ce que c'est, je ne fais que bâiller ;
Mais, Seigneur Trufaldin, songez-vous que peut-être,
Ce Monsieur l'étranger a besoin de repaître,
Et qu'il est tard aussi ?

LÉLIE.

Pour moi, point de repas.

MASCARILLE.

Ah, vous avez plus faim que vous ne pensez pas ?

TRUFALDIN.

Entrez donc.

LÉLIE.

Après vous.

MASCARILLE *à Trufaldin.*

Monſieur, en Arménie,
Les maîtres du logis ſont ſans cérémonie.
(*à Lélie, après que Trufaldin eſt entré dans ſa maiſon.*)
Pauvre eſprit ! Pas deux mots !

LÉLIE.

D'abord il m'a ſurpris,
Mais n'appréhende plus, je reprends mes eſprits,
Et m'en vais débiter avecque hardieſſe....

MASCARILLE.

Voici votre rival qui ne ſait pas la piéce.
(*Ils entrent dans la maiſon de Trufaldin.*)

SCÈNE IV.

ANSELME, LÉANDRE.

ANSELME.

ARRÊTEZ-VOUS, Léandre, & ſouffrez un diſcours
Qui cherche le repos & l'honneur de vos jours.
Je ne vous parle point en père de ma fille,
En homme intéreſſé pour ma propre famille ;
Mais comme votre père ému pour votre bien,
Sans vouloir vous flatter & vous déguiſer rien ;
Bref, comme je voudrois d'une ame franche & pure
Que l'on fit à mon ſang en pareille aventure.

Savez-vous de quel œil chacun voit cet amour,
Qui dedans une nuit vient d'éclater au jour[6]?
A combien de discours, & de traits de risée
Votre entreprise d'hier est par-tout exposée?
Quel jugement on fait du choix capricieux,
Qui pour femme, dit-on, vous désigne en ces lieux
Un rebut de l'Egypte, une fille coureuse,
De qui le noble emploi n'est qu'un métier de gueuse?
J'en ai rougi pour vous encor plus que pour moi,
Qui me trouve compris dans l'éclat que je voi :
Moi, dis-je, dont la fille à vos ardeurs promise,
Ne peut, sans quelque affront, souffrir qu'on la méprise.
Ah, Léandre, sortez de cet abaissement !
Ouvrez un peu les yeux sur votre aveuglement.
Si notre esprit n'est pas sage à toutes les heures,
Les plus courtes erreurs sont toujours les meilleures.
Quand on ne prend en dot que la seule beauté,
Le remords est bien près de la solennité,
Et la plus belle femme a très-peu de défense
Contre cette tiédeur qui suit la jouissance.
Je vous le dis encor, ces bouillans mouvemens,
Ces ardeurs de jeunesse & ces emportemens
Nous font trouver d'abord quelques nuits agréables;
Mais ces félicités ne sont guères durables,
Et, notre passion alentissant son cours,
Après ces bonnes nuits, donnent de mauvais jours;
De là viennent les soins, les soucis, les misères,
Les fils déshérités par le courroux des pères.

LÉANDRE.

Dans tout votre difcours je n'ai rien écouté
Que mon efprit déjà ne m'ait repréfenté.
Je fais combien je dois à cet honneur infigne
Que vous me voulez faire, & dont je fuis indigne;
Et vois, malgré l'effort dont je fuis combattu,
Ce que vaut votre fille, & quelle eft fa vertu:
Auffi veux-je tâcher....

ANSELME.

On ouvre cette porte:
Retirons-nous plus loin, de crainte qu'il n'en forte
Quelque fecret poifon dont vous feriez furpris.

SCÈNE V.
LÉLIE, MASCARILLE.

MASCARILLE.

Bientôt de notre fourbe en verra le débris,
Si vous continuez des fottifes fi grandes.

LÉLIE.

Dois-je éternellement ouir tes réprimandes?
De quoi te peux-tu plaindre? Ai-je pas réuffi
En tout ce que j'ai dit depuis?

MASCARILLE.

Couci-couci.

Témoins les Turcs par vous appelés hérétiques,
Et que vous affurez par fermens autentiques
Adorer pour leurs dieux la lune & le foleil.
Paffe. Ce qui me donne un dépit nompareil,
C'eft qu'ici votre amour étrangement s'oublie;
Près de Célie, il eft ainfi que la bouillie[7],
Qui par un trop grand feu s'enfle, croît jufqu'aux bords,
Et de tous les côtés fe répand au-dehors.

LÉLIE.

Pourroit-on fe forcer à plus de retenue?
Je ne l'ai prefque point encore entretenue.

MASCARILLE.

Oui; mais ce n'eft pas tout que de ne parler pas;
Par vos geftes, durant un moment de repas,
Vous avez aux foupçons donné plus de matière,
Que d'autres ne feroient dans une année entière.

LÉLIE.

Et comment donc?

MASCARILLE.

Comment? chacun a pu le voir.
A table où Trufaldin l'oblige de fe feoir,
Vous n'avez toujours fait qu'avoir les yeux fur elle.
Rouge, tout interdit, jouant de la prunelle,
Sans prendre jamais garde à ce qu'on vous fervoit,
Vous n'aviez point de foif qu'alors qu'elle buvoit,
Et dans fes propres mains vous faififfant du verre,
Sans le vouloir rincer, fans rien jeter à terre,

Vous buviez fur fon refte, & montriez d'affecter [8]
Le côté qu'à fa bouche elle avoit fû porter.
Sur les morceaux touchés de fa main délicate,
Ou mordus de fes dents, vous étendiez la patte
Plus brufquement qu'un chat deſſus une fouris,
Et les avaliez tous ainfi que des pois gris.
Puis, outre tout cela, vous faifiez fous la table
Un bruit, un triquetrac de pieds infupportable,
Dont Trufaldin, heurté de deux coups trop preſſans,
A puni par deux fois deux chiens très-innocens,
Qui, s'ils euſſent ofé, vous euſſent fait querelle :
Et puis après cela votre conduite eft belle ?
Pour moi, j'en ai fouffert la gêne fur mon corps.
Malgré le froid, je fue encor de mes efforts.
Attaché deſſus vous comme un joueur de boule
Après le mouvement de la fienne qui roule,
Je penfois retenir toutes vos actions,
En faifant de mon corps mille contorfions.

LÉLIE.

Mon Dieu, qu'il t'eft aifé de condamner des chofes,
Dont tu ne reſſens pas les agréables caufes !
Je veux bien néanmoins, pour te plaire une fois,
Faire force à l'amour qui m'impofe des lois.
Déformais...

SCENE VI.

TRUFALDIN, LÉLIE, MASCARILLE.

MASCARILLE.

Nous parlions des fortunes d'Horace.

TRUFALDIN.

(*à Lélie.*)

C'eſt bien fait. Cependant me ferez-vous la grace
Que je puiſſe lui dire un ſeul mot en ſecret?

LÉLIE.

Il faudroit autrement être fort indiſcret.

(*Lélie entre dans la maiſon de Trufaldin.*)

SCÈNE VII.

TRUFALDIN, MASCARILLE.

TRUFALDIN.

Écoute: fais-tu bien ce que je viens de faire?

MASCARILLE.

Non, mais ſi vous voulez, je ne tarderai guère,
Sans doute, à le ſavoir.

TRUFALDIN.

D'un chêne grand & fort,
Dont près de deux cens ans ont déjà fait le ſort,

Je

Je viens de détacher une branche admirable,
Choisie expressément de grosseur raisonnable,
Dont j'ai fait sur le champ, avec beaucoup d'ardeur,

(Il montre son bras.)

Un bâton à-peu-près... oui, de cette grandeur,
Moins gros par l'un des bouts, mais, plus que trente gaul
Propre, comme je pense, à rosser les épaules;
Car il est bien en main, vert, noueux & massif.

MASCARILLE.

Mais pour qui, je vous prie, un tel préparatif?

TRUFALDIN.

Pour toi premièrement; puis pour ce bon apôtre,
Qui veut m'en donner d'une, & m'en jouer d'une autre
Pour cet Arménien, ce marchand déguisé,
Introduit sous l'appas d'un conte supposé.

MASCARILLE.

Quoi, vous ne croyez pas?...

TRUFALDIN.

　　　　　　Ne cherche point d'excuse,
Lui-même heureusement a découvert sa ruse,
En disant à Célie, en lui serrant la main,
Que pour elle il venoit sous ce prétexte vain:
Il n'a pas apperçu Jeannette, ma fillole,
Laquelle a tout oui parole pour parole;
Et je ne doute point, quoiqu'il n'en ait rien dit,
Que tu ne sois de tout le complice maudit.

　　　　Tome I.　　　　　　　N

MASCARILLE.

Ah, vous me faites tort. S'il faut qu'on vous affronte,
Croyez qu'il m'a trompé le premier à ce conte.

TRUFALDIN.

Veux-tu me faire voir que tu dis vérité?
Qu'à le chasser, mon bras soit du tien assisté;
Donnons-en à ce fourbe & du long & du large,
Et de tout crime après mon esprit te décharge.

MASCARILLE.

Oui-dà, très-volontiers, je l'époufterai bien,
Et par-là vous verrez que je n'y trempe en rien.

(*à part.*)

Ah, vous ferez roffé, monfieur de l'Arménie,
Qui toujours gâtez tout !

SCÈNE VIII.

LÉLIE, TRUFALDIN, MASCARILLE.

TRUFALDIN *à Lélie, après avoir heurté à sa porte.*

UN mot, je vous fupplie.
Donc, monfieur l'impofteur, vous ofez aujourd'hui
Duper un honnête homme, & vous jouer de lui ?

MASCARILLE.

Feindre avoir vu fon fils en une autre contrée,
Pour vous donner chez lui plus librement entrée ?

T R U F A L D I N *bat Lélie.*

Vuidons, vuidons fur l'heure.

LÉLIE *à Mafcarille , qui le bat auffi.*

Ah, coquin !

M A S C A R I L L E.

C'eft ainfi

Que les fourbes...

LÉLIE.

Bourreau !

M A S C A R I L L E.

Sont ajuftés ici.

Gardez-moi bien cela.

LÉLIE.

Quoi donc? je ferois homme...

MASCARILLE *le battant toujours & le chaffant.*

Tirez, tirez, vous dis-je, ou bien je vous affomme.

T R U F A L D I N.

Voilà qui me plaît fort ; rentre, je fuis content.

(*Mafcarille fuit Trufaldin qui rentre dans fa maifon.*)

LÉLIE *revenant.*

A moi par un valet cet affront éclatant !

L'auroit-on pu prévoir l'action de ce traître,

Qui vient infolemment de maltraiter fon maître ?

M A S C A R I L L E *à la fenêtre de Trufaldin.*

Peut-on vous demander comment va votre dos ?

LÉLIE.

Quoi, tu m'ofes encor tenir un tel propos?

N ij

MASCARILLE.

Voilà 9, voilà que c'est de ne voir pas Jeannette,
Et d'avoir en tout tems une langue indiscrette,
Mais pour cette fois-ci je n'ai point de courroux,
Je cesse d'éclater, de pester contre vous ;
Quoique de l'action l'imprudence soit haute,
Ma main sur votre échine a lavé votre faute.

LÉLIE.

Ah, je me vengerai de ce trait déloyal !

MASCARILLE.

Vous vous êtes causé vous-même tout le mal.

LÉLIE.

Moi ?

MASCARILLE.

Si vous n'étiez pas une cervelle folle,
Quand vous avez parlé naguère à votre idole,
Vous auriez apperçu Jeannette sur vos pas,
Dont l'oreille subtile a découvert le cas.

LÉLIE.

On auroit pu surprendre un mot dit à Célie ?

MASCARILLE.

Et d'où doncques viendroit cette prompte sortie ?
Oui, vous n'êtes dehors que par votre caquet.
Je ne sais si souvent vous jouez au piquet 10 ;
Mais au moins faites-vous des écarts admirables.

LÉLIE.

O le plus malheureux de tous les misérables !

Mais encore, pourquoi me voir chaffé par toi ?

MASCARILLE.

Je ne fis jamais mieux que d'en prendre l'emploi ;
Par-là, j'empêche au moins que de cet artifice
Je ne fois foupçonné d'être auteur ou complice.

LÉLIE.

Tu devois donc pour toi frapper plus doucement.

MASCARILLE.

Quelque fot. Trufaldin lorgnoit exactement :
Et puis, je vous dirai, fous ce prétexte utile ,
Je n'étois point fâché d'évaporer ma bile.
Enfin, la chofe eft faite, &, fi j'ai votre foi
Qu'on ne vous verra point vouloir venger fur moi,
Soit ou directement, ou par quelqu'autre voie ,
Les coups fur votre rable affenés avec joie ,
Je vous promets, aidé par le pofte où je fuis,
Decontenter vos vœux avant qu'il foit deux nuits.

LÉLIE.

Quoique ton traitement ait eu trop de rudeffé,
Qu'eft-ce que deffus moi ne peut cette promeffe ?

MASCARILLE.

Vous le promettez donc ?

LÉLIE.

Oui, je te le promets.

MASCARILLE.

Ce n'eft pas encor tout. Promettez que jamais

N iij

Vous ne vous mêlerez dans quoi que j'entreprenne.

LÉLIE.

Soit.

MASCARILLE.

Si vous y manquez, votre fièvre quartaine...[11].

LÉLIE.

Mais tiens-moi donc parole, & songe à mon repos.

MASCARILLE.

Allez quitter l'habit, & graisser votre dos.

LÉLIE *seul.*

Faut-il que le malheur qui me suit à la trace,
Me fasse voir toujours disgrace sur disgrace !

MASCARILLE, *sortant de chez Trufaldin.*

Quoi, vous n'êtes pas loin ? Sortez vîte d'ici ;
Mais, sur-tout, gardez-vous de prendre aucun souci :
Puisque je suis pour vous, que cela vous suffise :
N'aidez point mon projet de la moindre entreprise ;
Demeurez en repos.

LÉLIE *en sortant.*

Oui, va, je m'y tiendrai.

MASCARILLE *seul.*

Il faut voir maintenant quels biais je prendrai.

SCÈNE IX.

ERGASTE, MASCARILLE.

ERGASTE.

MASCARILLE, je viens te dire une nouvelle,
Qui donne à tes deſſeins une atteinte cruelle.
A l'heure que je parle, un jeune Égyptien ,
Qui n'eſt pas noir pourtant & ſent aſſez ſon bien,
Arrive accompagné d'une vieille fort have,
Et vient chez Trufaldin racheter cette eſclave
Que vous vouliez ; pour elle il paroît fort zélé.

MASCARILLE.

Sans doute c'eſt l'amant dont Célie a parlé.
Fut-il jamais deſtin plus brouillé que le nôtre ?
Sortant d'un embarras, nous entrons dans un autre.
En vain nous apprenons que Léandre eſt au point
De quitter la partie, & ne nous troubler point ;
Que ſon père, arrivé contre toute eſpérance,
Du côté d'Hippolyte emporte la balance,
Qu'il a tout fait changer par ſon autorité,
Et va dès aujourd'hui conclure le traité :
Lorſqu'un rival s'éloigne, un autre plus funeſte
S'en vient nous enlever tout l'eſpoir qui nous reſte.
Toutefois par un trait merveilleux de mon art,
Je crois que je pourrai retarder leur départ,

Et me donner le tems qui fera néceffaire
Pour tâcher de finir cette fameufe affaire.
Il s'eft fait un grand vol, par qui? l'on n'en fait rien;
Eux autres rarement paffent pour gens de bien :
Je veux adroitement, fur un foupçon frivole,
Faire pour quelques jours emprifonner le drôle [12].
Je fais des officiers de Juftice altérés,
Qui font pour de tels coups de vrais délibérés;
Deffus l'avide efpoir de quelque paraguante,
Il n'eft rien que leur art aveuglément ne tente,
Et du plus innocent, toujours à leur profit,
La bourfe eft criminelle, & paye fon délit.

Fin du quatrième Acte.

ACTE V.

SCÈNE PREMIÈRE.

MASCARILLE, ERGASTE.

MASCARILLE.

AH, chien ! Ah, double chien ! Mâtine de cervelle,
Ta perſécution ſera-t-elle éternelle !

ERGASTE.

Par les ſoins vigilans de l'exempt Balafré,
Ton affaire alloit bien, le drôle étoit coffré,
Si ton maître au moment ne fût venu lui-même,
En vrai déſeſpéré, rompre ton ſtratagême :
Je ne ſaurois ſouffrir, a-t-il dit hautement,
Qu'un honnête homme ſoit traîné honteuſement,
J'en réponds ſur ſa mine, & je le cautionne :
Et, comme on réſiſtoit à lâcher ſa perſonne,
D'abord il a chargé ſi bien ſur les recors,
Qui ſont gens d'ordinaire à craindre pour leurs corps,
Qu'à l'heure que je parle ils ſont encore en fuite,
Et penſent tous avoir un Lélie à leur ſuite.

MASCARILLE.

Le traître ne ſait pas que cet Égyptien
Eſt déjà là-dedans pour lui ravir ſon bien.

ERGASTE.

Adieu. Certaine affaire à te quitter m'oblige.

SCÈNE II.

MASCARILLE *feul.*

Oui, je fuis ftupéfait de ce dernier prodige.
On diroît, & pour moi j'en fuis perfuadé,
Que ce démon brouillon, dont il eft poffédé,
Se plaife à me braver, & me l'aille conduire
Par tout où fa préfence eft capable de nuire.
Pourtant je veux pourfuivre, & malgré tous ces coups,
Voir qui l'emportera, de ce diable ou de nous.
Célie eft quelque peu de notre intelligence,
Et ne voit fon départ qu'avecque répugnance.
Je tâche à profiter de cette occafion ;
Mais ils viennent ; fongeons à l'exécution.
Cette maifon meublée eft en ma bienféance,
Je puis en difpofer avec grande licence :
Si le fort nous en dit, tout fera bien réglé,
Nul que moi ne s'y tient, & j'en garde la clé.
O Dieu, qu'en peu de tems on a vu d'aventures,
Et qu'un fourbe eft contraint de prendre de figures !

SCÈNE III.

CÉLIE, ANDRÉS.

ANDRÉS.

Vous le favez, Célie, il n'eft rien que mon cœur
N'ait fait pour vous prouver l'excès de fon ardeur.
Chez les Vénitiens, dès un affez jeune âge [1],
La guerre en quelque eftime avoit mis mon courage,
Et j'y pouvois un jour, fans trop croire de moi,
Prétendre, en les fervant, un honorable emploi;
Lorfqu'on me vit pour vous oublier toute chofe,
Et que le prompt effet d'une métamorphofe,
Qui fuivit de mon cœur le foudain changement,
Parmi vos compagnons fut ranger votre amant;
Sans que mille accidens ni votre indifférence
Aient pu me détacher de ma perfévérance.
Depuis, par un hafard, d'avec vous féparé
Pour beaucoup plus de tems que je n'euffe auguré;
Je n'ai, pour vous rejoindre, épargné tems ni peine;
Enfin, ayant trouvé la vieille Égyptienne,
Et plein d'impatience apprenant votre fort,
Que pour certain argent qui leur importoit fort,
Et qui de tous vos gens détourna le naufrage,
Vous aviez en ces lieux été mife en ôtage,
J'accours vîte y brifer ces chaînes d'intérêt,
Et recevoir de vous les ordres qu'il vous plaît:

Cependant on vous voit une morne tristesse
Alors que dans vos yeux doit briller l'allégresse.
Si pour vous la retraite avoit quelques appas,
Venise, du butin fait parmi les combats,
Me garde pour tous deux de quoi pouvoir y vivre;
Que si, comme devant, il vous faut encor suivre,
J'y consens, & mon cœur n'ambitionnera
Que d'être auprès de vous tout ce qu'il vous plaira.

CÉLIE.

Votre zèle pour moi visiblement éclate,
Pour en paroître triste il faudroit être ingrate;
Et mon visage aussi, par son émotion,
N'explique point mon cœur en cette occasion.
Une douleur de tête y peint sa violence,
Et, si j'avois sur vous quelque peu de puissance,
Notre voyage, au moins pour trois ou quatre jours,
Attendroit que ce mal eût pris un autre cours.

ANDRÉS.

Autant que vous voudrez faites qu'il se diffère.
Toutes mes volontés ne buttent qu'à vous plaire.
Cherchons une maison à vous mettre en repos.
L'écriteau que voici s'offre tout à propos.

SCÈNE IV.

CÉLIE, ANDRÉS, MASCARILLE
déguisé en Suisse.

ANDRÉS.

SEIGNEUR SUISSE, êtes-vous de ce logis le maître?

MASCARILLE.

Moi pour serfir à fous.

ANDRÉS.

Pourrions-nous y bien être?

MASCARILLE.

Oui, moi pour d'étrancher chappon champre carni.
Ma che non point locher te gent te méchant fi.

ANDRÉS.

Je crois votre maison franche de tout ombrage.

MASCARILLE.

Fous noufeau dans sti fil, moi foir à la fissache.

ANDRÉS.

Oui.

MASCARILLE.

La matame est-il mariache al monsieur?

ANDRÉS.

Quoi?

MASCARILLE.

S'il être son fame, ou s'il être son sœur?

ANDRÉS.

Non.

MASCARILLE.

Mon foi pien choli, fenir pour marchantice,
Ou pien pour temander à la palais chouſtice,
La procès il faut rien, il coûter tant d'archant,
La procurer larron, l'afocat pien méchant.

ANDRÉS.

Ce n'eſt pas pour cela.

MASCARILLE.

Fous tonc mener ſti file,
Pour fenir pourmener & récarter la file ?

ANDRÉS.

(*à Célie.*)

Il n'importe. Je ſuis à vous dans un moment.
Je vais faire venir la vieille promptement ;
Contremander auſſi notre voiture prête.

MASCARILLE.

Li ne porte pas pien.

ANDRÉS.

Elle a mal à la tête.

MASCARILLE.

Moi chafoir te pon fin, & te formache bon.
Entre fous, entre fous tans mon petit maifon.

(*Célie, Andrés & Maſcarille entrent dans la maiſon.*)

SCÈNE V.

LÉLIE *seul.*

Quel que soit le transport d'une ame impatiente,
Ma parole m'engage à rester en attente,
A laisser faire un autre, & voir, sans rien oser,
Comme de mes destins le ciel veut disposer.

SCÈNE VI.

ANDRÉS, LÉLIE.

LÉLIE *à* Andrés *qui sort de la maison.*

Demandez-vous quelqu'un dedans cette demeure?

ANDRÉS.

C'est un logis garni que j'ai pris tout à l'heure.

LÉLIE.

A mon père pourtant la maison appartient,
Et mon valet la nuit pour la garder s'y tient.

ANDRÉS.

Je ne sais; l'écriteau marque au moins qu'on la loue,
Lisez.

LÉLIE.

Certes, ceci me surprend, je l'avoue.

Qui diantre l'auroit mis : Et par quel intérêt...
Ah , ma foi, je devine à peu près ce que c'eſt!
Cela ne peut venir que de ce que j'augure.

ANDRÉS.

Peut-on vous demander quelle eſt cette aventure?

LÉLIE.

Je voudrois à tout autre en faire un grand ſecret;
Mais pour vous il n'importe, & vous ſerez diſcret.
Sans doute l'écriteau que vous voyez paroître,
Comme je conjecture, au moins ne ſauroit être
Que quelque invention du valet que je di,
Que quelque nœud ſubtil qu'il doit avoir ourdi
Pour mettre en mon pouvoir certaine Égyptienne,
Dont j'ai l'ame piquée, & qu'il faut que j'obtienne;
Je l'ai déjà manquée, & même pluſieurs coups.

ANDRÉS.

Vous l'appelez ?

LÉLIE.

Célie.

ANDRÉS.

Hé , que ne diſiez-vous ?
Vous n'aviez qu'à parler, je vous aurois ſans doute
Épargné tous les ſoins que ce projet vous coûte.

LÉLIE.

Quoi, vous la connoiſſez ?

ANDRÉS.

ANDRÉS.

C'est moi, qui maintenant
Viens de la racheter.

LÉLIE.

O discours surprenant?

ANDRÉS.

Sa santé, de partir ne pouvant nous permettre,
Au logis que voilà je venois de la mettre ;
Et je suis très-ravi, dans cette occasion,
Que vous m'ayez instruit de votre intention.

LÉLIE.

Quoi, j'obtiendrois de vous le bonheur que j'espère?
Vous pourriez....

ANDRÉS *allant frapper à la porte.*

Tout à l'heure on va vous satisfaire.

LÉLIE.

Que pourrai-je vous dire? Et quel remerciment...?

ANDRÉS.

Non, ne m'en faites point, je n'en veux nullement.

SCENE VII.

LÉLIE, ANDRÉS, MASCARILLE.

MASCARILLE à part.

Hé BIEN, ne voilà pas mon enragé de maître !
Il nous va faire encor quelque nouveau bicêtre [2].

LÉLIE.

Sous ce grotefque habit qui l'auroit reconnu !
Approche, Mafcarille, & fois le bien venu.

MASCARILLE.

Moi Souiffe ein chant t'honneur, moi non point Maquerill
Chai point fentre jamais le fame ni le fille.

LÉLIE.

Le plaifant baragouin ! Il eft bon, fur ma foi !

MASCARILLE.

Allez fous pourmener, fans toi rire de moi.

LÉLIE.

Va, va, lève ton mafque, & reconnois ton maître.

MASCARILLE.

Partié, tiable, mon foi chamais toi chai connoître.

LÉLIE.

Tout eft accommodé, ne te déguife point.

MASCARILLE.

Si toi point en aller, chai paille eiñ cou te point.

LÉLIE.

Ton jargon allemand eſt ſuperflu, te dis-je,
Car nous ſommes d'accord, & ſa bonté m'oblige.
J'ai tout ce que mes vœux lui peuvent demander,
Et tu n'as pas ſujet de rien appréhender.

MASCARILLE.

Si vous êtes d'accord par un bonheur extrême,
Je me déſuiſſe donc, & redeviens moi-même.

ANDRÉS.

Ce valet vous ſervoit avec beaucoup de feu:
Mais je reviens à vous, demeurez quelque peu.

SCENE VIII.
LÉLIE, MASCARILLE.

LÉLIE.

Hé BIEN, que diras-tu?

MASCARILLE.

Que j'ai l'ame ravie
De voir d'un beau ſuccès notre peine ſuivie.

LÉLIE.

Tu feignois à ſortir de ton déguiſement,
Et ne pouvois me croire en cet événement?

MASCARILLE.

Comme je vous connois, j'étois dans l'épouvante,
Et trouve l'aventure auſſi fort ſurprenante.

O ij

LÉLIE.

Mais confeffe qu'enfin c'eft avoir fait beaucoup.
Au moins j'ai réparé mes fautes à ce coup,
Et j'aurai cet honneur d'avoir fini l'ouvrage.

MASCARILLE.

Soit; vous aurez été bien plus heureux que fage.

SCÈNE IX.

CÉLIE, ANDRÉS, LÉLIE, MASCARILLE.

ANDRÉS.

N'EST-CE pas là l'objet dont vous m'avez parlé ?

LÉLIE.

Ah, quel bonheur au mien pourroit être égalé !

ANDRÉS.

Il eft vrai, d'un bienfait je vous fuis redevable ;
Si je ne l'avouois, je ferois condamnable :
Mais enfin ce bienfait auroit trop de rigueur,
S'il falloit le payer aux dépens de mon cœur.
Jugéz dans le transport où fa beauté me jette,
Si je dois à ce prix vous acquitter ma dette ;
Vous êtes généreux, vous ne le voudriez pas :
Adieu. Pour quelques jours retournons fur nos pas.

SCENE X.
LÉLIE, MASCARILLE.

MASCARILLE *après avoir chanté,*

JE chante, & toutefois je n'en ai guère envie.
Vous voilà bien d'accord, il vous donne Célie;
Hem, vous m'entendez bien.

LÉLIE.

C'eſt trop, je ne veux plus
Te demander pour moi des ſecours ſuperflus.
Je ſuis un chien, un traître, un bourreau déteſtable;
Indigne d'aucun ſoin, de rien faire incapable.
Va, ceſſe tes efforts pour un malencontreux,
Qui ne ſauroit ſouffrir que l'on le rende heureux.
Après tant de malheur, après mon imprudence,
Le trépas me doit ſeul prêter ſon aſſiſtance.

SCÈNE XI.
MASCARILLE ſeul.

VOILA le vrai moyen d'achever ſon deſtin;
Il ne lui manque plus que de mourir, enfin,
Pour le couronnement de toutes ſes ſottiſes.
Mais en vain ſon dépit pour ſes fautes commiſes

Lui fait licentier mes foins & mon appui,
Je veux quoi qu'il en foit, le fervir malgré lui,
Et deffus fon lutin obtenir la victoire.
Plus l'obftacle eft puiffant, plus on reçoit de gloire;
Et les difficultés dont on eft combattu ,
Sont les dames d'atour qui parent la vertu.

SCÈNE XII.

CÉLIE, MASCARILLE.

CÉLIE *à Mafcarille qui lui a parlé bas.*

QUOIQUE tu veuilles dire, & que l'on fe propofe,
De ce retardement j'attends fort peu de chofe ;
Ce qu'on voit de fuccès peut bien perfuader
Qu'ils ne font pas encor fort près de s'accorder.
Et je t'ai déjà dit qu'un cœur comme le nôtre
Ne voudroit pas pour l'un faire injuftice à l'autre :
Et que très-fortement par de différends nœuds,
Je me trouve attachée au parti de tous deux.
Si Lélie a pour lui l'amour & fa puiffance,
Andrés pour fon partage a la reconnoiffance,
Qui ne fouffrira point que mes penfers fecrets
Confultent jamais rien contre fes intérêts :
Oui, s'il ne peut avoir plus de place en mon ame,
Si le don de mon cœur ne couronne fa flamme,

Au moins dois-je le prix à ce qu'il fait pour moi
De n'en choisir point d'autre au mépris de sa foi,
Et de faire à mes yeux autant de violence,
Que j'en fais aux desirs qu'il met en évidence.
Sur ces difficultés qu'oppose mon devoir,
Juge ce que tu peux te permettre d'espoir.

MASCARILLE.

Ce font, à dire vrai, de très-fâcheux obstacles;
Et je ne fais point l'art de faire des miracles;
Mais je veux employer mes efforts plus puissans,
Remuer terre & ciel, m'y prendre de tous fens.
Pour tâcher de trouver un biais falutaire,
Et vous dirai bientôt ce qui fe pourra faire.

SCÈNE XIII.

HIPPOLYTE, CÉLIE.

HIPPOLYTE.

Depuis votre féjour, les dames de ces lieux
Se plaignent juftement des larcins de vos yeux,
Si vous leur dérobez leurs conquêtes plus belles,
Et de tous leurs amans faites des infidèles :
Il n'eft guère de cœurs qui puiffent échapper
Aux traits, dont à l'abord vous favez les frapper;
Et mille libertés, à vos chaînes offertes,
Semblent vous enrichir chaque jour de nos pertes.

Quant à moi, toutefois je ne me plaindroîs pas
Du pouvoir abfolu de vos rares appas,
Si, lorfque mes amans font devenus les vôtres,
Un feul m'eût confolé de la perte des autres :
Mais qu'inhumainement vous me les ôtiez tous,
C'eft un dur procédé dont je me plains à vous.

CÉLIE.

Voilà d'un air galant faire une raillerie ;
Mais épargnez un peu celle qui vous en prie.
Vos yeux, vos propres yeux fe connoiffent trop bien,
Pour pouvoir de ma part redouter jamais rien ;
Ils font fort affurés du pouvoir de leurs charmes,
Et ne prendront jamais de pareilles alarmes.

HIPPOLYTE.

Pourtant en ce difcours je n'ai rien avancé,
Qui dans tous les efprits ne foit déjà paffé ;
Et fans parler du refte, on fait bien que Célie
A caufé des defirs à Léandre & Lélie.

CÉLIE.

Je crois qu'étant tombés dans cet aveuglement,
Vous vous confoleriez de leur perte aifément,
Et trouveriez pour vous l'amant peu fouhaitable,
Qui d'un fi mauvais choix fe trouveroit capable.

HIPPOLYTE.

Au contraire, j'agis d'un air tout différent,
Et trouve en vos beautés un mérite fi grand;

J'y vois tant de raifons capables de défendre
L'inconftance de ceux qui s'y laiffent furprendre,
Que je ne peux blâmer la nouveauté des feux
Dont envers moi Léandre a parjuré fes vœux,
Et le vais voir tantôt, fans haine & fans colère,
Ramené fous mes loix par le pouvoir d'un père.

SCÈNE XIV.
CÉLIE, HIPPOLYTE, MASCARILLE.
MASCARILLE.

GRANDE, grande nouvelle, & fuccès furprenant
Que ma bouche vous vient annoncer maintenant.

CÉLIE.

Qu'eft ce donc ?

MASCARILLE.

Écoutez, voici fans flatterie...

CÉLIE.

Quoi ?

MASCARILLE.

La fin d'une vraie & pure comédie.
La vieille Égyptienne à l'heure même...

CÉLIE.

Hé bien ?

MASCARILLE.

Paffoit dedans la place & ne fongeoit à rien.

Alors qu'une autre vieille affez défigurée,
L'ayant de près au nez long-tems confidérée,
Par un bruit enroué de mots injurieux,
A donné le fignal d'un combat furieux,
Qui pour armes, pourtant, moufquets, dagues, ou flèc
Ne faifoit voir en l'air que quatre griffes féches,
Dont ces deux combattans s'efforçoient d'arracher
Ce peu que fur leurs os les ans laiffent de chair.
On n'entend que ces mots, chienne, louve, bagace.
D'abord leurs efcoffions ont volé par la place,
Et laiffant voir à nud deux têtes fans cheveux,
Ont rendu le combat rifiblement affreux.
Andrés & Trufaldin à l'éclat du murmure,
Ainfi que force monde, accourus d'aventure,
Ont à les décharpir eu de la peine affez,
Tant leurs efprits étoient par la fureur pouffés.
Cependant que chacune, après cette tempête,
Songe à cacher aux yeux la honte de fa tête,
Et que l'on veut favoir qui caufoit cette humeur ;
Celle qui la première avoit fait la rumeur,
Malgré la paffion dont elle étoit émue,
Ayant fur Trufaldin long-tems tenu la vue :
C'eft vous, fi quelque erreur n'abufe ici mes yeux,
Qu'on m'a dit qui viviez inconnu dans ces lieux,
A-t-elle dit tout haut; ô rencontre opportune!
Oui, Seigneur Zanobio Ruberti, la fortune
Me fait vous reconnoître, & dans le même inftant
Que pour votre intérêt je me tourmentois tant.

Lorſque Naples vous vit quitter votre famille,
J'avois, vous le ſavez, en mes mains votre fille,
Dont j'élevois l'enfance, & qui, par mille traits,
Faiſoit voir dès quatre ans ſa grace & ſes attraits.
Celle que vous voyez, cette infâme ſorcière,
Dedans notre maiſon ſe rendant familière,
Me vola ce treſor. Hélas! de ce malheur
Votre femme, je crois, conçut tant de douleur,
Que cela ſervit fort pour avancer ſa vie!
Si bien qu'entre mes mains cette fille ravie
Me faiſant redouter un reproche fâcheux,
Je vous fis annoncer la mort de toutes deux :
Mais il faut maintenant, puiſque je l'ai connue,
Qu'elle faſſe ſavoir ce qu'elle eſt devenue.
Au nom de Zanobio Ruberti, que ſa voix
Pendant tout ce récit répétoit pluſieurs fois,
Andrés ayant changé quelque tems de viſage,
A Trufaldin ſurpris a tenu ce langage :
Quoi donc, le ciel me fait trouver heureuſement
Celui que juſqu'ici j'ai cherché vainement,
Et que j'avois pu voir, ſans pourtant reconnoître
La ſource de mon ſang & l'auteur de mon être !
Oui, mon père, je ſuis Horace votre fils ;
D'Albert, qui me gardoit, les jours étant finis,
Me ſentant naître au cœur d'autres inquiétudes,
Je ſortis de Bologne, &, quittant mes études,
Portai durant ſix ans mes pas en divers lieux,
Selon que me pouſſoit un deſir curieux :

Pourtant, après ce tems, une secrette envie
Me preſſa de revoir les miens & ma patrie:
Mais dans Naples, hélas! je ne vous trouvai plus,
Et n'y fus votre fort que par des bruits confus:
Si bien qu'à votre quête ayant perdu mes peines,
Veniſe pour un tems borna mes courſes vaines;
Et j'ai vécu depuis, fans que de ma maiſon
J'euſſe d'autres clartés que d'en ſavoir le nom.
Je vous laiſſe à juger ſi, pendant ces affaires,
Trufaldin reſſentoit des tranſports ordinaires.
Enfin, pour retrancher ce que plus à loiſir
Vous aurez le moyen de vous faire éclaircir,
Par la confeſſion de votre Égyptienne,
Trufaldin maintenant vous reconnoît pour ſienne;
Andrés eſt votre frère; & comme de ſa ſœur
Il ne peut plus ſonger à ſe voir poſſeſſeur,
Une obligation qu'il prétend reconnoître,
A fait qu'il vous obtient pour épouſe à mon maître,
Dont le père, témoin de tout l'événement,
Donne à cet hymenée un plein conſentement;
Et pour mettre une joie entière en ſa famille,
Pour le nouvel Horace a propoſé ſa fille.
Voyez que d'incidens à la fois enfantés.

CÉLIE.

Je demeure immobile à tant de nouveautés.

MASCARILLE.

Tous viennent ſur mes pas, hors les deux championnes,
Qui du combat encor remettent leurs perſonnes.

Léandre eſt de la troupe, & votre père auſſi.
Moi, je vais avertir mon maître de ceci,
Et que, lorſqu'à ſes vœux on croit le plus d'obſtacle,
Le ciel en ſa faveur produit comme un miracle.

(*Maſcarille ſort.*)

HIPPOLYTE.

Un tel raviſſement rend mes eſprits confus,
Que pour mon propre ſort je n'en aurois pas plus.
Mais les voici venir.

SCÈNE XV.

TRUFALDIN, ANSELME, PANDOLFE, CÉLIE,
HIPPOLYTE, LÉANDRE, ANDRÉS.

TRUFALDIN.

AH, ma fille!

CÉLIE.

Ah, mon père!

TRUFALDIN.

Sais-tu déjà comment le ciel nous eſt proſpère?

CÉLIE.

J'en viens d'entendre ici le ſuccès merveilleux.

HIPPOLYTE *à Léandre.*

En vain vous parleriez pour excuſer vos feux,

Si j'ai devant les yeux ce que vous pouvez dire.

LÉANDRE.

Un généreux pardon est ce que je desire:
Mais j'atteste les cieux, qu'en ce retour soudain
Mon père fait bien moins que mon propre dessein.

ANDRÉS à *Célie.*

Qui l'auroit jamais cru que cette ardeur si pure
Pût être condamnée un jour par la nature !
Toutefois tant d'honneur la fut toujours régir,
Qu'en y changeant fort peu je puis la retenir.

CÉLIE.

Pour moi, je me blâmois, & croyois faire faute
Quand je n'avois pour vous qu'une estime très-haute.
Je ne pouvois savoir quel obstacle puissant
M'arrêtoit sur un pas si doux & si glissant,
Et détournoit mon cœur de l'aveu d'une flamme
Que mes sens s'efforçoient d'introduire en mon ame.

TRUFALDIN à *Célie.*

Mais en te retrouvant, que diras-tu de moi,
Si je songe aussi-tôt à me priver de toi,
Et t'engage à son fils sous les loix d'hymenée?

CÉLIE.

Que de vous maintenant dépend ma destinée.

SCÈNE DERNIÈRE.

TRUFALDIN, ANSELME, PANDOLFE, CÉLIE,
HIPPOLYTE, LÉLIE, LÉANDRE, ANDRÉS,
MASCARILLE.

MASCARILLE *à Lélie.*

Voyons si votre diable aura bien le pouvoir
De détruire à ce coup un si solide espoir ;
Et si, contre l'excès du bien qui nous arrive,
Vous armerez encor votre imaginative ?
Par un coup imprévu des destins les plus doux,
Vos vœux sont couronnés, & Célie est à vous.

LÉLIE.
Croirai-je que du ciel la puissance absolue...

TRUFALDIN.
Oui, mon gendre, il est vrai.

PANDOLFE.
La chose est résolue.

ANDRÉS *à Lélie.*
Je m'acquitte par-là de ce que je vous dois.

LÉLIE *à Mascarille.*
Il faut que je t'embrasse & mille & mille fois.
Dans cette joie.

MASCARILLE.

Ahi! ahi! doucement, je vous prie.
Il m'a presque étouffé. Je crains fort pour Célie,
Si vous la caressez avec tant de transport;
De vos embrassemens on se passeroit fort.

TRUFALDIN *à Lélie.*

Vous savez le bonheur que le ciel me renvoie ;
Mais puisqu'un même jour nous met tous dans la joie;
Ne nous séparons point qu'il ne soit terminé,
Et que son père aussi nous soit vîte amené.

MASCARILLE.

Vous voilà tous pourvus. N'est-il point quelque fille
Qui pût accommoder le pauvre Mascarille?
A voir chacun se joindre à sa chacune ici,
J'ai des démangeaisons de mariage aussi.

ANSELME.

J'ai ton fait.

MASCARILLE.

Allons donc ; & que les cieux prospères
Nous donnent des enfans dont nous soyons les pères.

F I N.

OBSERVATIONS

OBSERVATIONS
DE L'ÉDITEUR
Sur L'ÉTOURDI ou LES CONTRE-TEMS.

ACTE PREMIER.
SCÈNE II.

[1] *Dis, si les plus cruels & plus durs sentimens*
Ont rien d'impénétrable à des traits si charmans.

Pour dire est-il un cœur assez dur pour ne pas l'aimer. Le sens de ces deux vers mal écrits se présente difficilement.

[2] *..... Dedans un rang si bas.*

M. de Voltaire, dans son édition de Corneille, dit qu'on ne peut employer le mot *dedans* que dans un sens absolu, & que ce fut toujours un solécisme de lui donner un régime. Le Dictionnaire de l'Académie Françoise dit qu'il est quelquefois préposition, comme dans cet exemple : *il passa par dedans la ville ;* mais qu'on ne l'emploie guères de la sorte que dans cette phrase.

[3] *Il est avec Anselme en parole pour vous*
Que de son Hippolyte on vous fera l'époux.

On ne dit point *être en parole que,* &c.

[4] *Elle n'est pas fort bonne & vous devriez tâcher.*

La prononciation du mot *devriez* en deux syllabes devoit être bien difficile, ainſi que celle de *meurtrier*, *ſanglier*, *ouvrier*, *tablier*, & tous ces mots ont aujourd'hui trois ſyllabes. Il paroît que les poëtes leur donnoient du tems de Molière l'étendue dont ils avoient beſoin. Corneille dans le *Cid* avoit été le premier à donner trois ſyllabes au mot *meurtrier*, & les remarques de l'Académie ſur cette tragédie lui en firent un reproche. Il falloit que l'oreille fût alors peu délicate. V. le *Géolier de ſoi-même* par Th. Corneille en 1655, act. 2, Sc. 5. *Un cruel ſanglier eût terminé vos jours.* Quelques vers après, Jodelet répond: *ai-je autrefois aimé la chaſſe du ſanglier?* Voilà le même mot employé dans la même ſcène pour deux & pour trois ſyllabes. Molière lui - même avoit dit plus haut, *comme vous voudriez manier ſes ducats*, & Scarron, *mais me voudriez-vous bien croire.* Épître à madame de Hautefort.

Ce n'eſt pas ſans étonnement que nous venons de retrouver le mot de *ſanglier* de deux ſyllabes dans l'excellente traduction des Géorgiques de Virgile par M. l'abbé de Liſle, liv. 3, pag. 103 de la petite édition, *livrer au fier ſanglier un aſſaut courageux.* En ſupprimant l'épithète de *fier*, ce traducteur ſi eſtimable eût évité une prononciation dure & qui n'eſt plus d'uſage.

. *N. B.* Dans l'édition de 1682 faite par la Grange & Vinot, deux amis de Molière, on remarque quatre vers qui fe fupprimoient dans cette fcène, difent les éditeurs, du vivant de l'auteur même. Ils commencent par ces mots : *Ma foi je fuis d'avis que ces Penards chagrins*, &c.

5 *J'en fongeois une.* On ne dit point je fongeois une rufe ; on dit fonger à quelque chofe.

6 *Parlez avec Anfelme.* Molière eût dit en profe, parlez à Anfelme, mais la rencontre des deux *a* étoit impraticable en vers.

7 *Empêcher qu'un rival vous prévienne & vous brave.* Il faut *ne vous prévienne & ne vous brave.* C'eſt fur une pareille faute de Racine dans *Bérénice*, fcène 5, acte 5. *Craignez-vous que mes yeux verfent trop peu de larmes*, que l'Abbé Desfontaines a dit que ces traces de la liberté poétique lui faifoient plaifir.

SCÈNE III.

8 *Je puis vous affurer que c'eſt fans mon congé.*

Le mot *congé* n'eſt plus d'ufage aujourd'hui pour fignifier *permiſſion*. Le Dictionnaire de l'Académie Françoife ne cite qu'une phrafe proverbiale où ce mot eſt encore pris dans cette vieille acception : *pour boire de l'eau & coucher dehors, on n'en demande congé à perfonne.*

SCÈNE IV.

9 *Monfieur, je fuis tout votre.* On diroit aujourd'hui je vous fuis tout dévoué, je fuis tout à vous.

SCÈNE V.

10 *De peur que ma préſence encor ſoit criminelle.* Il faudroit *ne ſoit encor.*

SCÈNE VI.

11 *Anſelme, mon mignon, crie-t-elle à toute heure.* Le mot *crie* ne peut entrer dans un vers que ſuivi d'une voïelle.

12   *Ce viſage eſt encor fort mettable ;*
S'il n'eſt pas des plus beaux, il eſt déſagréable.

Pointe, quolibet, jeu de mots. Il faut tenir compte à Molière de ce que, dans un tems où tous les genres de la littérature en étoient infectés, il n'en a fait qu'un uſage très-rare, & de ce qu'il a placé celui-ci dans la bouche d'un valet.

13 *Elle eſt ſotte de vous.* Il faudroit aujourd'hui elle eſt *folle* de vous.

14 *Qu'après vous payerez, ſi cela l'accommode.* *Payerez* en trois ſyllabes, licence du tems. Ce n'eſt pas ce qu'il falloit imiter de Molière, & c'eſt pourtant ce qu'a fait l'auteur de l'*École des amis,* acte 5, ſcène 6. *Il m'aime, il payera bien cher ſa perfidie.*

15 *Qu'elle garde toujours l'ardeur de me voir fien.* Mauvaiſe tournure, vers négligé. Oſons le dire, ce n'eſt plus du françois.

SCÈNE VIII.

16 Il y a dans cette ſcène une remarque à faire ;

plus effentielle que des obfervations Grammaticales. C'eft que Lélie en apprenant que *Mafcarille* avoit deftiné à fon fervice la bourfe d'*Anfelme*, convienne qu'il a eu tort de la rendre : *S'il eft ainfi, j'ai tort*, dit - il. Molière, en cet endroit, bleffe les mœurs du théâtre ; mais il faut remarquer que, dans les fujets de comédie qu'il a tirés de fon propre fonds, on trouvera peu de femblables reproches à lui faire. Il a été trop imité fur ce défaut par Regnard, fur-tout dans *le Légataire*, dont l'intrigue & le perfonnage d'*Érafte* font abfolument contre les bonnes mœurs.

SCÈNE IX.

[17] *Vous me voudriez encor payer pour précepteur.* Molière, qui, dans la fcène feconde, a employé ce mot *voudriez* en trois fyllabes, ne lui en donne ici que deux, parce qu'il y avoit encore peu de règles fixes de fon tems.

SCÈNE. X.

[18] *Pour rompre cet achat où tu pouffes fi bien. Où* pour *auquel*. On étoit loin de ces diftinctions du tems de Molière.

[19] *La mouche tout d'un coup à la tête vous monte.* Imitation de la phrafe italienne *sálir le mósche al náso*. On dit proverbialement en françois, *qu'un homme eft tendre aux mouches, qu'il prend la mouche, que la mouche le pique*, pour expri-

mer qu'il est trop fensible, qu'il se pique, qu'il se fâche mal-à-propos.

²⁰ *Comme quand il peut voir*, &c. Ce n'est point ainsi que Moliere a écrit depuis.

SCÈNE XI.

²¹ *Sans que mon bon génie au-devant m'a pouffé*, pour *si mon bon génie ne m'eût pouffé au-devant*. Cette tournure n'est plus françoise, le *que* peut suivre la particule *fans*, dans un autre cas : *il m'en croira fans que j'en jure*. Et l'on voit que ce fens est très-éloigné de celui de Molière.

²² *Quand nous ferons à dix, nous ferons une croix*. Ce proverbe vient peut-être de ce que pour marquer dix en chiffre romain, on fait ce qu'on appelle une croix de S. André ou croix de Bourgogne X. M. Court de Gebelin, dans son excellente Histoire de la Parole, *in-8°*, pag. 123, dit que la *croix*, autre efpèce de *T* primitif, fut la peinture de *la perfection* de *dix*, nombre parfait.

ACTE II.

SCÈNE I.

¹ *EN de nouveaux périls viens de m'embarraffer*. Il falloit *je viens*.

² *Votre père fait voir une pareſſe extrême*

A rendre par ſa mort tous vos deſirs contens.

Ces deux vers bleſſent encore la bienſéance & les
mœurs théâtrales ſur leſquelles on jugera toujours
celles de la nation. Lélie devroit s'indigner de cette
idée de Maſcarille, & Lélie oublie même de s'en
plaindre. Molière eût été moins utile aux mœurs
qu'il ne l'eſt devenu, s'il eût commis ſouvent de
pareilles fautes.

³ *Que les ouvriers qui ſont après ſon édifice.* Comment l'acteur pouvoit-il prononcer le mot *ouvriers*
en deux ſyllabes? *qui ſont après ſon édifice*, pour
dire *qui travaillent à ſon edifice.*

SCÈNE II.

⁴ *Si l'amour eſt au crime une aſſez belle excuſe.*

Le mot de *crime* emporte une idée ſi forte, qu'il
rend cette maxime odieuſe, & du genre de celles
qu'on ne peut ſe permettre ſans priver l'art du
théâtre de l'avantage précieux qu'il a d'être une
école publique de bienſéances.

⁵ .... *Je les vois en parole.* On peut dire *je les
vois en converſation*, mais non pas *en parole.*

SCÈNE III.

⁶ *A faire un vilain coup ne me l'allât ſemondre.* Le
mot *ſemondre* eſt vieux & peu d'uſage. Il ſe trouve
cependant encore dans la dernière édition du

dictionnaire de l'Académie , qui dit qu'*il vieillit.*

7 *Que son bien la plûpart n'est point en ces quar-*
tiers ; pour dire que la plus grande partie de son
bien n'est point, &c. Il y a grande apparence,
malgré ce que dit M. de *Grimarest*, que Molière
avoit une facilité d'écrire dont il abusoit quelquefois.

8 *Il voudroit vous prier , ensuite de l'instance*
d'excuser, &c. style embarrassé. *Ensuite de l'instance*
d'excuser, ne s'entend pas.

SCÈNE IV.

9 *On n'a point pour la mort de dispense de Rome.*

Ce vers est rempli de sel & de naïveté , il ne
passeroit peut-être pas aujourd'hui. On ne le remarque que pour donner une idée des entraves du
théâtre moderne.

Cet acte, jusqu'à la scène septième, est imité
d'un conte d'*Eutrapel*. Les différens auteurs qui ont
écrit sur le théâtre, remarquent bien que la comédie
du Deuil que Thomas Corneille donna sous le nom
d'Hauteroche 15 ans après, étoit tirée du même
conteur ; mais comment n'ont-ils pas observé que
Corneille ne faisoit que représenter le même tableau, les mêmes détails qu'avoit offerts l'acte second de l'*Etourdi*. Ce que Molière emprunte d'*Eu-*
rapel est une richesse pour le théâtre, ce que Thomas Corneille osa refaire après Molière , est au
moins une superfluité. Sans doute on jouoit peu

cette première comédie de Molière lors des représentations *du Deuil*, puisque cette dernière eut
beaucoup de succès.

SCÈNE V.

⁹ *J'ai prou de ma frayeur.* Ce mot *prou* signifie
assez, *beaucoup.* Il est vieux, dit le Dictionnaire de
l'Académie Françoise; il n'a d'usage qu'en cette manière de parler familière, *peu ou prou, ni peu ni prou.*

Un mauvais mot, dit Vaugelas, *parce qu'il est aisé
à remarquer, fait plus de tort qu'une fausse pensée,
quoiqu'il n'y ait aucune comparaison à faire de l'un
à l'autre.*

SCÈNE VII.

¹⁰ La fin de cette scène 7ᵉ est d'un comique tri-
vial, & d'un dialogue puéril qui dégrade le personnage de l'*Étourdi.*

ACTE III.
SCÈNE I.

¹ ON retranchoit dans cette scène, du tems de
Molière, huit vers. Les quatre premiers commençant par *Tu vois qu'à chaque instant*, &c. & les
quatre autres par *Cependant notre affaire*, &c.

SCÈNE II.

² *Monsieur, j'ai perdu tems*, &c. Il faudroit pour
l'exactitude grammaticale, j'ai perdu mon tems.

³ *Est si bien imprimé de ce conte badin.* On n'est
pas *imprimé* d'un conte, on en est touché, frappé, &c.

On dit métaphoriquement qu'un conte, une hiſtoire, s'impriment dans la mémoire.

SCÈNE IV.

4 *Et lui calomnier la plus rare vertu.* On n'écrit pas calomnier à quelqu'un.

SCÈNE V.

5 *Qu'à tirer un teſton , s'il falloit le donner.*

En 1513 on fit des teſtons & des demi-teſtons. Le teſton valoit 10 ſols tournois ; le demi-teſton 5 ſols tournois; le marc d'argent étoit à 12 liv. 10 ſ. Ces nouvelles eſpèces furent appelées teſtons , à cauſe de la tête de Louis XII , qui y étoit repréſentée. Cette monnoie d'argent ſubſiſta juſqu'à Henri III, qui leur ſubſtitua les piéces de 20 ſols, mais le mot s'étoit conſervé ſans doute dans le peuple, puiſque Maſcarille en fait uſage.

6 Du tems de Molière on ſupprimoit dans cette ſcène quatre vers commençant par *La Viſion le choque,* &c. ces vers peu ſoignés avoient paru inutiles.

SCÈNE VII.

7 Autre retranchement indiqué dans l'édition de 1682 de quatre vers commençant par *Croyez que je mets bien mon adreſſe,* &c. Ce retranchement étoit très-néceſſaire. Maſcarille eſt ſeul ſur le théâtre, à qui pouvoit-il s'adreſſer en diſant, *Croyez?* On en ſupprimoit encore quatre autres, commençant par *Puiſque par ſon deſſein,* &c.

SCÈNE XI.

⁸ *Oh ! les plaisans robins.* Ce terme de *robin* signifioit autrefois un facétieux, un plaisant. *Voyez* le Dictionnaire de Monet. *Robinerie*, dans celui de Cotgrave, signifie plaisanterie.

⁹ . . . . *Ouvrez-leur pour jouer un momon.* Le *momon* est une somme d'argent que des gens masqués jouoient sans parler. *C'est un défi au jeu de dez porté par des masques*, dit le dictionnaire de l'Académie. Μ•μὸ en grec signifie *larva*, masque. En Sicile on appelle un fou *momar*, à cause des extravagances des masques.

> *Et ni plus ni moins que des masques*
> *Qui viennent de perdre un momon.*
>
> Scarron Gigantomachie, chant 4.

SCÈNE XIII.

¹⁰ *Elle vous fait présent de cette cassolette.*
Fi, cela sent mauvais, &c.

Cet acte se termine par une grossiereté digne des farces Italiennes. Nous avons payé quelquefois bien cher notre goût pour la littérature d'un pays où les Arts perdus s'étoient remontrés.

ACTE IV.
SCÈNE I.

¹ *Aussi crois, si jamais je suis dans la puissance*, pour dire *si jamais je me trouve en état de te récompenser*. Vers négligé. Molière a dit depuis, tout

ce qu'il a voulu dire, mais il falloit qu'il le voulût; & lorſqu'il écrivit l'*Étourdi*, la poéſie françoiſe avoit encore peu de règles & de modèles.

2 *Des biais qu'on doit prendre*, &c. Voilà de ces mots dont les poëtes diſpoſoient à leur gré, aujourd'hui *biais* n'a qu'une ſyllabe.

3 La troupe de Molière ſupprimoit, dans cette ſcène, quatre vers commençant par *Puis être à leur famille*, &c. c'étoit pour abréger ce morceau de Maſcarille déjà fort long.

4 .... *S'il connoît qu'il m'a vû*, pour dire *s'il ſe ſouvient de m'avoir vû*. Négligence.

SCÈNE III.

5 *Ah! vous avez plus faim que vous ne penſez pas.* Pas eſt de trop dans ce vers & ne ſert qu'à la rime; Molière étoit bien loin de retomber dans cette faute lorſqu'il fit dire à Martine des femmes ſavantes :

> De pas *mis avec* ne *tu fais la récidive*,
> Et c'eſt, comme on t'a dit, trop d'une négative.

SCÈNE IV.

6 *Qui dedans une nuit vient d'éclater au jour.*

Qu'eſt-ce qu'un amour qui dans une *nuit éclate au jour* ? Il faut ſe ſouvenir que Molière n'eut jamais un moment à donner à la réviſion de ſes ouvrages.

SCÈNE V.

7 Dans cette ſcène on voit avec peine l'amour de

Lélie comparé à la *bouillie*. Cela fe retranchoit du tems de Molière fuivant l'édition de 1682 qui devroit toujours guider nos acteurs. On fupprimoit encore dans cette fcène quatre autres vers commençant par *Pour moi, j'en ai fouffert.* On ne voit pas la raifon du retranchement de ces derniers vers. Ils renferment une comparaifon très-heureufe.

⁸ *Vous buviez fur fon refte, & montriez d'affecter.* En difant & *vouliez affecter*, Molière eût évité la prononciation dure de *montriez* en deux fyllabes.

Scène VIII.

⁹ *Voilà, voilà que c'eft de ne voir pas Jeannette.* La Grammaire veut *voilà ce que c'eft*, & il étoit aifé à Molière de dire, *Et voilà ce que c'eft de ne pas voir Jannette.*

¹⁰ *Je ne fais fi fouvent vous jouez au piquet,*
    Mais au moins faites-vous des écarts admirables.

Ce jeu de mots eft dans la bouche de Mascarille, & c'eft une plaifanterie de l'auteur Italien, ainfi que prefque toutes celles de ce genre. Nous remarquerons ici en paffant que les quolibets & les pointes, cette mifère de l'efprit qu'on appelle le génie des fots, recommencent parmi nous à empoifonner nos jolis foupers, fous le nom de charades, de calembours, &c.

¹¹ *Si vous y manquez, votre fièvre quartaine.* Expreffion Italienne. On lit dans l'Hypocrite de l'Arétin, acte 2, fcène 18, *la quartana che t'uc-*

cida ! Rabelais en fait ufage, liv. 5, chap. 13. *Or çà*
tes fortes fièvres quartaines qui te puiffent époufer.
Le commentateur cite à ce propos *Alain Chartier*
dans fon livre *des Quatre Dames.*

> *De fièvre quartaine époufée*
> *Soit telle merdaille.*

SCÈNE IX.

[11] Les fix derniers vers de cette fcène ne fe réci-
toient plus du tems de Molière.

ACTE V.
SCÈNE III.

[1] **A**NDRÉS tombe des nues dans cette fcène. Ce
qu'il y dit eft peu vraifemblable, fort long & fort
obfcur. C'eft le défaut de ces intrigues d'efclaves,
à la manière des anciens; elles ne peuvent être dans
nos mœurs.

SCÈNE VII.

[2] *Eh bien, ne voilà pas mon enragé de maître !*
Il va nous faire encor quelque nouveau bicêtre.

Il faut au premier vers *ne voilà-t'il pas.* A l'égard
du mot de *bicêtre*, dont il feroit impoffible aujour-
d'hui de fe fervir dans ce fens ; c'eft une vieille
expreffion qui fignifioit *malheur*, & dont l'origine
vient du mot *Biffexte*, parce que les anciens regar-
doient comme malheureufes les années biffextiles,
& notamment le jour intercallé qu'ils nommoient
Biffexte.

A mefure qu'on avancera dans la lecture de Molière, on aura moins de chofes d'un fi mauvais goût à lui reprocher.

Bicêtre eft une maifon de force où l'on enferme les filoux, les mendians & les foux. Ce mot vient par corruption du nom de *Wincefter*, dont l'Évêque fit bâtir ce château en 1290.

Ménage dit, qu'au rapport d'*André Duchefne*, ce château étoit nommé anciennement *la Grange aux gueux ;* mais Ménage devoit lire *la Grange aux Queux*, *Coqui*, cuifiniers, ce qui eft fort différent : ce Château de Wincefter fut détruit fous Charles VI par *Gois*, un des bouchers de Paris, qui entrèrent dans le parti du duc Jean de Bourgogne. Il appartenoit alors au duc de Berry.

S c è n e   X I I.

¹ On ne conçoit pas que *Célie* emmenée par *Andrés*, qui doit craindre de la perdre de vue, fe trouve ici feule avec Mafcarille.

S c è n e   X I V.

Le dénouement, comme on l'a dit, eft pénible & peu vraifemblable. Ce récit de Mafcarille eft écrit plaifamment & avec rapidité, il annonce toutes les reconnoiffances faites & à faire ; mais la gaîté de ce récit n'en juftifie pas la fable trop éloignée de la vraifemblance.

Dans ce récit on retranchoit, fuivant l'édition de 1682, que nous fuivons exactement à cet égard, d'abord quatre vers commençant par *Qui pour armes*, &c. Enfuite feize vers de fuite commençant par *Me fait vous reconnoître*, &c. & feize autres encore commençant par *Ouï, mon père, je fuis*, &c. Ce récit, avant ces retranchemens, étoit d'une longueur fatiguante.

On fupprimoit de plus les quatre premiers vers de la dernière fcène, commençant par *Voyons fi votre diable*, &c.

Cette piéce, dit M. de Voltaire, eut plus de fuccès que le *Mifantrope*, l'*Avare* & *les Femmes favantes*. C'eft, dit-il, que la réputation de Molière ne faifoit pas encore d'ombrage. On ajoutera à cette décifion que la piéce de l'*Étourdi*, par le romanefque & l'embarras de l'intrigue, différoit moins des comédies du tems où elle parut, que les trois chef-d'œuvres cités par M. de Voltaire. D'ailleurs, il faut bien que le fuccès de l'*Étourdi* n'ait pas été fi grand qu'on le dit, puifque ce fut à la fin du même mois de Décembre qu'on vit paroître le *Dépit amoureux*.

Il s'en faut bien qu'on ait obfervé ici toutes les fautes & toutes les négligences de ftyle de cette piéce. C'eft fur les vrais chef-d'œuvres de Molière qu'on a cru devoir porter un coup-d'œil plus attentif.

AVERTISSEMENT.

AVERTISSEMENT
DE L'ÉDITEUR

Sur le Dépit Amoureux.

Cette Comédie en vers & en cinq actes, parut pour la première fois à Beziers en 1654, lorsque M. le Prince de Conti, qui avoit été compagnon d'études de Molière, & qui alors étoit bien loin d'écrire contre l'art dramatique, tenoit les États du Languedoc ; elle fut depuis donnée à Paris sur le théâtre du Petit Bourbon, à la fin de Décembre 1658.

Il y a grande apparence que Molière, qui, depuis peu de tems couroit la province, avoit dans son porte-feuille, avant de se faire chef de troupe, & la comédie de l'*Étourdi*, & celle du *Dépit amoureux*, qu'il avoit pu composer pendant les troubles de la fronde, car on ne sait absolument ce qu'il faisoit alors. Heureux l'homme de lettres qui se laisse ignorer pendant ses premières années ! c'est dans ces tems d'obscurité qu'il fait paisiblement l'utile amas des richesses qu'il doit étaler un jour. On doit le faire remarquer ici ; Molière avoit 33 ans lorsqu'il donna sa première comédie à Lyon.

Les différens auteurs qui ont parlé du *Dépit*

Amoureux, ne mettent pas cette comédie au rang des bonnes piéces de Molière ; & il faut convenir avec eux qu'elle n'annonçoit point encore le peintre de nos mœurs, & qu'elle est aussi négligemment écrite que l'*Etourdi*.

Cependant il y a peu d'années où nous ne voyions quelques représentations de cet ouvrage, parce qu'il offre en plus d'un endroit & cette gaîté dont Plaute avoit donné des leçons à Molière, & cet examen heureux du cœur humain qui lui étoit si naturel, & ce comique brillant & facile qui mettra toujours son dialogue au-dessus de celui de tous nos écrivains de théâtre.

• L. Riccoboni, dans ses observations, indique deux sources où Molière puisa l'idée de cette seconde comédie. La première, est une piéce *du Bon Théâtre*, dit-il, intitulée l'*Interresse di Nicolo Secchi*, & l'autre est un ancien canevas, sous le nom de *Sdegni Amorosi.*

Le titre de cette dernière farce inconnue pourroit faire supposer qu'il y étoit question de tracasserie d'amans, & par conséquent du plus agréable objet du *Dépit Amoureux ;* mais on n'en trouve pas un mot dans la piéce du *Bon Théâtre*, dans l'*Interresse* du *Secchi.* Molière ne put emprunter de ce dernier que ce qui rend la fable de sa comédie trop compliquée & trop étrangère à nos usages.

L'ouvrage du *Secchi* a donc fourni à notre auteur le roman peu naturel d'*Ascagne*, sa supposition invraisemblable, & son mariage secret, moins croyable encore.

L'exemple de Molière n'auroit pas dû autoriser un de nos auteurs à prendre pour fond d'une intrigue dramatique un pareil mariage, où l'un des conjoints est dans l'erreur sur la personne à laquelle il est uni [1]. Il est vrai qu'il est plus aisé de n'imiter des grands hommes que leurs fautes.

Les scènes charmantes de *Lucile* & d'*Erafte* rachettent bien, à la vérité, le vice de l'intrigue, & elles ne doivent rien au *Secchi. Flaminio* & *Virginia* qui sont dans la piéce du *Poëte Italien* ce que *Lucile* & *Erafte* font dans l'ouvrage de Molière, n'ont pas même une seule scène ensemble.

On a remarqué que ces scènes de dépit, toujours sûres du succès, sont une imitation de l'Ode d'Horace, *Donec gratus eram*, & Molière est le premier qui ait fait passer ce tableau charmant sous nos yeux; on l'a beaucoup imité depuis, & c'est aujourd'hui ce qu'on appelle un *lieu commun*.

En convenant que Molière doit au *Secchi* le fond de sa piéce, ce n'est pas dire qu'il en a emprunté l'ordre, l'arrangement, le développement, ni les idées, & encore moins le dialogue. Molière sera

---

1 Voyez l'*Epoux par supercherie.*

toujours un modèle à propofer aux imitateurs ; il ne fe traîne point fur les traces de fon original ; il s'élance de fes propres forces, & bientôt il le laiffe loin de lui. C'eft le cas d'appliquer ici ce que dit fi ingénieufement M. de Voltaire des imitations du grand Corneille. *Cinq ou fix endroits touchans mais noyés dans la foule des irrégularités de Guilain de Caftro, furent fentis par ce grand homme, comme on découvre un fentier couvert de ronces & d'épines.*

LE DÉPIT

AMOUREUX,

COMÉDIE

EN CINQ ACTES.

Q ij

A C T E U R S.

ALBERT, père de Lucile & d'Ascagne.

POLIDORE, père de Valere.

LUCILE, fille d'Albert.

ASCAGNE, fille d'Albert, déguisée en homme.

ÉRASTE, amant de Lucile.

VALERE, fils de Polydore.

MARINETTE, suivante de Lucile.

FROSINE, confidente d'Ascagne.

MÉTAPHRASTE, pédant.

GROS-RENÉ, valet d'Éraste.

MASCARILLE, valet de Valère.

LA RAPIÈRE, breteur.

La scène est à Paris.

LE DÉPIT AMOUREUX.

LE DÉPIT
AMOUREUX,
COMÉDIE.

ACTE PREMIER.

SCÈNE PREMIÈRE.

ERASTE, GROS-RENÉ.

ÉRASTE.

VEUX-TU que je te die [1] ? Une atteinte secrette
Ne laisse point mon ame en une bonne assiette ;
Oui, quoi qu'à mon amour tu puisses repartir,
Il craint d'être la dupe, à ne te point mentir ;
Qu'en faveur d'un rival ta foi ne se corrompe,
Ou du moins, qu'avec moi, toi-même on ne te trompe.

Pour moi, me foupçonner de quelque mauvais tour,
Je dirai, n'en déplaife à monfieur votre amour,
Que c'eft injuftement b'e fer ma prud'hommie,
Et fe connoître mal en phyfionomie.
Les gens de mon minois ne font point accufés
D'être, graces à Dieu, ni fourbes, ni rufés.
Cet honneur qu'on nous fait, je ne le démens guères,
Et fuis homme fort rond de toutes les manières.
Pour que l'on me trompît, cela fe pourroit bien,
Le doute eft mieux fondé; pourtant ie n'en crois rien.
Je ne vois point encore, ou je fuis une bête,
Sur quoi vous avez pû prendre martel en tête.
Lucile, à mon avis, vous montre affez d'amour;
Elle vous voit, vous parle, à toute heure du jour;
Et Valère, après tout, qui caufe votre crainte,
Semble n'être à préfent fouffert que par contrainte.

Souvent d'un faux efpoir un amant eft nourri,
Le mieux reçu toujours n'eft pas le plus chéri;
Et tout ce que d'ardeur font paroître les femmes,
Par fois n'eft qu'un beau voile à couvrir d'autres flamm
Valère enfin, pour être un amant rebuté,
Montre depuis un tems trop de tranquillité;
Et, ce qu'à ces faveurs, dont tu crois l'apparence,
Il témoigne de joie ou bien d'indifférence,

M'empoifonne à tous coups ² leurs plus charmans appas
Me donne ce chagrin que tu ne comprens pas ,
Tient mon bonheur en doute, & me rend difficile
Une entière croyance aux propos de Lucile.
Je voudrois , pour trouver un tel deftin bien doux,
Y voir entrer un peu de fon tranfport jaloux ,
Et , fur fes déplaifirs & fon impatience ,
Mon ame prendroit lors une pleine affurance.
Toi-même penfes-tu qu'on puiffe , comme il fait,
Voir chérir un rival d'un efprit fatisfait?
Et , fi tu n'en crois rien, dis moi, je t'en conjure,
Si j'ai lieu de rêver deffus ³ cette aventure.

GROS-RENÉ.

Peut-être que fon cœur a changé de defirs ,
Connoiffant qu'il pouffoit d'inutiles foupirs.

ÉRASTE.

Lorfque par les rebuts une ame eft détachée,
Elle veut fuir l'objet dont elle fut touchée ,
Et ne rompt point fa chaîne avec fi peu d'éclat
Qu'elle puiffe refter en un paifible état.
De ce qu'on a chéri, la fatale préfence
Ne nous laiffe jamais dedans ⁴ l'indifférence ;
Et , fi de cette vue on n'accroît fon dédain ,
Notre amour eft bien près de nous rentrer au fein ɪ
Enfin, crois-moi, fi bien qu'on éteigne une flamme,
Un peu de jaloufie occupe encore une ame ;

Et l'on ne fauroit voir , fans en être piqué ,
Poffeder par un autre un cœur qu'on a manqué.

GROS-RENÉ.

Pour moi , je ne fais point tant de philofophie ;
Ce que voyent mes yeux franchement je m'y fie,
Et ne fuis point de moi fi mortel ennemi ,
Que je m'aille affliger fans fujet ni demi 5.
Pourquoi fubtilifer , & faire le capable
A chercher des raifons pour être miférable ?
Sur des foupçons en l'air je m'irois alarmer !
Laiffons venir la fête avant que 6 la chommer.
Le chagrin me paroît une incommode chofe ;
Je n'en prends point, pour moi, fans bonne & jufte caufe
Et mêmes 7 à mes yeux cent fujets d'en avoir
S'offrent le plus fouvent, que je ne veux pas voir.
Avec vous en amour je cours même fortune ,
Celle que vous aurez me doit être commune ;
La maîtreffe ne peut abufer votre foi,
A moins que la fuivante en faffe 8 autant pour moi :
Mais j'en fuis la penfée avec un foin extrême.
Je veux croire les gens, quand on me dit, je t'aime ;
Et ne vais point chercher, pour m'eftimer heureux,
Si Mafcarille ou non s'arrache les cheveux.
Que tantôt Marinette endure qu'à fon aife
Jodelet par plaifir la careffe & la baife ,
Et que ce beau rival en rie ainfi qu'un fou ,
A fon exemple auffi j'en rirai tout mon faoul ,

Et l'on verra qui rit avec meilleure grace.

ÉRASTE.

Voilà de tes difcours.

GROS-RENÉ.

Mais je la vois qui paffe.

SCÈNE II.

ÉRASTE, MARINETTE, GROS-RENÉ.

GROS-RENÉ.

ST Marinette ?

MARINETTE.

Ho, ho. Que fais-tu là ?

GROS-RENÉ.

Ma foi,
Demande, nous étions tout-à-l'heure fur toi⁹.

MARINETTE.

Vous êtes auffi là, monfieur ! Depuis une heure,
Vous m'avez fait trotter comme un bafque, ou je meure.

ÉRASTE.

Comment ?

MARINETTE.

Pour vous chercher j'ai fait dix mille pas,
Et vous promets¹⁰, ma foi...

ÉRASTE.

Quoi?

MARINETTE.

Que vous n'êtes pas
Au Temple, au Cours, chez vous, ni dans la grande place

GROS-RENÉ.

Il falloit en jurer.

ÉRASTE.

Apprends-moi donc de grace,
Qui te fait me chercher?

MARINETTE.

Quelqu'un, en vérité,
Qui pour vous n'a pas trop mauvaise volonté;
Ma maîtresse en un mot.

ÉRASTE.

Ah, chére Marinette?
Ton discours de son cœur est-il bien l'interprête?
Ne me déguise point un myftère fatal,
Je ne t'en voudrai pas pour cela plus de mal:
Au nom des dieux, dis-moi si ta belle Maîtresse
N'abufe point mes vœux d'une fauffe tendresse.

MARINETTE.

Hé, hé, d'où vous vient donc ce plaifant mouvement?
Elle ne fait pas voir affez fon fentiment?

Quel garant eſt-ce encor que votre amour demande?
Que lui faut-il ?

GROS-RENÉ.

A moins que Valère ſe pende [11],
Bagatelle, ſon cœur ne s'aſſurera point.

MARINETTE.

Comment ?

GROS-RENÉ.

Il eſt jaloux juſques en un tel point [12].

MARINETTE.

De Valère? Ah, vraiment la penſée eſt bien belle !
Elle peut ſeulement naître en votre cervelle.
Je vous croyois du ſens, & juſqu'à ce moment
J'avois de votre eſprit quelque bon ſentiment :
Mais, à ce que je vois, je m'étois fort trompée.
Ta tête de ce mal eſt-elle auſſi frappée ?

GROS-RENÉ.

Moi, jaloux ? Dieu m'en garde, & d'être aſſez badin
Pour m'aller emmaigrir avec un tel chagrin.
Outre que de ton cœur ta foi me cautionne,
L'opinion que j'ai de moi-même eſt trop bonne
Pour croire auprès de moi que quelqu'autre te plût.
Où diantre pourrois-tu trouver qui me valût ?

MARINETTE.

En effet, tu dis bien ; voilà comme il faut être.
Jamais de ces ſoupçons qu'un jaloux fait paroître ;

Tout le fruit qu'on en cueille est de se mettre mal,
Et d'avancer par-là les desseins d'un rival.
Au mérite souvent de qui l'éclat vous blesse,
Vos chagrins font ouvrir les yeux d'une maîtresse;
Et j'en sais tel, qui doit son destin le plus doux
Aux soins trop inquiets de son rival jaloux.
Enfin, quoi qu'il en soit, témoigner de l'ombrage,
C'est jouer en amour un mauvais personnage,
Et se rendre, après tout, misérable à crédit.
Cela, Seigneur Éraste, en passant vous soit dit.

ÉRASTE.

Hé bien, n'en parlons plus. Que venois-tu m'apprendre

MARINETTE.

Vous mériteriez bien que l'on vous fît attendre,
Qu'afin de vous punir je vous tinsse caché
Le grand secret pourquoi je vous ai tant cherché [13].
Tenez, voyez ce mot, & sortez hors de doute;
Lisez-le donc tout haut, personne ici n'écoute.

ÉRASTE *lit.*

Vous m'avez dit que votre amour
Etoit capable de tout faire ;
Il se couronnera lui-même dans ce jour,
S'il peut avoir l'aveu d'un père.
Faites parler les droits qu'on a dessus mon cœur [14],
Je vous en donne la licence ;
Et si c'est en votre faveur,
Je vous répons de mon obéissance.

Ah, quel bonheur! O toi, qui me l'as apporté,
Je te dois regarder comme une déïté!

GROS-RENÉ.

Je vous le difois bien: contre votre croyance,
Je ne me trompe guère aux chofes que je penfe.

ÉRASTE *relit.*

Faites parler les droits qu'on a deffus mon cœur,
Je vous en donne la licence ;
Et fi c'eft en votre faveur ,
Je vous répons de mon obéiffance.

MARINETTE.

Si je lui rapportois vos foibleffes d'efprit,
Elle défavoueroit bientôt un tel écrit.

ÉRASTE.

Ah! cache-lui, de grace, une peur paffagère
Où mon ame a cru voir quelque peu de lumière ;
Ou, fi tu la lui dis , ajoute que ma mort
Eft prête d'expier l'erreur de ce tranfport;
Que je vais à fes pieds, fi j'ai pu lui déplaire,
Sacrifier ma vie à fa jufte colère.

MARINETTE.

Ne parlons point de mort, ce n'en eft point le tems.

ÉRASTE.

Au refte, je te dois beaucoup, & je prétens
Reconnoître dans peu , de la bonne manière,
Les foins d'une fi noble & fi belle courière.

MÀRINETTE.

A propos; favez-vous où je vous ai cherché
Tantôt encore?

ÉRASTE.

Hé bien?

MARINETTE.

Tout proche du marché.
Où vous favez.

ÉRASTE.

Où donc?

MARINETTE.

Là... dans cette boutique
Où dès le mois paffé votre cœur magnifique
Me promit, de fa grace, une bague.

ÉRASTE..

Ah, j'entens.

GROS-RENÉ.

La matoife!

ÉRASTE.

Il eft vrai, j'ai tardé trop long-tems
A m'acquitter vers toi d'une telle promeffe:
Mais...

MARINETTE.

Ce que j'en ai dit, n'eft pas que je vous preffe.

GROS-RENÉ.

GROS-RENÉ.

Ho, que non !

ÉRASTE *lui donne sa bague.*

Celle-ci peut-être aura de quoi
Te plaire; accepte-la pour celle que je doi.

MARINETTE.

Monfieur, vous vous moquez, j'aurois honte à la prendre.

GROS-RENÉ.

Pauvre honteufe, prends fans davantage attendre,
Refufer ce qu'on donne, eft bon à faire aux foux.

MARINETTE.

Ce fera pour garder quelque chofe de vous.

ÉRASTE.

Quand puis-je rendre grace à cet ange adorable?

MARINETTE.

Travaillez à vous rendre un père favorable.

ÉRASTE.

Mais s'il me rebutoit, dois-je?....

MARINETTE.

Alors comme alors,
Pour vous on employera toutes fortes d'efforts 15.
D'une façon ou d'autre il faut qu'elle foit vôtre :
Faîtes votre pouvoir, & nous ferons le nôtre.

Tome I.   R

ÉRASTE.

Adieu, nous en faurons le fuccès dans ce jour.

(*Érafte relit la lettre tout bas.*)

MARINETTE à *Gros-René.*

Et nous, que dirons-nous auffi de notre amour?
Tu ne m'en parles point.

GROS-RENÉ.

Un hymen qu'on fouhaite,
Entre gens comme nous, eft chofe bientôt faite.
Je te veux; me veux-tu de même?

MARINETTE.

Avec plaifir.

GROS-RENÉ.

Touche, il fuffit.

MARINETTE.

Adieu, Gros-René, mon defir.

GROS-RENÉ.

Adieu, mon aftre.

MARINETTE.

Adieu, beau tifon de ma flamme.

GROS-RENÉ.

Adieu, chère comète, arc-en-ciel de mon ame.

(*Marinette fort.*)

Le bon Dieu foit loué, nos affaires vont bien,
Albert n'eft pas un homme à vous refufer rien.

ÉRASTE.

Valère vient à nous.

GROS-RENÉ.

Je plains le pauvre hère,

Sachant ce qui se passe.

SCÈNE III [16].

VALÈRE, ÉRASTE, GROS-RENÉ,

ÉRASTE.

HÉ BIEN, Seigneur Valère?

VALÈRE.

Hé bien, Seigneur Éraste?

ÉRASTE.

En quel état l'amour?

VALÈRE.

En quel état vos feux?

ÉRASTE.

Plus forts de jour en jour.

VALÈRE.

Et mon amour plus fort.

ÉRASTE.

Pour Lucile?

VALÈRE.

Pour elle.

ÉRASTE.

Certes, je l'avouerai, vous êtes le modèle

R ij

D'une rare conſtance.

VALÈRE.

Et votre fermeté
Doit être un rare exemple à la poſtérité.

ÉRASTE.

Pour moi, je ſuis peu fait à cet amour auſtère,
Qui dans les ſeuls regards trouve à ſe ſatisfaire,
Et je ne forme point d'aſſez beaux ſentimens
Pour ſouffrir conſtamment les mauvais traitemens :
Enfin, quand j'aime bien, j'aime fort que l'on m'aime.

VALÈRE.

Il eſt très-naturel, & j'en ſuis bien de même.
Le plus parfait objet, dont je ſerois charmé,
N'auroit pas mes tributs, n'en étant point aimé.

ÉRASTE.

Lucile cependant...

VALÈRE.

Lucile dans ſon ame
Rend tout ce que je veux qu'elle rende à ma flamme.

ÉRASTE.

Vous êtes donc facile à contenter ?

VALÈRE.

Pas tant
Que vous pourriez penſer.

ÉRASTE.

Je puis croire pourtant,

Sans trop de vanité, que je fuis en fa grace [17].

VALÈRE.

Moi, je fais que j'y tiens une affez bonne place.

ÉRASTE.

Ne vous abufez point, croyez moi.

VALÈRE.

Croyez moi,
Ne laiffez point duper vos yeux à trop de foi [18].

ÉRASTE.

Si j'ofois vous montrer une préuve affurée
Que fon cœur.... Non, votre ame en feroit altérée.

VALÈRE.

Si je vous ofois, moi, découvrir en fecret....
Mais je vous fâcherois, & veux être difcret.

ÉRASTE.

Vraiment, vous me pouffez, & contre mon envie,
Votre préfomption veut que je l'humilie.
Lifez.

VALÈRE *après avoir lu.*

Ces mots font doux.

ÉRASTE.

Vous connoiffez la main.

VALÈRE.

Oui, de Lucile.

ÉRASTE.

Hé bien? cet efpoir fi certain

R ij

VALÈRE *riant & s'en allant.*

Adieu, Seigneur Éraste.

GROS-RENÉ.

Il est fou, le bon sire.
Où vient-il donc pour lui de voir le mot pour rire?

ÉRASTE.

Certes, il me surprend, & j'ignore, entre nous,
Quel diable de mystère est caché là-dessous.

GROS-RENÉ.

Son valet vient, je pense.

ÉRASTE.

Oui, je le vois paroître.
Feignons, pour le jeter sur l'amour de son maître.

SCÈNE IV.

ÉRASTE, MASCARILLE, GROS-RENÉ.

MASCARILLE *à part.*

Non, je ne trouve point d'état plus malheureux
Que d'avoir un patron jeune & fort amoureux.

GROS-RENÉ.

Bon jour.

MASCARILLE.

Bon jour.

GROS-RENÉ.

Où tend Mascarille à cette heure ?
Que fait-il? Revient-il ? Va-t-il? Ou s'il demeure?

MASCARILLE.

Non, je ne reviens pas, car je n'ai pas été ;
Je ne vais pas aussi, car je suis arrêté ;
Et ne demeure point, car, tout de ce pas même,
Je prétends m'en aller.

ÉRASTE.

La rigueur est extrême,
Doucement, Mascarille.

MASCARILLE.

Ah, Monsieur, serviteur.

ÉRASTE.

Vous nous fuyez bien vîte! hé quoi, vous fais-je peur?

MASCARILLE.

Je ne crois pas cela de votre courtoisie.

ÉRASTE.

Touche; nous n'avons plus sujet de jalousie,
Nous devenons amis, & mes feux que j'éteins,
Laissent la place libre à vos heureux desseins.

MASCARILLE.

Plût à Dieu !

ÉRASTE.

Gros-René fait qu'ailleurs je me jette.

GROS-RENÉ.

Sans doute; & je te céde aussi la Marinette.

R iv

MASCARILLE.

Paſſons ſur ce point-là; notre rivalité [20]
N'eſt pas pour en venir à grande extrêmité:
Mais eſt-ce un coup bien ſûr que votre Seigneurie
Soit des-enamourée [21], ou ſi c'eſt raillerie ?

ÉRASTE.

J'ai ſû qu'en ſes amours ton maître étoit trop bien,
Et je ſerois un fou de prétendre plus rien
Aux étroites faveurs qu'il a de cette belle.

MASCARILLE.

Certes, vous me plaiſez avec cette nouvelle.
Outre qu'en nos projets je vous craignois un peu,
Vous tirez ſagement votre épingle du jeu.
Oui, vous avez bien fait de quitter une place
Ou l'on vous careſſoit pour la ſeule grimace;
Et mille fois ſachant tout ce qui ſe paſſoit,
J'ai plaint le faux eſpoir dont on vous repaiſſoit.
On offenſe un brave homme alors que l'on l'abuſe;
Mais d'où diantre, après tout, avez-vous ſû la ruſe ?
Car cet engagement mutuel de leur foi
N'eut pour témoins, la nuit, que deux autres & moi,
Et l'on croit juſqu'ici la chaîne fort ſecrette,
Qui rend de nos amans la flamme ſatisfaite.

ÉRASTE.

Hé ! que dis-tu ?

MASCARILLE.

Je dis que je ſuis interdit,
Et ne ſais pas, Monſieur, qui peut vous avoir dit

Que, fous ce faux femblant, qui trompe tout le monde
En vous trompant auffi, leur ardeur fans feconde
D'un fecret mariage a ferré le lien.

ÉRASTE.

Vous en avez menti.

MASCARILLE.

Monfieur, je le veux bien.

ÉRASTE.

Vous êtes un coquin.

MASCARILLE.
D'accord.

ÉRASTE.

Et cette audace
Mériteroit cent coups de bâton fur la place.

MASCARILLE.

Vous avez tout pouvoir.

ÉRASTE.
Ah, Gros-René!

GROS-RENÉ.

Monfieur.

ÉRASTE.

Je démens un difcours dont je n'ai que trop peur.

(à *Mafcarille.*)

Tu penfes fuir.

MASCARILLE.
Nenni.

ÉRASTE.

Quoi? Lucile eſt la femme....

MASCARILLE.

Non, Monſieur, je raillois.

ÉRASTE.

Ah, vous raillez, infâme.

MASCARILLE.

Non, je ne raillois point.

ÉRASTE.

Il eſt donc vrai?

MASCARILLE.

Non pas:
Je ne dis pas cela.

ÉRASTE.

Que dis-tu donc?

MASCARILLE.

Hélas
Je ne dis rien, de peur de mal parler.

ÉRASTE.

Aſſure
Ou ſi la choſe eſt vraie, ou ſi c'eſt impoſture.

MASCARILLE.

C'eſt ce qu'il vous plaira : je ne ſuis pas ici
Pour vous rien conteſter.

ÉRASTE *tirant ſon épée.*

Veux-tu dire? Voici,

Sans marchander, de quoi te délier la langue.

MASCARILLE.

Elle ira faire encor quelque sotte harangue.
Hé, de grace, plutôt, si vous le trouvez bon,
Donnez-moi vîtement quelques coups de bâton,
Et me laissez tirer mes chausses sans murmure.

ÉRASTE.

Tu mourras, ou je veux que la vérité pure
S'exprime par ta bouche.

MASCARILLE.

        Hélas! je la dirai:
Mais peut-être, Monsieur, que je vous fâcherai.

ÉRASTE.

Parle: mais prends bien garde à ce que tu vas faire.
A ma juste fureur rien ne te peut soustraire,
Si tu mens d'un seul mot en ce que tu diras.

MASCARILLE.

J'y consens, rompez-moi les jambes & les bras,
Faites-moi pire encor, tuez-moi, si j'impose [22],
En tout ce que j'ai dit ici, la moindre chose.

ÉRASTE.

Ce mariage est vrai?

MASCARILLE.

        Ma langue en cet endroit,
A fait un pas de clerc dont elle s'apperçoit:
Mais enfin cette affaire est comme vous la dites,
Et c'est après cinq jours de nocturnes visites,

Tandis que vous ferviez à mieux couvrir leur jeu,
Que depuis avant-hier ils font joints de ce nœud;
Et Lucile depuis fait encor moins paroître
Ia violente amour qu'elle porte à mon maître,
Et veut abfolument que tout ce qu'il verra,
Et qu'en votre faveur fon cœur témoignera,
Il l'impute à l'effet d'une haute prudence,
Qui veut de leurs fecrets ôter la connoiffance.
Si, malgré mes fermens, vous doutez de ma foi,
Gros-René peut venir une nuit avec moi,
Et je lui ferai voir, étant en fentinelle,
Que nous avons dans l'ombre un libre accès chez elle.

ÉRASTE.

Ote-toi de mes yeux, maraud.

MASCARILLE.

Et de grand cœur.

C'eft ce que je demande.

SCÈNE V.

ÉRASTE, GROS-RENÉ.

ÉRASTE.

Hé bien?

GROS-RENÉ.

Hé bien, Monfieur?
Nous en tenons tous deux, fi l'autre eft véritable.

É R A S T E.

Las, il ne l'eſt que trop, le bourreau déteſtable !
Je vois trop d'apparence à tout ce qu'il a dit ;
Et ce qu'a faıt Valère, en voyant cet écrit,
Marque bien leur concert, & que c'eſt une baie ²³
Qui ſert, ſans doute, aux feux dont l'ingrate le paie.

SCÈNE VI.

ÉRASTE, MARINETTE, GROS-RENÉ.

M A R I N E T T E.

JE viens vous avertir que tantôt ſur le ſoir
Ma maîtreſſe au jardin vous permet de la voir.

É R A S T E.

Oſes-tu me parler, ame double & traîtreſſe ?
Vas, ſors de ma préſence, & dis à ta maîtreſſe
Qu'avecque ſes écrits elle me laiſſe en paix,
Et que voilà l'état, infâme que j'en fais.

(Il déchire la lettre & ſort.)

M A R I N E T T E.

Gros-René, dis-moi donc quelle mouche le pique ?

G R O S - R E N É.

M'oſes-tu bien encor parler, femelle inique ?
Crocodile trompeur, de qui le cœur félon
Eſt pire qu'un Satrape, ou bien qu'un Leſtrigon ²⁴ !

Vas, vas rendre réponſe à ta bonne maîtreſſe,
Et lui dis bien & beau, que, malgré ſa ſoupleſſe,
Nous ne ſommes plus ſots ni mon maître ni moi,
Et déſormais qu'elle aille au diable avecque toi.

MARINETTE *ſeule.*

Ma pauvre Marinette, es-tu bien éveillée ?
De quel démon eſt donc leur ame travaillée ?
Quoi, faire un tel accueil à nos ſoins obligeans?
O, que ceci chez nous va ſurprendre les gens !

Fin du premier Acte.

ACTE II.
SCÈNE PREMIÈRE.
ASCAGNE, FROSINE.

FROSINE.

Ascagne, je fuis fille à fecret, Dieu merci [1].

ASCAGNE.

Mais, pour un tel difcours, fommes-nous bien ici?
Prenons garde qu'aucun ne nous vienne furprendre,
Ou que de quelque endroit on ne nous puiffe entendre.

FROSINE.

Nous ferions au logis beaucoup moins fûrement :
Ici de tous côtés on découvre aifément,
Et nous pouvons parler avec toute affurance.

ASCAGNE.

Hélas, que j'ai de peine à rompre mon filence!

FROSINE.

Ouais, ceci doit donc être un important fecret?

ASCAGNE.

Trop, puifque je le fie à vous-même à regret,
Et que, fi je pouvois le cacher davantage,
Vous ne le fauriez point.

FROSINE.

Ah, c'eft me faire outrage!

Feindre à s'ouvrir à moi ², dont vous avez connu
Dans tous vos intérêts l'esprit si retenu ?
Moi, nourrie avec vous, & qui tiens sous silence
Des choses qui vous sont de si grande importance,
Qui fais...

ASCAGNE.

  Oui, vous savez la secrette raison
Qui cache aux yeux de tous mon sexe & ma maison ;
Vous savez que dans celle où passa mon bas âge
Je suis pour y pouvoir retenir l'héritage
Que relâchoit ailleurs le jeune Ascagne mort,
Dont mon déguisement fait revivre le sort ;
Et c'est aussi pourquoi ma bouche se dispense
A vous ouvrir mon cœur avec plus d'assurance.
Mais avant que passer, Frosine, à te discours,
Éclaircissez un doute où je tombe toujours.
Se pourroit-il qu'Albert ne sût rien du mystère
Qui masque ainsi mon sexe, & l'a rendu mon père ?

FROSINE.

En bonne-foi, ce point sur quoi vous me pressez,
Est une affaire aussi qui m'embarrasse assez :
Le fond de cette intrigue est pour moi lettre close,
Et ma mère ne pût m'éclaircir mieux la chose.
Quand il mourut ce fils, l'objet de tant d'amour,
Au destin de qui même, avant qu'il vînt au jour,
Le testament d'un oncle abondant en richesses,
D'un soin particulier avoit fait des largesses ;

Et

Et que fa mère fit un fecret de fa mort ;
De fon époux abfent redoûtant le tranfport,
S'il voyoit chez un autre aller tout l'héritage
Dont fa maifon tiroit un fi grand avantage ;
Quand, dis-je, pour cacher un tel événement,
La fuppofition fut de fon fentiment,
Et qu'on vous prit chez nous où vous étiez nourrie,
(Votre mère d'accord de cette tromperie,
Qui remplaçoit ce fils à fa garde commis,)
En faveur des préfens le fecret fut promis.
Albert ne l'a point fû de nous ; & pour fa femme
L'ayant plus de douze ans confervé dans fon ame,
Comme le mal fut prompt dont on la vit mourir,
Son trépas imprévu ne put rien découvrir ;
Mais cependant je vois qu'il garde intelligence
Avec celle de qui vous tenez la naiffance.
J'ai fû, qu'en fecret même, il lui faifoit du bien,
Et peut-être cela ne fe fait pas pour rien.
D'autre part, il vous veut porter au mariage ;
Et comme il le prétend, c'eft un mauvais langage :
Je ne fais s'il fauroit la fuppofition
Sans le déguifement ; mais la digreffion
Tout infenfiblement pourroit trop loin s'étendre :
Revenons au fecret que je brûle d'apprendre.

ASCAGNE.

Sachez donc que l'amour ne fait point s'abufer,
Que mon fexe à fes yeux n'a pu fe déguifer,

Et que ſes traits ſubtils, ſous l'habit que je porte,
Ont ſû trouver le cœur d'une fille peu forte :
J'aime enfin.

FROSINE.

Vous aimez !

ASCAGNE.

Froſine, doucement.
N'entrez pas tout à-fait dedans l'étonnement ;
Il n'eſt pas tems encore ; & ce cœur qui ſoupire,
A bien, pour vous ſurprendre, autre choſe à vous dire.

FROSINE.

Et quoi ?

ASCAGNE.

J'aime Valère.

FROSINE.

Ah, vous avez raiſon !
L'objet de votre amour ! Lui, dont à la maiſon
Votre impoſture enlève un puiſſant héritage,
Et, qui de votre ſexe ayant le moindre ombrage,
Verroit incontinent ce bien lui retourner !
C'eſt encore un plus grand ſujet de s'étonner.

ASCAGNE.

J'ai de quoi, toutefois, ſurprendre plus votre ame :
Je ſuis ſa femme.

FROSINE.

O dieux, ſa femme !

ASCAGNE.

Oui, ſa femme [4].

FROSINE.

Ah, certes, celui-là l'emporte, & vient à bout
De toute ma raifon !

ASCAGNE.

Ce n'eſt pas encor tout.

FROSINE.

Encore ?

ASCAGNE.

Je la fuis ſ, dis-je, fans qu'il le penſe,
Ni qu'il ait de mon fort la moindre connoiſſance.

FROSINE.

Ho ! pouſſez, je le quitte, & ne raiſonne plus,
Tant mes fens coup fur coup fe trouvent confondus.
A ces énigmes-là je ne puis rien comprendre.

ASCAGNE.

Je vais vous l'expliquer, fi vous voulez m'entendre.
Valère dans les fers de ma fœur arrêté,
Me fembloit un amant digne d'être écouté;
Je ne pouvois fouffrir qu'on rebutât fa flamme,
Sans qu'un peu d'intérêt touchât pour lui mon ame;
Je voulois que Lucile aimât fon entretien;
Je blâmois fes rigueurs, & les blâmai fi bien,
Que moi même j'entrai, fans pouvoir m'en défendre,
Dans tous les fentimens qu'elle ne pouvoit prendre.
C'étoit, en lui parlant, moi qu'il perfuadoit,
Je me laiſſois gagner aux foupirs qu'il perdoit,

S ij

Et ſes vœux rejetés de l'objet qui l'enflamme,
Étoient, comme vainqueurs, reçus dedans mon ame.
Ainſi mon cœur, Froſine, un peu trop foible, hélas!
Se rendit à des ſoins qu'on ne lui rendoit pas,
Par un coup réfléchi reçut une bleſſure,
Et paya pour un autre avec beaucoup d'uſure.
Enfin, ma chère, enfin l'amour que j'eus pour lui
Se voulut expliquer, mais ſous le nom d'autrui.
Dans ma bouche, une nuit, cet amant trop aimable
Crut rencontrer Lucile à ſes vœux favorable,
Et je fus ménager ſi bien cet entretien,
Que du déguiſement il ne reconnut rien.
Sous ce voile trompeur, qui flattoit ſa penſée,
Je lui dis que pour lui mon ame étoit bleſſée,
Mais que voyant mon père en d'autres ſentimens,
Je devois une feinte à ſes commandemens;
Qu'ainſi de notre amour nous ferions un myſtère
Dont la nuit ſeulement ſeroit dépoſitaire,
Et qu'entre nous, de jour, de peur de rien gâter,
Tout entretien ſecret ſe devoit éviter;
Qu'il me verroit alors la même indifférence
Qu'avant que nous euſſions aucune intelligence;
Et que de ſon côté, de même que du mien,
Geſte, parole, écrit, ne m'en dît jamais rien.
Enfin, ſans m'arrêter à toute l'induſtrie
Dont j'ai conduit le fil de cette tromperie,
J'ai pouſſé juſqu'au bout un projet ſi hardi,
Et me ſuis aſſuré l'époux que je vous di.

FROSINE.

Ho, ho, les grands talens que votre esprit possède!
Diroit-on qu'elle y touche avec sa mine froide?
Cependant vous avez été bien vîte ici;
Car je veux que la chose ait d'abord réussi,
Ne jugez-vous pas bien, à regarder l'issue,
Qu'elle ne peut long-tems éviter d'être sûe?

ASCAGNE.

Quand l'amour est bien fort, rien ne peut l'arrêter,
Ses projets seulement vont à se contenter;
Et, pourvu qu'il arrive au but qu'il se propose,
Il croit que tout le reste après est peu de chose.
Mais enfin aujourd'hui je me découvre à vous,
Afin que vos conseils.... Mais voici cet époux.

SCÈNE II.

VALÈRE, ASCAGNE, FROSINE.

VALÈRE.

SI vous êtes tous deux en quelque conférence,
Où je vous fasse tort de mêler ma présence,
Je me retirerai.

ASCAGNE.

Non, non, vous pouvez bien,
Puisque vous le faisiez, rompre notre entretien.

S iij

VALÈRE.

Moi ?

ASCAGNE.

Vous-même.

VALÈRE.

Et comment ?

ASCAGNE.

Je disois que Valère
Auroit, si j'étois fille, un peu trop sû me plaire,
Et que, si je faisois tous les vœux de son cœur,
Je ne tarderois guère à faire son bonheur.

VALÈRE.

Ces protestations ne coûtent pas grand chose,
Alors qu'à leur effet un pareil si s'oppose :
Mais vous seriez bien pris si quelque événement
Alloit mettre à l'épreuve un si doux compliment.

ASCAGNE.

Point du tout : je vous dis, que régnant dans votre ame,
Je voudrois de bon cœur couronner votre flamme.

VALÈRE.

Et si c'étoit quelqu'une, où par votre secours
Vous pussiez être utile au bonheur de mes jours ?

ASCAGNE.

Je pourrois assez mal répondre à votre attente.

VALÈRE.

Cette confession n'est pas trop obligeante.

ASCAGNE.

Hé, quoi? Vous voudriez, Valère, injustement;
Qu'étant fille, & mon cœur vous aimant tendrement
Je m'allasse engager avec une promesse
De servir vos ardeurs pour quelqu'autre maîtresse?
Un si pénible effort pour moi m'est interdit.

VALÈRE.

Mais cela n'étant pas?

ASCAGNE.

     Ce que je vous ai dit,
Je l'ai dit comme fille, & vous devez le prendre
Tout de même.

VALÈRE.

    Ainsi donc il ne faut rien prétendre,
Ascagne, à des bontés que vous auriez pour nous,
A moins que le ciel fasse⁶ un grand miracle en vous;
Bref, si vous n'êtes fille, adieu votre tendresse,
Il ne vous reste rien qui pour nous s'intéresse.

ASCAGNE.

J'ai l'esprit délicat plus qu'on ne peut penser,
Et le moindre scrupule a de quoi m'offenser
Quand il s'agit d'aimer. Enfin je suis sincère,
Je ne m'engage point à vous servir, Valère,
Si vous ne m'assurez, au moins absolument,
Que vous avez pour moi le même sentiment;
Que pareille chaleur d'amitié vous transporte,
Et que, si j'étois fille, une flamme plus forte

N'outrageroit point celle où je vivrois pour vous.

VALÈRE.

Je n'avois jamais vu ce fcrupule jaloux;
Mais tout nouveau qu'il eft, ce mouvement m'oblige,
Et je vous fais ici tout l'aveu qu'il exige.

ASCAGNE.

Mais fans fard ?

VALÈRE.

Oui, fans fard.

ASCAGNE.

S'il eft vrai, déformais
Vos intérêts feront les miens, je vous promets.

VALÈRE.

J'ai bientôt à vous dire un important myftère,
Où l'effet de ces mots me fera néceffaire.

ASCAGNE.

Et j'ai quelque fecret de même à vous ouvrir,
Où votre cœur pour moi fe pourra découvrir.

VALÈRE.

Hé, de quelle façon cela pourroit-il être?

ASCAGNE.

C'eft que j'ai de l'amour qui ne fauroit paroître,
Et vous pourriez avoir fur l'objet de mes vœux
Un empire à pouvoir rendre mon fort heureux.

VALÈRE.

Expliquez-vous, Afcagne, & croyez par avance
Que votre heur eft certain, s'il eft en ma puiffance.

ASCAGNE.

Vous promettez ici plus que vous ne croyez.

VALÈRE.

Non, non, dites l'objet pour qui vous m'employez.

ASCAGNE.

Il n'eſt pas encor tems; mais c'eſt une perſonne
Qui vous touche de près.

VALÈRE.

Votre diſcours m'étonne.
Plût à Dieu que ma ſœur....

ASCAGNE.

Ce n'eſt pas la ſaiſon
De m'expliquer, vous dis-je.

VALÈRE.

Et pourquoi ?

ASCAGNE.

Pour raiſon;
Vous ſaurez mon ſecret, quand je ſaurai le vôtre.

VALÈRE.

J'ai beſoin pour cela de l'aveu de quelque autre.

ASCAGNE.

Ayez-le donc; & lors, nous expliquant nos vœux,
Nous verrons qui tiendra mieux parole des deux.

VALÈRE.

Adieu, j'en ſuis content.

ASCAGNE.

Et moi content, Valère.

(*Valère fort.*)

FROSINE.

Il croit trouver en vous l'affiftance d'un frère.

SCÈNE III.

LUCILE, ASCAGNE, FROSINE, MARINETTE.

LUCILE *à Marinette les trois premiers vers.*

C'EN eft fait; c'eft ainfi que je puis me venger,
Et, fi cette action a de quoi l'affliger,
C'eft toute la douceur que mon cœur s'y propofe.
Mon frère, vous voyez une métamorphofe.
Je veux chérir Valère après tant de fierté,
Et mes vœux maintenant tournent de fon côté.

ASCAGNE.

Que dites-vous ma fœur? Comment! courir au change?
Cette inégalité me femble trop étrange.

LUCILE.

La vôtre me furprend avec plus de fujet.
De vos foins autrefois Valère étoit l'objet,
Je vous ai vu pour lui m'accufer de caprice,
D'aveugle cruauté, d'orgueil & d'injuftice;
Et, quand je veux l'aimer, mon deffein vous déplaît?
Et je vous vois parler contre fon intérêt?

ASCAGNE.

Je le quitte, ma sœur, pour embraffer le vôtre :
Je fais qu'il eft rangé deffous les loix d'une autre ;
Et ce feroit un trait honteux à vos appas,
Si vous le rappelliez, & qu'il ne revînt pas.

LUCILE.

Si ce n'eft que cela, j'aurai foin de ma gloire,
Et je fais, pour fon cœur, tout ce que j'en dois croire,
Il s'explique à mes yeux intelligiblement ;
Ainfi découvrez-lui, fans peur, mon fentiment :
Ou, fi vous refufez de le faire, ma bouche
Lui va faire favoir que fon ardeur me touche.
Quoi, mon frère, à ces mots vous reftez interdit?

ASCAGNE.

Ah, ma fœur! Si fur vous je puis avoir crédit,
Si vous êtes fenfible aux prières d'un frère,
Quittez un tel deffein, & n'ôtez point Valère
Aux vœux d'un jeune objet dont l'intérêt m'eft cher,
Et qui, fur ma parole, a droit de vous toucher.
La pauvre infortunée aime avec violence,
A moi feul de fes feux elle fait confidence,
Et je vois dans fon cœur de tendres mouvemens
A domter la fierté des plus durs fentimens.
Oui, vous auriez pitié de l'état de fon ame,
Connoiffant de quel coup vous menacez fa flamme,
Et je reffens fi bien la douleur qu'elle aura,
Que je fuis affuré, ma fœur, qu'elle en mourra

Si vous lui dérobez l'amant qui peut lui plaire.
Éraste est un parti qui doit vous satisfaire,
Et des feux mutuels....

LUCILE.

Mon frère, c'est assez.

Je ne sais point pour qui vous vous intéressez;
Mais, de grace, cessons ce discours, je vous prie,
Et me laissez un peu dans quelque rêverie.

ASCAGNE.

Allez, cruelle sœur, vous me désespérez
Si vous effectuez vos desseins déclarés.

SCÈNE IV.
LUCILE, MARINETTE.

MARINETTE.

LA résolution, Madame, est assez prompte.

LUCILE.

Un cœur ne pèse rien alors que l'on l'affronte;
Il court à sa vengeance, & saisit promptement
Tout ce qu'il croit servir à son ressentiment.
Le traître! Faire voir cette insolence extrême!

MARINETTE.

Vous m'en voyez encor toute hors de moi-même;
Et quoique là-dessus je rumine sans fin,
L'aventure me passe, & j'y perds mon latin.

Car enfin , aux tranſports d'une bonne nouvelle
Jamais cœur ne s'ouvrit d'une façon plus belle ;
De l'écrit obligeant.le ſien tout tranſporté
Ne me donnoit pas moins que de la déïté ;
Et cependant jamais, à cet autre meſſage,
Fille ne fut traitée avecque tant d'outrage.
Je ne ſais , pour cauſer de ſi grands changemens,
Ce qui s'eſt pu paſſer entre ces courts momens.

L U C I L E.

Rien ne s'eſt pu paſſer dont il faille être en peine,
Puiſque rien ne le doit défendre de ma haine.
Quoi, tu voudrois chercher hors de ſa lâcheté ,
La ſecrette raiſon de cette indignité ?
Cet écrit malheureux , dont mon ame s'accuſe,
Peut-il à ſon tranſport ſouffrir la moindre excuſe ?

M A R I N E T T E.

En effet ; je comprens que vous avez raiſon ,
Et que cette querelle eſt pure trahiſon.
Nous en tenons, Madame ; & puis, prêtons l'oreille
Aux bons chiens de pendards qui nous chantent merveille,
Qui, pour nous accrocher, feignent tant de langueur,
Laiſſons à leurs beaux mots fondre notre rigueur,
Rendons-nous à leurs vœux, trop foibles que nous ſommes ;
Foin de notre ſottiſe, & peſte ſoit des hommes !

L U C I L E.

Hé bien, bien, qu'il s'en vante, & rie à nos dépens,
Il n'aura pas ſujet d'en triompher long-tems ;

Et je lui ferai voir qu'en une ame bien faite
Le mépris suit de près la faveur qu'on rejette.

MARINETTE.

Au moins en pareil cas, est-ce un bonheur bien doux,
Quand on sait qu'on n'a point d'avantage sur nous;
Marinette eut bon nez, quoi qu'on en puisse dire,
De ne permettre rien un soir qu'on vouloit rire.
Quelqu'autre, sous l'espoir du *matrimonion*,
Auroit ouvert l'oreille à la tentation; -
Mais moi, *nescio vos.*

LUCILE.

     Que tu dis de folies,
Et choisis mal ton tems pour de telles saillies!
Enfin je suis touchée au cœur sensiblement;
Et si jamais celui de ce perfide amant,
Par un coup de bonheur, dont j'aurois tort, je pense,
De vouloir à présent concevoir l'espérance;
(Car le ciel a trop pris plaisir de m'affliger,
Pour me donner celui de me pouvoir venger.)
Quand, dis-je, par un sort à mes désirs propice,
Il reviendroit m'offrir sa vie en sacrifice,
Détester à mes pieds l'action d'aujourd'hui,
Je te défends, sur-tout, de me parler pour lui.
Au contraire, je veux que ton zèle s'exprime
A me bien mettre aux yeux la grandeur de son crime;
Et même, si mon cœur étoit pour lui tenté
De descendre jamais à quelque lâcheté,

Que ton affection me soit alors sévère,
Et tienne, comme il faut, la main à ma colère.

MARINETTE.

Vraiment, n'ayez point peur, & laissez faire à nous,
J'ai pour le moins autant de colère que vous ;
Et je serois plutôt fille toute ma vie,
Que mon gros traître aussi me redonnât envie....
S'il vient....

SCENE V.

ALBERT, LUCILE, MARINETTE.

ALBERT.

Rentrez, Lucile, & me faites venir
Le Précepteur ; je veux un peu l'entretenir,
Et m'informer de lui qui me gouverne Ascagne,
S'il fait point quel ennui depuis peu l'accompagne.

SCÈNE VI.

ALBERT, *seul.*

En quel gouffre de soins & de perplexité
Nous jette une action faite sans équité ?
D'un enfant supposé par mon trop d'avarice
Mon cœur depuis long tems souffre bien le supplice ;

Et quand je vois les maux où je me fuis plongé,
Je voudrois à ce bien n'avoir jamais fongé.
Tantôt je crains de voir, par la fourbe éventée,
Ma famille en opprobre & misère jetée ;
Tantôt pour ce fils-là qu'il me faut conferver,
Je crains cent accidens qui peuvent arriver.
S'il advient que dehors quelque affaire m'appelle ;
J'appréhende au retour cette trifte nouvelle :
Las, vous ne favez pas, vous l'a-t-on annoncé ?
Votre fils a la fièvre, ou jambe, ou bras caffé [10] :
Enfin, à tous mómens fur quoi que je m'arrête,
Cent fortes de chagrins me roulent dans la tête.
Ah !...

SCENE VII.
ALBERT, MÉTAPHRASTE.

MÉTAPHRASTE.

MANDATUM tuum curo diligenter.

ALBERT.

Maître, j'ai voulu...

MÉTAPHRASTE.

Maître eft dit *à magis ter* [11].
C'eft comme qui diroit trois fois plus grand.

ALBERT.

Je meure,
Si je favois cela. Mais, foit, à la bonne heure.
Maître,

Maître, donc...

MÉTAPHRASTE.

Pourſuivez.

ALBERT.

Je veux pourſuivre auſſi ;
Mais ne pourſuivez point, vous, d'interrompre ainſi.
Donc, encore une fois, maître, c'eſt la troiſième,
Mon fils me rend chagrin, vous ſavez que je l'aime,
Et que ſoigneuſement je l'ai toujours nourri.

MÉTAPHRASTE.

Il eſt vrai ; *Filio non poteſt præferri*
Niſi filius.

ALBERT.

Maître, en diſcourant enſemble,
Ce jargon n'eſt pas fort néceſſaire, me ſemble ;
Je vous crois grand latin, & grand Docteur juré,
Je m'en rapporte à ceux qui m'en ont aſſuré :
Mais dans un entretien qu'avec vous je deſtine,
N'allez point déployer toute votre doctrine,
Faire le pédagogue, & cent mots me cracher,
Comme ſi vous étiez en chaire pour prêcher.
Mon père, quoiqu'il eût la tête des meilleures,
Ne m'a jamais rien fait apprendre que mes heures,
Qui, depuis cinquante ans dites journellement,
Ne ſont encor pour moi, que du haut Allemand.
Laiſſez donc en repos votre ſcience auguſte,
Et que votre langage à mon foible s'ajuſte.

MÉTAPHRASTE.

Soit.

ALBERT.

A mon fils, l'hymen me paroît faire peur;
Et fur quelque parti que je fonde fon cœur,
Pour un pareil lien il eft froid & recule.

MÉTAPHRASTE.

Peut-être a-t-il l'humeur du frère de Marc-Tulle,
Dont avec Atticus le même fait *fermon ;*
Et comme auffi les Grecs difent *Atanaton...*

ALBERT.

Mon Dieu, maître éternel, laiffez là, je vous prie,
Les Grecs, les Albanois, avec l'Efclavonie,
Et tous ces autres gens dont vous voulez parler;
Eux & mon fils n'ont rien enfemble à démêler.

MÉTAPHRASTE.

Hé bien donc, votre fils ?

ALBERT.

      Je ne fais fi dans l'ame
Il ne fentiroit point une fecrette flamme ;
Quelque chofe le trouble, ou je fuis fort déçu ;
Et je l'apperçus, hier fans en être apperçu [12],
Dans un recoin du bois où nul ne fe retire.

MÉTAPHRASTE.

Dans un lieu reculé du bois, voulez-vous dire?

Un endroit écarté? *Latinè, feceſſus,*
Virgile l'a dit, *Eſt in feceſſu locus....*

ALBERT.

Comment auroit-il pu l'avoir dit ce Virgile,
Puiſque je ſuis certain que, dans ce lieu tranquille,
Ame du monde enfin n'étoit lors que nous deux.

MÉTAPHRASTE.

Virgile eſt nommé là comme un auteur fameux
D'un terme plus choiſi que le mot que vous dites,
Et non comme témoin de ce qu'hier vous vîtes.

ALBERT.

Et moi, je vous dis, moi, que je n'ai pas beſoin
De terme plus choiſi, d'auteur, ni de témoin,
Et qu'il ſuffit ici de mon ſeul témoignage.

MÉTAPHRASTE.

Il faut choiſir pourtant les mots mis en uſage
Par les meilleurs auteurs. *Tu vivendo, bonos,*
Comme on dit, *ſcribendo, ſequare peritos.*

ALBERT.

Homme, ou démon, veux-tu m'entendre ſans conteſt

MÉTAPHRASTE.

Quintilien en fait le précepte.

ALBERT.

La peſte

Soit du cauſeur!

T ij

MÉTAPHRASTE.

Et dit là-deſſus doctement
Un mot que vous ſerez bien aiſe aſſurément
D'entendre.

ALBERT.

Je ſerai le diable qui t'emporte,
Chien d'homme! O, que je ſuis tenté d'étrange ſorte
De faire ſur ce muſle une application !

MÉTAPHRASTE.

Mais qui cauſe, Seigneur, votre inflammation?
Que voulez-vous de moi?

ALBERT.

Je veux que l'on m'écoute
Vous ai-je dit vingt fois, quand je parle.

MÉTAPHRASTE.

Ah, ſans doute;
Vous ſerez ſatisfait, s'il ne tient qu'à cela,
Je me tais.

ALBERT.

Vous ferez ſagement.

MÉTAPHRASTE.

Me voilà
Tout prêt de vous ouïr.

ALBERT.

Tant mieux.

MÉTAPHRASTE.

Que je trépasse,

Si je dis plus mot.

ALBERT.

Dieu vous en fasse la grace.

MÉTAPHRASTE.

Vous n'accuserez point mon caquet désormais.

ALBERT.

Ainsi soit-il.

MÉTAPHRASTE.

Parlez quand vous voudrez.

ALBERT.

J'y vais.

MÉTAPHRASTE.

Et n'appréhendez plus l'interruption nôtre.

ALBERT.

C'est assez dit.

MÉTAPHRASTE.

Je suis exact plus qu'aucun autre.

ALBERT.

Je le crois.

MÉTAPHRASTE.

J'ai promis que je ne dirai rien,

ALBERT.

Suffit.

T iij

MÉTAPHRASTE.

Dès-à-préfent je fuis muet.

ALBERT.

Fort bien.

MÉTAPHRASTE.

Parlez ; courage ; au moins je vous donne audience.
Vous ne vous plaindrez pas de mon peu de filence :
Je ne defferre pas la bouche feulement.

ALBERT *à part.*

Le traître !

MÉTAPHRASTE.

Mais, de grace, achevez vîtement :
Depuis long-tems j'écoute, il eft bien raifonnable
Que je parle à mon tour.

ALBERT.

Donc, bourreau déteftable....

MÉTAPHRASTE.

Hé, bon Dieu ! Voulez-vous que j'écoute à jamais ?
Partageons le parler du moins, ou je m'en vais.

ALBERT.

Ma patience eft bien....

MÉTAPHRASTE.

Quoi, voulez-vous pourfuivre ?
Ce n'eft pas encor fait ? *Per Jovem*, je fuis ivre !

ALBERT.

Je n'ai pas dit.....

MÉTAPHRASTE.

Encor? Bon Dieu, que de difcours!
Rien n'eft-il fuffifant d'en arrêter le cours?

ALBERT.

J'enrage.

MÉTAPHRASTE.

De rechef? ô l'étrange torture!
Hé! laiffez-moi parler un peu, je vous conjure:
Un fot qui ne dit mot, ne fe diftingue pas
D'un favant qui fe tait.

ALBERT.

Parbleu, tu te tairas.

SCÈNE VIII.

MÉTAPHRASTE *feul.*

D'OU vient fort à propos cette fentence expreffe
D'un philofophe: parle, afin qu'on te connoiffe.
Doncques fi de parler le pouvoir m'eft ôté,
Pour moi, j'aime autant perdre auffi l'humanité,
Et changer mon effence en celle d'une bête.
Me voilà pour huit jours avec un mal de tête.
Oh, que les grands parleurs par moi font déteftés!
Mais quoi! Si les favans ne font pas écoutés,
Si l'on veut que toujours ils aient la bouche clofe,
Il faut donc renverfer l'ordre de chaque chofe.

T iv

Que les poules dans peu dévorent les renards ;
Que les jeunes enfans remontrent aux vieillards ;
Qu'à pourſuivre les loups les agnelets s'ébattent ;
Qu'un fou faſſe les loix, que les femmes combattent ;
Que par les criminels les Juges ſoient jugés,
Et par les écoliers les maîtres fuſtigés ;
Que le malade au ſain préſente le remède ;
Que le lièvre craintif....

SCENE IX.

ALBERT, MÉTAPHRASTE.

*Albert ſonne aux oreilles de Métaphraſte une cloche
de mulet, qui le fait fuir* [13].

MÉTAPHRASTE *fuyant.*

Iséricorde ! à l'aide !

Fin du ſecond Acte.

ACTE III.

SCÈNE PREMIÈRE.

MASCARILLE.

Le ciel par fois feconde un deffein téméraire[1],
Et l'on fort, comme on peut, d'une méchante affaire,
Pour moi, qu'une imprudence a trop fait difcourir,
Le remède plus prompt où j'ai fû recourir,
C'eft de pouffer ma pointe, & dire en diligence
A notre vieux patron toute la manigance.
Son fils, qui m'embarraffe, eft un évaporé :
L'autre diable difant ce que j'ai déclaré,
Gare une irruption fur notre fripperie :
Au moins, avant qu'on puiffe échauffer fa furie,
Quelque chofe de bon nous pourra fuccéder,
Et les vieillards entr'eux fe pourront accorder.
C'eft ce qu'on va tenter ; & de la part du nôtre,
Sans perdre un feul moment, je m'en vais trouver l'autre.

(*Il frappe à la porte d'Albert.*)

SCÈNE II.

ALBERT, MASCARILLE.

ALBERT.

Qui frappe?

MASCARILLE.

Ami.

ALBERT.

Oh, oh, qui te peut amener,
Mascarille!

MASCARILLE.

Je viens, Monsieur, pour vous donner
Le bon jour.

ALBERT.

Ah, vraiment tu prends beaucoup de peine:
De tout mon cœur, bon jour.

(*Il s'en va.*)

MASCARILLE.

La réplique est soudaine.
Quel homme brusque!

(*Il heurte.*)

ALBERT.

Encor?

MASCARILLE.

                Vous n'avez pas oui,

Monfieur...

ALBERT.

Ne m'as tu pas donné le bon jour?

MASCARILLE.

                       Oui.

ALBERT.

Hé bien, bon jour, te dis-je.

        (*Il s'en va, Mafcarille l'arrête.*)

MASCARILLE.

              Oui; mais je viens encore

Vous faluer au nom du feigneur Polidore.

ALBERT.

Ah, c'eft un autre fait! Ton maître t'a chargé

De me faluer?

MASCARILLE.

   Oui.

ALBERT.

                 Je lui fuis obligé;

Vas[2], que je lui fouhaite une joie infinie.

                  (*il s'en va.*)

MASCARILLE.

Cet homme eft ennemi de la cérémonie.

                (*Il heurte.*)

Je n'ai pas achevé, Monfieur, fon compliment;

Il voudroit vous prier d'une chofe inftamment.

ALBERT.

Hé bien, quand il voudra, je fuis à fon fervice.

MASCARILLE *l'arrêtant.*

Attendez, & fouffrez qu'en deux mots je finiffe.
Il fouhaite un moment pour vous entretenir
D'une affaire importante, & doit ici venir.

ALBERT.

Hé, quelle eft-elle encor l'affaire qui l'oblige
A me vouloir parler?

MASCARILLE.

   Un grand fecret, vous dis-je,
Qu'il vient de découvrir en ce même moment,
Et qui, fans doute, importe à tous deux grandement.
Voilà mon ambaffade.

SCÈNE III.

ALBERT *feul.*

  O JUSTE CIEL! je tremble:
Car enfin nous avons peu de commerce enfemble.
Quelque tempête va renverfer mes deffeins,
Et ce fecret, fans doute, eft celui que je crains.
L'efpoir de l'intérêt m'a fait quelque infidèle,
Et voilà fur ma vie une tache éternelle.
Ma fourbe eft découverte. Oh, que la vérité
Se peut cacher long-tems avec difficulté!

Et qu'il eût mieux valu pour moi, pour mon eſtime,
Suivre les mouvemens d'une peur légitime,
Par qui je me ſuis vu tenté plus de vingt fois
De rendre à Polidore un bien que je lui dois,
De prévenir l'éclat où ce coup-ci m'expoſe,
Et faire qu'en douceur paſsât toute la choſe.
Mais, hélas ! c'en eſt fait, il n'eſt plus de ſaiſon,
Et ce bien, par la fraude entré dans ma maiſon,
N'en ſera point tiré, que dans cette ſortie
Il n'entraîne du mien la meilleure partie.

SCÈNE IV.

POLIDORE, ALBERT.

POLIDORE, *les quatre premiers vers ſans voir Albert.*

S'ÊTRE ainſi marié ſans qu'on en ait ſû rien !
Puiſſe cette action ſe terminer à bien !
Je ne ſais qu'en attendre ; & je crains fort du père
Et la grande richeſſe, & la juſte colère.
Mais je l'apperçois ſeul.

ALBERT.

Ciel, Polidore vient !

POLIDORE.

Je tremble à l'aborder.

ALBERT.

La crainte me retient.

POLIDORE.

Par où lui débuter ?

ALBERT.

Quel sera mon langage ?

POLIDORE.

Son ame est toute émue.

ALBERT.

Il change de visage.

POLIDORE.

Je vois, seigneur Albert, au trouble de vos yeux,
Que vous savez déjà qui m'amène en ces lieux.

ALBERT.

Hélas, oui !

POLIDORE.

La nouvelle a droit de vous surprendre,
Et je n'eusse pas cru ce que je viens d'apprendre.

ALBERT.

J'en dois rougir de honte & de confusion.

POLIDORE.

Je trouve condamnable une telle action.
Et je ne prétends point excuser le coupable.

ALBERT.

Dieu fait miséricorde au pécheur misérable.

POLIDORE.

C'eſt ce qui doit par vous être confidéré.

ALBERT.

Il faut être chrétien.

POLIDORE.

Il eſt très-aſſuré.

ALBERT.

Grace, au nom de Dieu, grace, ô ſeigneur Polidore!

POLIDORE.

Hé, c'eſt moi qui de vous préſentement l'implore!

ALBERT.

Afin de l'obtenir je me jette à genoux.

POLIDORE.

Je dois en cet état être plutôt que vous.

ALBERT.

Prenez quelque pitié de ma triſte aventure.

POLIDORE.

Je ſuis le ſuppliant dans une telle injure.

ALBERT.

Vous me fendez le cœur avec cette bonté.

POLIDORE.

Vous me rendez confus de tant d'humilité.

ALBERT.

Pardon, encor un coup!

POLIDORE.

Hélas ! pardon vous-même !

ALBERT.

J'ai de cette action une douleur extrême.

POLIDORE.

Et moi, j'en suis touché de même au dernier point.

ALBERT.

J'ose vous conjurer qu'elle n'éclate point.

POLIDORE.

Hélas, seigneur Albert, je ne veux autre chose !

ALBERT.

Conservons mon honneur.

POLIDORE.

Hé ! oui, je m'y dispose.

ALBERT.

Quant au bien qu'il faudra, vous-même en résoudrez.

POLIDORE.

Je ne veux de vos biens que ce que vous voudrez:
De tous ces intérêts je vous ferai le maître ;
Et je suis trop content si vous le pouvez être.

ALBERT.

Ah, quel homme de Dieu ! Quel excès de douceur !

POLIDORE.

Quelle douceur, vous-même, après un tel malheur !

ALBERT.

ALBERT.

Que puiſſiez-vous avoir toutes choſes proſpères!

POLIDORE.

Le bon Dieu vous maintienne!

ALBERT.

Embraſſons-nous en frères.

POLIDORE.

J'y conſens de grand cœur, & me réjouis fort
Que tout ſoit terminé par un heureux accord.

ALBERT.

J'en rends graces au ciel.

POLIDORE.

Il ne vous faut rien feindre,
Votre reſſentiment me donnoit lieu de craindre;
Et Lucile tombée en faute avec mon fils,
Comme on vous voit puiſſant & de biens & d'amis...

ALBERT.

Hé! que parlez-vous là de faute & de Lucile?

POLIDORE.

Soit, ne commençons point un diſcours inutile.
Je veux bien que mon fils y trempe grandement;
Même, ſi cela fait à votre allégement,
J'avouerai qu'à lui ſeul en eſt toute la faute;
Que votre fille avoit une vertu trop haute
Pour avoir jamais fait ce pas contre l'honneur,
Sans l'incitation d'un méchant ſuborneur;

Que le traître a séduit sa pudeur innocente,
Et de votre conduite ainsi détruit l'attente.
Puisque la chose est faite, & que, selon mes vœux,
Un esprit de douceur nous met d'accord tous deux,
Ne ramentevons rien, & réparons l'offense
Par la solennité d'une heureuse alliance.

ALBERT à part.

O Dieu, quelle méprise, & qu'est-ce qu'il m'apprend!
Je rentre ici d'un trouble en un autre aussi grand.
Dans ces divers transports je ne sais que répondre,
Et, si je dis un mot, j'ai peur de me confondre.

POLIDORE.

A quoi pensez-vous là, Seigneur Albert ?

ALBERT.

A rien.

Remettons, je vous prie, à tantôt l'entretien.
Un mal subit me prend, qui veut que je vous laisse.

SCÈNE V.

POLIDORE <i>seul.</i>

JE lis dedans son ame, & vois ce qui le presse.
A quoi que sa raison l'eût déjà disposé,
Son déplaisir n'est pas encor tout appaisé.
L'image de l'affront lui revient, & sa fuite
Tâche à me déguiser le trouble qui l'agite.

Je prends part à fa honte, & fon deuil m'attendrit.
·Il faut qu'un peu de tems remette fon efprit
La douleur trop contrainte aifément fe redouble.
Voici mon jeune fou d'où nous vient tout ce trouble.

SCÈNE VI.

POLIDORE, VALÈRE.

POLIDORE.

Enfin, le beau mignon ! vos bons déportemens
Troubleront les vieux jours d'un père à tous momens ;
Tous les jours vous ferez de nouvelles merveilles,
Et nous n'aurons jamais autre chofe aux oreilles.

VALÈRE.

Que fais-je tous les jours qui foit fi criminel ?
En quoi mériter tant le courroux paternel ?

POLIDORE.

Je fuis un étrange homme, & d'une humeur terrible,
D'accufer un enfant fi fage & fi paifible.
Las ! il vit comme un faint, & dedans la maifon
Du matin jufqu'au foir il eft en oraifon !
Dire qu'il pervertit l'ordre de la nature,
Et fait du jour la nuit ; ô la grande impofture !
Qu'il n'a confidéré père, ni parenté,
En vingt occafions ; horrible fauffeté !

V ij

Que de fraîche mémoire un furtif hymenée
A la fille d'Albert a joint sa destinée,
Sans craindre de la suite un désordre puissant;
On le prend pour un autre, & le pauvre innocent
Ne sait pas seulement ce que je lui veux dire.
Ah; chien⁵, que j'ai reçu du ciel pour mon martyre!
Te croiras-tu toujours? & ne pourrai-je pas
Te voir être une fois sage avant mon trépas?

VALÈRE *seul & rêvant.*

D'où peut venir ce coup? Mon ame embarrassée
Ne voit que Mascarille où jeter sa pensée.
Il ne sera pas homme à m'en faire un aveu.
Il faut user d'adresse, & me contraindre un peu
Dans ce juste courroux.

SCÈNE VIIᵉ.

VALÈRE, MASCARILLE.

VALÈRE.

Mascarille, mon père
Que je viens de trouver, sait toute notre affaire.

MASCARILLE.

Il la sait?

VALÈRE.

Oui.

MASCARILLE.

D'où diantre, a-t-il pu la savoir?

VALÈRE.

Je ne sais point sur qui ma conjecture asseoir;
Mais enfin d'un succès cette affaire est suivie,
Dont j'ai tous les sujets d'avoir l'ame ravie.
Il ne m'en a pas dit un mot qui fût fâcheux;
Il excuse ma faute, il approuve mes feux,
Et je voudrois savoir qui peut être capable
D'avoir pu rendre ainsi son esprit si traitable.
Je ne puis t'exprimer l'aise que j'en reçoi.

MASCARILLE.

Et que me diriez-vous, Monsieur, si c'étoit moi
Qui vous eût procuré cette heureuse fortune?

VALÈRE.

Bon! bon! tu voudrois bien ici m'en donner d'une.

MASCARILLE.

C'est moi, vous dis-je, moi, dont le patron le sait,
Et qui vous ai produit ce favorable effet.

VALÈRE.

Mais, là, sans te railler?

MASCARILLE.

Que le diable m'emporte
Si je fais raillerie, & s'il n'est de la sorte.

V. iij

VALÈRE *mettant l'épée à la main.*

Et qu'il m'entraîne, moi, si tout préfentement
Tu n'en vas recevoir le jufte payement.

MASCARILLE.

Ah, Monfieur, qu'eft-ce ceci ? Je défends la furprife [7].

VALÈRE.

C'eft la fidélité que tu m'avois promife ?
Sans ma feinte, jamais tu n'euffes avoué
Le trait que j'ai bien cru que tu m'avois joué.
Traître, de qui la langue à caufer trop habile,
D'un père contre moi vient d'échauffer la bile,
Qui me perds tout-à-fait ; il faut, fans difcourir,
Que tu meures.

MASCARILLE.

Tout beau, mon ame, pour mourir,
N'eft pas en bon état. Daignez, je vous conjure,
Attendre le fuccès qu'aura cette aventure.
J'ai de fortes raifons qui m'ont fait révéler
Un hymen que vous-même aviez peine à celer ;
C'étoit un coup d'état, & vous verrez l'iffue
Condamner la fureur que vous avez conçue.
De quoi vous fâchez-vous, pourvu que vos fouhaits
Se trouvent par mes foins pleinement fatisfaits,
Et voyent mettre à fin la contrainte où vous êtes ?

VALÈRE.

Et fi tous ces difcours ne font que des fornettes ?

MASCARILLE.

Toujours ferez vous lors à tems pour me tuer,
Mais enfin mes projets pourront s'effectuer.
Dieu fera pour les fiens[8], &, content dans la fuite,
Vous me remercierez de ma rare conduite.

VALÈRE.

Nous verrons. Mais Lucile...

MASCARILLE.

Alte, fon père fort.

SCÈNE VIII.

ALBERT, VALÈRE, MASCARILLE.

ALBERT ; *les cinq premiers vers fans voir Valère.*

Plus je reviens du trouble où j'ai donné d'abord,
Plus je me fens piqué de ce difcours étrange,
Sur qui ma peur prenoit un fi dangereux change :
Car Lucile foutient que c'eft une chanfon,
Et m'a parlé d'un air à m'ôter tout foupçon.
Ah ! Monfieur, eft-ce vous, de qui l'audace infigne
Met en jeu mon honneur, & fait ce conte indigne ?

MASCARILLE.

Seigneur Albert, prenez un ton un peu plus doux,
Et contre votre gendre ayez moins de courroux.

V iv

ALBERT.

Comment gendre? Coquin! tu portes bien la mine
De pouffer les refforts d'une telle machine,
Et d'en avoir été le premier inventeur.

MASCARILLE.

Je ne vois ici rien à vous mettre en fureur.

ALBERT.

Trouves-tu beau, dis-moi, de diffamer ma fille,
Et faire un tel fcandale à toute une famille?

MASCARILLE.

Le voilà prêt de faire en tout vos volontés.

ALBERT.

Que voudrois-je, finon qu'il dît des vérités?
Si quelque intention le preffoit pour Lucile,
La recherche en pouvoit être honnête & civile;
Il falloit l'attaquer du côté du devoir,
Il falloit de fon père implorer le pouvoir,
Et non pas recourir à cette lâche feinte,
Qui porte à la pudeur une fenfible atteinte.

MASCARILLE

Quoi! Lucile n'eft pas fous des liens fecrets
A mon maître?

ALBERT.
Non, traître, & n'y fera jamais.

MASCARILLE.

Tout doux : & s'il est vrai que ce soit chose faite,
Voulez-vous l'approuver cette chaîne secrette ?

ALBERT.

Et, s'il est constant, toi, que cela ne soit pas,
Veux-tu te voir casser les jambes & les bras ?

VALÈRE.

Monsieur, il est aisé de vous faire paroître
Qu'il dit vrai.

ALBERT.

Bon ! voilà l'autre encor, digne maître
D'un semblable valet. O les menteurs hardis !

MASCARILLE.

D'homme d'honneur, il est ainsi que je le dis.

VALÈRE.

Quel seroit notre but de vous en faire accroire ?

ALBERT *à part.*

Ils s'entendent tous deux comme larrons en foire.

MASCARILLE.

Mais venons à la preuve ; &, sans nous quereller,
Faites sortir Lucile & la laissez parler.

ALBERT.

Et si le démenti par elle vous en reste ?

MASCARILLE.

Elle n'en fera rien, Monsieur, je vous proteste.

Promettez à leurs vœux votre confentement;
Et je veux m'expofer au plus dur châtiment,
Si de fa propre bouche elle ne vous confeffe
Et la foi qui l'engage, & l'ardeur qui la preffe.

ALBERT.

Il faut voir cette affaire.

(*Il va frapper à fa porte.*)

MASCARILLE *à Valère.*

Allez, tout ira bien.

ALBERT.

Holà, Lucile, un mot.

VALÈRE *à Mafcarille.*

Je crains...

MASCARILLE.

Ne craignez rien.

SCENE IX.

LUCILE, ALBERT, VALÈRE, MASCARILLE.

MASCARILLE.

Seigneur Albert, au moins filence. Enfin, Madame,
Toute chofe confpire au bonheur de votre ame,
Et Monfieur votre père, averti de vos feux,
Vous laiffe votre époux & confirme vos vœux;
Pourvu que, baniffart toutes craintes frivoles,
Deux mots de votre aveu confirment nos paroles.

LUCILE.

Que me vient donc conter ce coquin affuré?

MASCARILLE.

Bon! me voilà déjà d'un beau titre honoré.

LUCILE.

Sachons un peu, Monfieur, quelle belle faillie
Fait ce conte galant qu'aujourd'hui l'on publie?

VALÈRE.

Pardon, charmant objet, un valet a parlé,
Et j'ai vu, malgré moi, notre hymen révélé.

LUCILE.

Notre hymen?

VALÈRE.

On fait tout, adorable Lucile,
Et vouloir déguifer eft un foin inutile.

LUCILE.

Quoi, l'ardeur de mes feux vous a fait mon époux?

VALÈRE.

C'eft un bien qui me doit faire mille jaloux :
Mais j'impute bien moins ce bonheur de ma flamme
A l'ardeur de vos feux, qu'aux bontés de votre ame.
Je fais que vous avez fujet de vous fâcher,
Que c'étoit un fecret que vous vouliez cacher,
Et j'ai de mes tranfports forcé la violence
A ne point violer votre expreffe défenfe ;
Mais...

MASCARILLE.

Hé bien, oui, c'eſt moi ; le grand mal que voilà !

LUCILE.

Eſt-il une impoſture égale à celle-là ?
Vous l'oſez ſoutenir en ma préſence même,
Et penſez m'obtenir par ce beau ſtratagême ?
O le plaiſant amant, dont la galante ardeur
Veut bleſſer mon honneur au défaut de mon cœur !
Et que mon père, ému de l'éclat d'un ſot conte,
Paye avec mon hymen qui me couvre de honte
Quand tout contribueroit à votre paſſion,
Mon père, les deſtins, mon inclination,
On me verroit combattre, en ma juſte colère,
Mon inclination, les deſtins & mon père,
Perdre même le jour avant que de m'unir
A qui, par ce moyen, auroit cru m'obtenir.
Allez ; & ſi mon ſexe avecque bienſéance
Se pouvoit emporter à quelque violence,
Je vous apprendrois bien à me traiter ainſi.

VALÈRE à *Maſcarille.*

C'en eſt fait, ſon courroux ne peut être adouci.

MASCARILLE.

- Laiſſez-moi lui parler. Hé ! Madame, de grace,
A quoi bon maintenant toute cette grimace ?
Quelle eſt votre penſée ? & quel bourru tranſport,
Contre vos propres vœux vous fait roidir ſi fort

Si Monſieur votre père étoit homme farouche,
Paſſe : mais il permet que la raiſon le touche ;
Et lui-même m'a dit qu'une confeſſion
Vous va tout obtenir de ſon affection.
Vous ſentez, je crois bien, quelque petite honte
A faire un libre aveu de l'amour qui vous domte ;
Mais, s'il vous a fait prendre un peu de liberté,
Par un bon mariage on voit tout rajuſté ;
Et, quoi que l'on reproche au feu qui vous conſomme
Le mal n'eſt pas ſi grand que de tuer un homme.
On ſait que la chair eſt fragile quelquefois,
Et qu'une fille enfin n'eſt ni caillou ni bois.
Vous n'avez pas été ſans doute la première,
Et vous ne ſerez pas, que je crois, la dernière[10].

LUCILE.

Quoi, vous pouvez ouir ces diſcours effrontés,
Et vous ne dites mot à ces indignités ?

ALBERT.

Que veux-tu que je die ? Une telle aventure
Me met tout hors de moi.

MASCARILLE.

                Madame, je vous jure
Que déjà vous devriez avoir tout confeſſé [11].

LUCILE.

Et quoi donc confeſſé ?

MASCARILLE.

                Quoi ? ce qui s'eſt paſſé

Entre mon maître & vous. La belle raillerie !

LUCILE.

Et que s'eſt-il paſſé, monſtre d'effronterie,
Entre ton maître & moi ?

MASCARILLE.

Vous devez, que je croi,
En ſavoir un peu plus de nouvelles que moi ;
Et pour vous cette nuit fut trop douce pour croire
Que vous puiſſiez ſi vîte en perdre la mémoire.

LUCILE.

C'eſt trop ſouffrir, mon père, un impudent valet.

(Elle lui donne un ſoufflet.)

SCÈNE X.

ALBERT, VALÈRE, MASCARILLE.

MASCARILLE.

JE crois qu'elle me vient de donner un ſoufflet.

ALBERT.

Vas, coquin, ſcélérat, ſa main vient ſur ta joue
De faire une action dont ſon père la loue.

MASCARILLE.

Et, nonobſtant cela, qu'un diable en cet inſtant
M'emporte, ſi j'ai dit rien que de très-conſtant.

ALBERT.

Et, nonobftant cela, qu'on me coupe une oreille,
Si tu portes fort loin une audace pareille.

MASCARILLE.

Voulez-vous deux témoins qui me juftifieront?

ALBERT.

Veux-tu deux de mes gens qui te bâtonneront?

MASCARILLE.

Leur rapport doit au mien donner toute créance.

ALBERT.

Leurs bras peuvent du mien réparer l'impuiffance.

MASCARILLE.

Je vous dis que Lucile agit par honte ainfi.

ALBERT.

Je te dis que j'aurai raifon de tout ceci.

MASCARILLE.

Connoiffez-vous Ormin, ce gros notaire habile?

ALBERT.

Connois-tu bien Grimpant, le bourreau de la ville?

MASCARILLE.

Et Simon le tailleur jadis fi recherché?

ALBERT.

Et la potence mife au milieu du marché?

MASCARILLE.

Vous verrez confirmer par eux cet hymenée.

ALBERT.

Tu verras achever par eux ta deſtinée.

MASCARILLE.

Ce ſont eux qu'ils ont pris pour témoins de leur foi.

ALBERT.

Ce ſont eux qui dans peu me vengeront de toi.

MASCARILLE.

Et ces yeux les ont vu s'entre-donner parole.

ALBERT.

Et ces yeux te verront faire la capriole.

MASCARILLE.

Et, pour ſigne, Lucile avoit un voile noir.

ALBERT.

Et, pour ſigne, ton front nous le fait aſſez voir.

MASCARILLE.

O, l'obſtiné vieillard !

ALBERT.

O, le fourbe damnable !
Vas, rends grace à mes ans qui me font incapable
De punir ſur le champ l'affront que tu me fais;
Tu n'en perds que l'attente, & je te le promets.

SCÈNE

SCÈNE XI.
VALÈRE, MASCARILLE.

VALÈRE.

Hé bien ? ce beau ſuccès que tu devois produire...

MASCARILLE.

J'entends à demi mot ce que vous voulez dire :
Tout s'arme contre moi ; pour moi de tous côtés
Je vois coups de bâtons & gibets apprêtés.
Auſſi, pour être en paix dans ce déſordre extrême,
Je me vais d'un rocher précipiter moi-même,
Si, dans le déſeſpoir dont mon cœur eſt outré,
Je puis en rencontrer d'aſſez haut à mon gré.
Adieu, Monſieur.

VALÈRE.

Non, non, ta fuite eſt ſuperflue ;
Si tu meurs, je prétends que ce ſoit à ma vue.

MASCARILLE.

Je ne ſaurois mourir quand je ſuis regardé,
Et mon trépas ainſi ſe verroit retardé.

VALÈRE.

Suis-moi, traître, ſuis-moi ; mon amour en furie
Te fera voir ſi c'eſt matière à raillerie.

MASCARILLE *seul.*

Malheureux Mascarille, à quels maux aujourd'hui
Te vois-tu condamné pour le péché d'autrui !

Fin du troisième Acte.

ACTE IV.

SCÈNE PREMIÈRE.

ASCAGNE, FROSINE.

FROSINE.

L'AVENTURE eſt fâcheuſe.

ASCAGNE.

Ah ! ma chère Froſine,
Le ſort abſolument a conclu ma ruine.
Cette affaire, venue aü point où la voilà,
N'eſt pas abſolument pour en demeurer là,
Il faut qu'elle paſſe outre ; & Lucile, & Valère,
Surpris des nouveautés d'un ſemblable myſtère,
Voudront chercher un jour dans ces obſcurités,
Par qui tous mes projets ſe verront avortés.
Car enfin, ſoit qu'Albert ait part au ſtratagême,
Ou qu'avec tout le monde on l'ait trompé lui-même,
S'il arrive une fois que mon ſort éclairci
Mette ailleurs tout le bien dont le ſien a groſſi,
Jugez s'il aura lieu de ſouffrir ma préſence :
Son intérêt détruit me laiſſe à ma naiſſance,
C'eſt fait de ſa tendreſſe ; &, quelque ſentiment
Où pour ma fourbe alors pût être mon amant,

Voudra-t-il avouer pour épouſe une fille
Qu'il verra ſans appui de bien & de famille?

F R O S I N E.

Je trouve que c'eſt-là raiſonner comme il faut,
Mais ces réflexions devoient venir plus tôt.
Qui vous a juſqu'ici caché cette lumière?
Il ne falloit pas être une grande ſorcière
Pour voir, dès le moment de vos deſſeins pour lui,
Tout ce que votre eſprit ne voit que d'aujourd'hui;
L'action le diſoit; & dès que je l'ai ſûe,
Je n'en ai prévu guère une meilleure iſſue.

A S C A G N E.

Que dois-je faire enfin? Mon trouble eſt ſans pareil:
Mettez-vous en ma place, & me donnez conſeil.

F R O S I N E.

Ce doit être à vous-même, en prenant votre place[1],
A me donner conſeil deſſus cette diſgrace:
Car je ſuis maintenant vous, & vous êtes moi:
Conſeillez-moi, Froſine; au point où je me voi,
Quel reméde trouver? Dites, je vous en prie.

A S C A G N E.

Hélas! ne traitez point ceci de raillerie;
C'eſt prendre peu de part à mes cuiſans ennuis
Que de rire, & de voir les termes où j'en ſuis.

F R O S I N E.

Aſcagne, tout de bon, votre ennui m'eſt ſenſible,
Et pour vous en tirer je ferois mon poſſible.

Mais que puis-je, après tout? Je vois fort peu de jour
A tourner cette affaire au gré de votre amour.

A S C A G N E.

Si rien ne peut m'aider, il faut donc que je meure.

F R O S I N E.

Ah! pour cela, toujours il eſt aſſez bonne heure:
La mort eſt un reméde à trouver quand on veut;
Et l'on s'en doit ſervir le plus tard que l'on peut.

A S C A G N E.

Non, non, Froſine, non; ſi vos conſeils propices
Ne conduiſent mon ſort parmi ces précipices,
Je m'abandonne toute aux traits du déſeſpoir.

F R O S I N E.

Savez-vous ma penſée? Il faut que j'aille voir
La... Mais Éraſte vient, qui pourroit nous diſtraire.
Nous pourrons, en marchant, parler de cette affaire.
Allons, retirons-nous.

SCÈNE II.

ÉRASTE, GROS-RENÉ.

É R A S T E.

Encore rebuté?.

G R O S - R E N É.

Jamais ambaſſadeur ne fut moins écouté.
A peine ai-je voulu lui porter la nouvelle
Du moment d'entretien que vous ſouhaitiez d'elle,

Qu'elle m'a répondu, tenant son quant-à-moi,
Vas, vas, je fais état de lui comme de toi,
Dis-lui qu'il se promène; & sur ce beau langage,
Pour suivre son chemin, m'a tourné le visage;
Et Marinette aussi, d'un dédaigneux museau,
Lâchant un, laisse nous, beau valet de carreau,
M'a planté là comme elle; & mon sort & le vôtre
N'ont rien à se pouvoir reprocher l'un à l'autre.

É R A S T E.

L'ingrate! Recevoir avec tant de fierté
Le prompt retour d'un cœur justement emporté!
Quoi! Le premier transport d'un amour qu'on abuse
Sous tant de vraisemblance est indigne d'excuse;
Et ma plus vive ardeur, en ce moment fatal,
Devoit être insensible au bonheur d'un rival?
Tout autre n'eût pas fait même chose à ma place,
Et se fût moins laissé surprendre à tant d'audace?
De mes justes soupçons suis-je sorti trop tard?
Je n'ai point attendu de sermens de sa part;
Et lorsque tout le monde encor ne sait qu'en croire,
Ce cœur impatient lui rend toute sa gloire,
Il cherche à s'excuser; & le sien voit si peu
Dans ce profond respect la grandeur de mon feu?
Loin d'assurer une ame, & lui fournir des armes,
Contre ce qu'un rival lui veut donner d'alarmes,
L'ingrate m'abandonne à mon jaloux transport,
Et rejette de moi, message, écrit, abord?

Ah! fans doute, un amour a peu de violence,
Qu'eft capable d'éteindre une fi foible offenfe ;
Et ce dépit fi prompt à s'armer de rigueur,
Découvre affez pour moi tout le fond de fon cœur,
Et de quel prix doit être à préfent à mon ame
Tout ce dont fon caprice a pu flatter ma flamme ?
Non, je ne prétends plus demeurer engagé
Pour un cœur où je vois le peu de part que j'ai ;
Et puifque l'on témoigne une froideur extrême
A conferver les gens, je veux faire de même.

Gros-René.

Et moi de même auffi. Soyons tous deux fâchés,
Et mettons notre amour au rang des vieux péchés.
Il faut apprendre à vivre à ce fexe volage,
Et lui faire fentir que l'on a du courage.
Qui fouffre fes mépris, les veut bien recevoir.
Si nous avions l'efprit de nous faire valoir,
Les femmes n'auroient pas la parole fi haute ;
Oh ! qu'elles nous font bien fières par notre faute !
Je veux être pendu, fi nous ne les verrions
Sauter à notre cou plus que nous ne voudrions [2],
Sans tous ces vils devoirs dont [3] la plûpart des hommes
Les gâtent tous les jours dans le fiècle où nous fommes.

Éraste.

Pour moi, fur toute chofe, un mépris me furprend ;
Et pour punir le fien par un autre auffi grand,

X iv

Je veux mettre en mon cœur une nouvelle flamme.

GROS-RENÉ.

Et moi, je ne veux plus m'embarraſſer de femme ;
A toutes je renonce, & crois, en bonne foi,
Que vous feriez fort bien de faire comme moi.
Car, voyez-vous, la femme eſt, comme on dit, mon maît
Un certain animal difficile à connoître,
Et de qui la nature eſt fort encline au mal 4 :
Et comme un animal eſt toujours animal,
Et ne ſera jamais qu'animal, quand ſa vie
Dureroit cent mille ans ; auſſi, ſans repartie,
La femme eſt toujours femme, & jamais ne ſera
Que femme, tant qu'entier le monde durera.
D'où vient qu'un certain Grec dit que ſa tête paſſe
Pour un ſable mouvant : car goûtez bien, de grace,
Ce raiſonnement-ci, lequel eſt des plus forts.
Ainſi que la tête eſt comme le chef du corps,
Et que le corps ſans chef eſt pire qu'une bête,
Si le chef n'eſt pas bien d'accord avec la tête,
Que tout ne ſoit pas bien réglé par le compas,
Nous voyons arriver de certains embarras ;
La partie brutale 5 alors veut prendre empire
Deſſus la ſenſitive, & l'on voit que l'un tire
A dia, l'autre à hurhaut ; l'un demande du mou,
L'autre du dur ; enfin tout va ſans ſavoir où ;
Pour montrer qu'ici bas, ainſi qu'on l'interprète,
La tête d'une femme eſt comme une girouette

Au haut d'une maifon, qui tourne au premier vent ;
C'eft pourquoi le coufin Ariftote fouvent
La compare à la mer ; d'où vient qu'on dit qu'au mon
On ne peut rien trouver de fi ftable que l'onde.
Or, par comparaifon ; car la comparaifon
Nous fait diftinctement comprendre une raifon,
Et nous aimons bien mieux, nous autres gens d'étude ;
Une comparaifon qu'une fimilitude.
Par comparaifon donc, mon maître, s'il vous plaît,
Comme on voit que la mer, quand l'orage s'accroît [6],
Vient à fe courroucer, le vent fouffle & ravage,
Les flots contre les flots font un remu-ménage
Horrible, & le vaiffeau, malgré le nautonnier,
Va tantôt à la cave, & tantôt au grenier :
Ainfi, quand une femme a fa tête fantafque,
On voit une tempête en forme de bourrafque,
Qui veut compétiter par de certains... propos,
Et lors un... certain vent, qui par... de certains flots,
De... certaine façon, ainfi qu'un banc de fable...
Quand... les femmes enfin ne valent pas le diable.

ÉRASTE.

C'eft fort bien raifonner.

GROS-RENÉ.

     Affez bien, Dieu merci ·
Mais je les vois, Monfieur, qui paffent par ici.
Tenez-vous ferme au moins.

ÉRASTE.

Ne te mets pas en peine.

GROS-RENÉ.

J'ai bien peur que ses yeux refferrent votre chaîne.

SCÈNE III.[7]

LUCILE, ÉRASTE, MARINETTE, GROS-RENÉ.

MARINETTE.

JE l'apperçois encor; mais ne vous rendez point.

LUCILE.

Ne me foupçonne pas d'être foible à ce point.

MARINETTE.

Il vient à nous.

ÉRASTE.

Non, non, ne croyez pas, Madame,
Que je revienne encor vous parler de ma flamme.
C'en eft fait; je me veux guérir, & connois bien
Ce que de votre cœur a poffédé le mien.
Un courroux fi conftant pour l'ombre d'une offenfe
M'a trop bien éclairci de votre indifférence,
Et je dois vous montrer que les traits du mépris
Sont fenfibles fur-tout aux généreux efprits.
Je l'avouerai, mes yeux obfervoient dans les vôtres
Des charmes qu'ils n'ont point trouvés dans tous les autres

Et le raviſſement où j'étois de mes fers,
Les auroit préférés à des ſceptres offerts.
Oui, mon amour pour vous, ſans doute, étoit extrêm
Je vivois tout en vous; & je l'avouerai même,
Peut-être qu'après tout j'aurai, quoiqu'outragé,
Aſſez de peine encore à m'en voir dégagé :
Poſſible que, malgré la cure qu'elle eſſaie,
Mon ame ſaignera long-tems de cette plaie,
Et qu'affranchi d'un joug qui faiſoit tout mon bien ;
Il faudra me réſoudre à n'aimer jamais rien.
Mais enfin, il n'importe ; & puiſque votre haine
Chaſſe un cœur tant de fois que l'amour vous ramène
C'eſt la dernière ici des importunités
Que vous aurez jamais de mes vœux rebutés.

LUCILE.

Vous pouvez faire aux miens la grace toute entière,
Monſieur, & m'épargner encor cette dernière.

ÉRASTE.

Hé bien, Madame, hé bien, ils ſeront ſatisfaits.
Je romps avecque vous, & j'y romps pour jamais,
Puiſque vous le voulez. Que je perde la vie
Lorſque de vous parler je reprendrai l'envie.

LUCILE.

Tant mieux ; c'eſt m'obliger.

ÉRASTE.

Non, non, n'ayez pas peur
Que je fauſſe parole ; euſſé-je un foible cœur

Jusques à n'en pouvoir effacer votre image,
Croyez que vous n'aurez jamais cet avantage
De me voir revenir.

L U C I L E.

Ce feroit bien en vain.

É R A S T E.

Moi-même de cent coups je percerois mon fein,
Si j'avois jamais fait cette baffeffe infigne
De vous revoir après ce traitement indigne.

L U C I L E.

Soit; n'en parlons donc plus.

É R A S T E.

Oui, oui, n'en parlons plus;
Et, pour trancher ici tous propos fuperflus,
Et vous donner, ingrate, une preuve certaine
Que je veux, fans retour, fortir de votre chaîne;
Je ne veux rien garder qui puiffe retracer
Ce que de mon efprit il me faut effacer.
Voici votre portrait; il préfente à la vue
Cent charmes merveilleux dont vous êtes pourvue;
Mais il cache fous eux cent défauts auffi grands,
Et c'eft un impofteur enfin que je vous rends.

G R O S - R E N É.

Bon.

L U C I L E.

Et moi, pour vous fuivre au deffein de tout rendre,
Voilà le diamant que vous m'avez fait prendre.

MARINETTE.

Fort bien.

ÉRASTE.

Il eſt à vous encor ce braſſelet.

LUCILE.

Et cette agathe à vous qu'on fit mettre en cachet.

ÉRASTE *lit.*

Vous m'aimez d'une amour extrême,
Éraſte, & de mon cœur voulez être éclairci ;
Si je n'aime Éraſte de même,
Au moins aimai-je fort qu'Eraſte m'aime ainſi.

LUCILE.

Vous m'aſſuriez par-là d'agréer mon ſervice ;
C'eſt une fauſſeté digne de ce ſupplice.

(Il déchire la lettre.)

LUCILE *lit.*

J'ignore le deſtin de mon amour ardente,
Et juſqu'à quand je ſouffrirai :
Mais je ſais, ô beauté charmante !
Que toujours je vous aimerai.

ÉRASTE.

Voilà qui m'aſſuroit à jamais de vos feux ;
Et la main, & la lettre, ont menti toutes deux.

(Elle déchire la lettre.)

GROS-RENÉ.

Pouſſez.

ÉRASTE.

Elle est de vous. Suffit, même fortune.

MARINETTE *à Lucile.*

Ferme.

LUCILE.

J'aurois regret d'en épargner aucune.

GROS-RENÉ *à Éraste.*

N'ayez pas le dernier.

MARINETTE *à Lucile.*

Tenez bon jusqu'au bout.

LUCILE.

Enfin voilà le reste.

ÉRASTE.

Et, grace au ciel, c'est tout.

Je sois exterminé, si je ne tiens parole.

LUCILE.

Me confonde le ciel, si la mienne est frivole.

ÉRASTE.

Adieu donc.

LUCILE.

Adieu donc.

MARINETTE *à Lucile.*

Voilà qui va des mieux

GROS-RENÉ *à Éraste.*

Vous triomphez.

MARINETTE *à Lucile.*

Allons, ôtez-vous de ses yeux.

GROS-RENÉ à *Éraste.*

Retirez-vous après cet effort de courage.

MARINETTE à *Lucile.*

Qu'attendez-vous encor ?

GROS-RENÉ à *Éraste.*

Que faut-il davantage ?

ÉRASTE.

Ah ! Lucile, Lucile, un cœur comme le mien
Se fera regretter, & je le fais fort bien.

LUCILE.

Éraste, Éraste, un cœur, fait comme est fait le vôtre,
Se peut facilement réparer par un autre.

ÉRASTE.

Non, non, cherchez par-tout, vous n'en aurez jamais
De si passionné pour vous, je vous promets.
Je ne dis pas cela pour vous rendre attendrie ;
J'aurois tort d'en former encore quelqu'envie.
Mes plus ardens respects n'ont pu vous obliger,
Vous avez voulu rompre ; il n'y faut plus songer :
Mais personne, après moi, quoi qu'on vous fasse ente
N'aura jamais pour vous de passion si tendre.

LUCILE.

Quand on aime les gens, on les traite autrement ;
On fait de leur personne un meilleur jugement.

ÉRASTE.

Quand on aime les gens, on peut de jalousie,
Sur beaucoup d'apparence, avoir l'ame saisie:
Mais alors qu'on les aime, on ne peut en effet
Se résoudre à les perdre; & vous, vous l'avez fait.

LUCILE.

La pure jalousie est plus respectueuse.

ÉRASTE.

On voit d'un œil plus doux une offense amoureuse.

LUCILE.

Non, votre cœur, Éraste, étoit mal enflammé.

ÉRASTE.

Non, Lucile, jamais vous ne m'avez aimé.

LUCILE.

Hé, je crois que cela foiblement vous soucie?!
Peut-être en seroit-il beaucoup mieux pour ma vie,
Si je... Mais laissons-là ces discours superflus:
Je ne dis point quels sont mes pensers là dessus.

ÉRASTE.

Pourquoi?

LUCILE.

Par la raison que nous rompons ensemble,
Et que cela n'est plus de saison, ce me semble.

ÉRASTE.

Nous rompons?

LUCILE,

LUCILE.

Oui vraiment; quoi, n'en est-ce pas fait?

ÉRASTE.

Et vous voyez cela d'un esprit satisfait?

LUCILE.

Comme vous.

ÉRASTE.

Comme moi?

LUCILE.

Sans doute. C'est foiblesse
De faire voir aux gens que leur perte nous blesse.

ÉRASTE.

Mais, cruelle, c'est vous qui l'avez bien voulu.

LUCILE.

Moi? point du tout; c'est vous qui l'avez résolu.

ÉRASTE.

Moi? Je vous ai cru-là faire un plaisir extrême.

LUCILE.

Point, vous avez voulu vous contenter vous-même.

ÉRASTE.

Mais si mon cœur encor revouloit sa prison [19];
Si, tout fâché qu'il est, il demandoit pardon?

LUCILE.

Non, non, n'en faites rien; ma foiblesse est trop grande,
J'aurois peur d'accorder trop tôt votre demande.

Tome I.   Y

É R A S T E.

Ah! vous ne pouvez pas trop tôt me l'accorder,
Ni moi fur cette peur trop tôt le demander;
Confentez-y, Madame, une flamme fi belle
Doit, pour votre intérêt demeurer immortelle.
Je le demande enfin, me l'accorderez-vous
Ce pardon obligeant?

L U C I L E.

Remenez-moi chez nous.

S C È N E I V.¹¹

M A R I N E T T E, G R O S - R E N É.

M A R I N E T T E.

O, la lâche perfonne!

G R O S - R E N É.

Ah, le foible courage!

M A R I N E T T E.

J'en rougis de dépit.

G R O S - R E N É.

J'en fuis gonflé de rage.
Ne t'imagine pas que je me rende ainfi.

M A R I N E T T E.

Et ne penfe pas, toi, trouver ta dupe auffi.

GROS-RENÉ.

Viens, viens frotter ton nez auprès de ma colère.

MARINETTE.

Tu nous prends pour une autre ; & tu n'as pas affaire
A ma fotte maîtreffe. Ardez le beau mufeau,
Pour nous donner envie encore de fa peau !
Moi, j'aurois de l'amour pour ta chienne de face,
Moi, je te chercherois ? Ma foi, l'on t'en fricaffe
Des filles comme nous.

GROS-RENÉ.

    Oui, tu le prends par-là ;
Tiens, tiens, fans y chercher tant de façon, voilà
Ton beau galant de neige [12], avec ta nompareille,
Il n'aura plus l'honneur d'être fur mon oreille.

MARINETTE.

Et toi, pour te montrer que tu m'es à mépris,
Voilà ton demi-cent d'épingles de Paris,
Que tu me donnas hier avec tant de fanfare.

GROS-RENÉ.

Tiens encor ton couteau, la pièce eft riche & rare ;
Il te coûta fix blancs, lorfque tu m'en fis don.

MARINETTE.

Tiens tes cifeaux avec ta chaîne de léton.

GROS-RENÉ.

J'oubliois d'avant-hier ton morceau de fromage,
Tiens. Je voudrois pouvoir rejeter le potage

Que tu me fis manger, pour n'avoir rien à toi.

MARINETTE.

Je n'ai point maintenant de tes lettres fur moi.
Mais j'en ferai du feu jufques à la dernière.

GROS-RENÉ.

Et des tiennes tu fais ce que j'en faurai faire.

MARINETTE.

Prends garde à ne venir jamais me reprier.

GROS-RENÉ.

Pour couper tout chemin à nous rapatrier,
Il faut rompre la paille. Une paille rompue
Rend, entre gens d'honneur, une affaire conclue.
Ne fais point les doux yeux, je veux être fâché.

MARINETTE.

Ne me lorgne point, toi, j'ai l'efprit trop touché.

GROS-RENÉ.

Romps; voilà le moyen de ne s'en plus dédire;
Romps. Tu ris, bonne bête!

MARINETTE.

            Oui, car tu me fais rire.

GROS-RENÉ.

La pefte foit ton ris; voilà tout mon courroux
Déjà dulcifié. Qu'en dis-tu? Romprons-nous,

Ou ne romprons-nous pas ?

MARINETTE.

Vois.

GROS-RENÉ.

Vois, toi.

MARINETTE.

Vois, toi-même.

GROS-RENÉ.

Eſt-ce que tu conſens que jamais je ne t'aime ?

MARINETTE.

Moi ? Ce que tu voudras.

GROS-RENÉ.

Ce que tu voudras, toi ;

Dis.

MARINETTE.

Je ne dirai rien.

GROS-RENÉ.

Ni moi non plus.

MARINETTE.

Ni moi.

GROS-RENÉ.

Ma foi, nous ferons mieux de quitter la grimace.
Touche, je te pardonne.

MARINETTE.

Et moi, je te fais grace.

Y iij

GROS-RENÉ.

Mon Dieu, qu'à tes appas je ſuis acoquiné!

MARINETTE.

Que Marinette eſt ſotte après ſon Gros-René!

Fin du quatrième Acte.

ACTE V.

SCÈNE PREMIÈRE.

MASCARILLE.

*D*ÈS que l'obſcurité régnera dans la ville [1],
Je me veux introduire au logis de Lucile ;
Vas vîte de ce pas préparer pour tantôt ,
Et la lanterne ſourde , & les armes qu'il faut.
Quand il m'a dit ces mots, il m'a ſemblé d'entendre [2],
Vas vîtement chercher un lieu pour te pendre.
Venez-çà , mon patron ; car , dans l'étonnement
Où m'a jeté d'abord un tel commandement ,
Je n'ai pas eu le tems de vous pouvoir répondre ;
Mais je vous veux ici parler & vous confondre :
Défendez-vous donc bien, & raiſonnons ſans bruit.
Vous voulez, dites-vous, aller voir cette nuit
Lucile ? *Oui, Maſcarille.* Et que penſez-vous faire ?
Un- action d'amant qui veut ſe ſatisfaire.
Une action d'un homme à fort petit cerveau,
Que d'aller ſans beſoin riſquer ainſi ſa peau.
Mais tu ſais quel motif à ce deſſein m'appelle ,
Lucile eſt irritée. Hé bien , tant pis pour elle.
Mais l'amour veut que j'aille appaiſer ſon eſprit.
Mais l'amour eſt un ſot qui ne ſait ce qu'il dit :

Y iv

Nous garantira-t-il cet amour, je vous prie,
D'un rival, ou d'un père, ou d'un frère en furie ?
Penſes-tu qu'aucun d'eux ſonge à nous faire mal ?
Oui, vraiment je le penſe; & ſur-tout, ce rival.
Maſcarille, en tout cas, l'eſpoir où je me fonde,
Nous irons bien armés, & ſi quelqu'un nous gronde,
Nous nous chamaillerons. Oui ? Voilà juſtement
Ce que votre valet ne prétend nullement :
Moi, chamailler ! Bon Dieu ! ſuis-je un Roland, mon m
Ou quelque Ferragus³ ? C'eſt fort mal me connoître.
Quand je viens à ſonger, moi, qui me ſuis ſi cher,
Qu'il ne faut que deux doigs d'un miſérable fer
Dans le corps, pour vous mettre un humain dans la bie
Je ſuis ſcandaliſé d'une étrange manière.
Mais tu ſeras armé de pied en cap. Tant pis,
J'en ſerai moins léger à gagner le taillis,
Et de plus, il n'eſt point d'armure ſi bien jointe,
Où ne puiſſe gliſſer une vilaine pointe.
Oh, tu ſeras ainſi tenu pour un poltron !
Soit : pourvu que toujours je branle le menton.
A table comptez-moi, ſi vous voulez, pour quatre,
Mais comptez-moi pour rien s'il s'agit de ſe battre :
Enfin ſi l'autre monde a des charmes pour vous,
Pour moi, je trouve l'air de celui-ci fort doux.
Je n'ai pas grande faim de mort ni de bleſſure,
Et vous ferez le ſot tout ſeul, je vous aſſure.

SCÈNE II.

VALÈRE, MASCARILLE.

VALERE.

JE n'ai jamais trouvé de jour plus ennuyeux.
Le soleil semble s'être oublié dans les cieux,
Et jusqu'au lit qui doit recevoir sa lumière,
Je vois rester encore une telle carrière,
Que je crois que jamais il ne l'achevera,
Et que de sa lenteur mon ame enragera.

MASCARILLE:

Et cet empressement pour s'en aller dans l'ombre,
Pêcher vîte à tâtons quelque sinistre encombre...
Vous voyez que Lucile entière en ses rebuts....

VALERE.

Ne me fais point ici de contes superflus.
Quand j'y devrois trouver cent embuches mortelles,
Je sens de son courroux des gênes trop cruelles ;
Et je veux l'adoucir, ou terminer mon sort.
C'est un point résolu.

MASCARILLE.

J'approuve ce transport :

Mais le mal eſt, Monſieur, qu'il faudra s'introduire
En cachette.

VALERE.

Fort bien.

MASCARILLE.

Et j'ai ſeur de vous nuire.

VALERE.

Et comment ?

MASCARILLE.

Une toux me tourmente à mourir,
Dont le bruit importun vous fera découvrir ;

(*Il touſſe.*)

De moment en moment... vous voyez le ſupplice.

VALERE.

Ce mal te paſſera, prends du jus de régliſſe.

MASCARILLE.

Je ne crois pas, Monſieur, qu'il ſe veuille paſſer.
Je ſerois ravi, moi, de ne vous point laiſſer ;
Mais j'aurois un regret mortel ſi j'étois cauſe
Qu'il fût à mon cher maître arrivé quelque choſe.

SCÈNE III.

VALERE, LA RAPIERE, MASCARILLE,

LA RAPIERE.

MONSIEUR, de bonne part je viens d'être informé
Qu'Erafte eft contre vous fortement animé,
Et qu'Albert parle auffi de faire pour fa fille
Rouer jambes & bras à votre Mafcarille 5.

MASCARILLE.

Moi ? Je ne fuis pour rien dans tout cet embarras.
Qu'ai-je fait pour me voir rouer jambes & bras ?
Suis-je donc gardien, pour employer ce ftyle,
De la virginité des filles de la ville ?
Sur la tentation ai-je quelque crédit,
Er puis-je mais 6, chétif, fi le cœur leur en dit ?

VALERE.

Oh, qu'ils ne feront pas fi méchans qu'ils le difent !
Et quelque belle ardeur que fes feux lui produifent,
Erafte n'aura pas fi bon marché de nous.

LA RAPIERE.

S'il vous faifoit befoin, mon bras eft tout à vous.
Vous favez de tout tems que je fuis un bon frère.

VALERE.

Je vous fuis obligé, Monfieur de la Rapiere.

LA RAPIERE.

J'ai deux amis auſſi que je vous puis donner,
Qui contre tous venans ſont gens à dégaîner,
Et ſur qui vous pourrez prendre toute aſſurance.

MASCARILLE.

Acceptez-les, Monſieur.

VALERE.

C'eſt trop de complaiſance.

LA RAPIERE.

Le petit Gille encore eût pu nous aſſiſter,
Sans le triſte accident qui vient de nous l'ôter.
Monſieur, le grand dommage & l'homme de ſervice!
Vous avez ſu le tour que lui fit la Juſtice;
Il mourut en Céſar, &, lui caſſant les os,
Le bourreau ne lui put faire lâcher deux mots.

VALERE.

Monſieur de la Rapiere, un homme de la ſorte
Doit être regretté: mais, quant à vôtre eſcorte
Je vous rends graces.

LA RAPIERE.

Soit; mais ſoyez averti
Qu'il vous cherche, & vous peut faire un mauvais parti.

VALERE.

Et moi, pour vous montrer combien je l'appréhende,
Je lui veux, s'il me cherche, offrir ce qu'il demande,
Et par toute la ville aller préſentement,
Sans être accompagné que de lui ſeulement.

SCÈNE IV.

VALERE, MASCARILLE.

MASCARILLE.

Quoi, Monſieur, vous voulez tenter Dieu? Quelle a
Las! vous voyez tous deux comme l'on nous menace.
Combien de tous côtés....

VALERE.

Que regardes-tu-là ?

MASCARILLE.

C'eſt qu'il ſent le bâton du côté que voilà.
Enfin , ſi maintenant ma prudence en eſt crue ,
Ne nous obſtinons point à reſter dans la rue ,
Allons nous renfermer.

VALERE.

Nous renfermer ? Faquin ,
Tu m'oſes propoſer un acte de coquin ?
Sus; ſans plus de diſcours, réſous-toi de me ſuivre.

MASCARILLE.

Hé! Monſieur, mon cher maître, il eſt ſi doux de vivre
On ne meurt qu'une fois; & c'eſt pour ſi longtems...

VALERE.

Je m'en vais t'aſſommer de coups , ſi je t'entends.

Afcagne vient ici, laiffons-le ; il faut attendre
Quel parti de lui-même il réfoudra de prendre.
Cependant avec moi viens prendre à la maifon
Pour nous frotter...

MASCARILLE.

Je n'ai nulle démangeaifon.
Que maudit foit l'amour , & les filles maudites,
Qui veulent en tâter, puis font les chatemites !

SCÈNE V.

ASCAGNE, FROSINE.

ASCAGNE.

Est-il bien vrai, Frofine, & ne rêvé-je point ?
De grace, comptez-moi bien tout de point en point.

FROSINE.

Vous en faurez affez le détail, laiffez faire [7].
Ces fortes d'incidens ne font, pour l'ordinaire,
Que redits trop de fois de moment en moment.
Suffit que vous fachiez qu'après ce teftament
Qui vouloit un garçon pour tenir fa promeffe,
De la femme d'Albert la dernière groffeffe
N'accoucha que de vous, & que lui, deffous main,
Ayant depuis long-tems concerté fon deffein,
Fit fon fils de celui d'Ignès la bouquetière,
Qui vous donna pour fienne à nourrir à ma mère.

La mort ayant ravi ce petit innocent
Quelques dix mois après, Albert étant abfent,
La crainte d'un époux & l'amour maternelle
Firent l'événement d'une rufe nouvelle.
Sa femme en fecret lors fe rendit fon vrai fang,
Vous devintes celui qui tenoit votre rang,
Et la mort de ce fils mis dans votre famille,
Se couvrit pour Albert de celle de fa fille.
Voilà de votre fort un myftère éclairci,
Que votre feinte mère a caché jufqu'ici;
Elle en dit des raifons, & peut en avoir d'autres,
Par qui fes intérêts n'étoient pas tous les vôtres.
Enfin, cette vifite, où j'efpérois fi peu,
Plus qu'on ne pouvoit croire, a fervi votre feu.
Cette Ignès vous relâche, & par votre autre affaire
L'éclat de fon fecret devenu néceffaire,
Nous en avons nous deux votre père informé,
Un billet de fa femme a le tout confirmé :
Et pouffant plus avant encore notre pointe,
Quelque peu de fortune à notre adreffe jointe,
Aux intérêts d'Albert, de Polidore, après,
Nous avons ajufté fi bien les intérêts,
Si doucement à lui déployé ces myftères,
Pour n'effaroucher pas d'abord trop les affaires ;
Enfin, pour dire tout, mené fi prudemment
Son efprit pas à pas à l'accommodement,
Qu'autant que votre père il montre de tendreffe
A confirmer les nœuds qui font votre allégreffe.

A S C A G N E.

Ah, Frofine, la joie où vous m'acheminez...
Hé! que ne dois-je point à vos foins fortunés !

F R O S I N E.

Au refte, le bon homme eft en humeùr de rire,
Et pour fon fils encor nous défend de rien. dire.

S C È N E V I.

POLIDORE, ASCAGNE, FROSINE.

P O L I D O R E.

APPROCHEZ.VOUS, ma fille, un tel nom m'eft permis
Et j'ai fu le fecret que cachoient ces habits.
Vous avez fait un trait, qui, dans fa hardieffe,
Fait briller tant d'efprit & tant de gentilleffe,
Que je vous en excufe, & tiens mon fils heureux
Quand il faura l'objet de fes foins amoureux.
Vous valez tout un monde; & c'eft moi qui l'affure.
Mais le voici; prenons plaifir de l'aventure [8].
Allez faire venir tous vos gens promptement.

A S C A G N E.

Vous obéir fera mon premier compliment.

SCÈNE VII.

POLIDORE, VALÈRE, MASCARILLE.

MASCARILLE *à Valère.*

LES difgraces fouvent font du ciel révélées.
J'ai fongé cette nuit de perles défilées,
Et d'œufs caffés; Monfieur, un tel fonge m'abat.

VALÈRE.

Chien de poltron !

POLIDORE.

Valère, il s'apprête un combat
Où toute ta valeur te fera néceffaire.
Tu vas avoir en tête un puiffant adverfaire.

MASCARILLE.

Et perfonne, Monfieur, qui fe veuille bouger
Pour retenir des gens qui fe vont égorger?
Pour moi, je le veux bien, mais au moins, s'il arrive
Qu'un funefte accident de votre fils vous prive,
Ne m'en accufez point.

POLIDORE.

Non, non, en cet endroit,
Je le pouffe moi-même à faire ce qu'il doit.

MASCARILLE.

Père dénaturé !

Tome I.   Z

VALÈRE.

Ce fentiment, mon père,
Eft d'un homme de cœur, & je vous en révère.
J'ai dû vous offenfer, & je fuis criminel
D'avoir fait tout ceci fans l'aveu paternel ;
Mais, à quelque dépit que ma faute vous porte,
La Nature toujours fe montre la plus forte [9],
Et votre honneur fait bien, quand il ne veut pas voir
Que le tranfport d'Erafte ait de quoi m'émoûvoir.

POLIDORE.

On me faifoit tantôt redouter fa menace ;
Mais les chofes depuis ont bien changé de face ;
Et, fans le pouvoir fuir, d'un ennemi plus fort
Tu vas être attaqué.

MASCARILLE.

Point de moyen d'accord ?

VALÈRE.

Moi, le fuir ! Dieu m'en garde. Et qui donc pourroit-ce être

POLIDORE.

Afcagne.

VALÈRE.

Afcagne ?

POLIDORE.

Oui, tu le vas voir paroître [10].

VALÈRE.

Lui, qui de me servir m'avoit donné sa foi.

POLIDORE.

Oui, c'est lui qui prétend avoir affaire à toi ;
Et qui veut, dans le champ où l'honneur vous appelle,
Qu'un combat seul à seul vuide votre querelle.

MASCARILLE.

C'est un brave homme, il sait que les cœurs généreux
Ne mettent point les gens en compromis pour eux.

POLIDORE.

Enfin, d'une imposture ils te rendent coupable,
Dont le ressentiment m'a paru raisonnable ;
Si bien qu'Albert & moi sommes tombés d'accord
Que tu satisferois Ascagne sur ce tort ;
Mais aux yeux d'un chacun, & sans nulles remises,
Dans les formalités en pareils cas requises.

VALÈRE.

Et Lucile, mon père, a d'un cœur endurci...

POLIDORE.

Lucile épouse Éraste, & te condamne aussi :
Et, pour convaincre mieux tes discours d'injustice,
Veut qu'à tes propres yeux cet hymen s'accomplisse.

VALÈRE.

Ah ! c'est une impudence à me mettre en fureur :
Elle a donc perdu sens, foi, conscience, honneur.

SCÈNE VIII.

ALBERT, POLIDORE, LUCILE, ÉRASTE,
VALÉRE, MASCARILLE.

ALBERT.

HÉ BIEN, les combattans? On amène le nôtre.
Avez-vous difpofé le courage du vôtre?

VALÈRE.

Oui, oui, me voilà prêt, puifqu'on m'y veut forcer,
Et fi j'ai pu trouver fujet de balancer,
Un refte de refpect en pouvoit être caufe,
Et non pas la valeur du bras que l'on m'oppofe;
Mais c'eft trop me poufler, ce refpect eft à bout,
A toute extrêmité mon efprit fe réfout,
Et l'on fait voir un trait de perfidie étrange
Dont il faut hautement que mon amour fe venge.

(*à Lucile.*)

Non pas que cet amour prétende encore à vous,
Tout fon feu fe réfout en ardeur de courroux;
Et quand j'aurai rendu votre honte publique,
Votre coupable hymen n'aura rien qui me pique,
Allez, ce procédé, Lucile, eft odieux,
A peine en puis-je croire au rapport de mes yeux;
C'eft de toute pudeur fe montrer ennemie,
Et vous devriez ¹¹ mourir d'une telle infamie.

LUCILE.

Un semblable discours me pourroit affliger,
Si je n'avois en main qui m'en saura venger.
Voici venir Ascagne [12], il aura l'avantage
De vous faire changer bien vîte de langage,
Et sans beaucoup d'effort.

SCÉNE DERNIÉRE.

ALBERT, POLIDORE, ASCAGNE, LUCILE,
ÉRASTE, VALÉRE, FROSINE, MARINETTE,
GROS-RENÉ, MASCARILLE.

VALÈRE.

IL ne le fera pas,
Quand il joindroit au sien encor vingt autres bras.
Je le plains de défendre une sœur criminelle;
Mais puisque son erreur me veut faire querelle,
Nous le satisferons, & vous, mon brave aussi.

ÉRASTE.

Je prenois intérêt tantôt à tout ceci;
Mais enfin, comme Ascagne a pris sur lui l'affaire,
Je ne veux plus en prendre, & je le laisse faire.

VALÈRE.

C'est bien fait; la prudence est toujours de saison.
Mais...

ÉRASTE.

Il saura pour tous vous mettre à la raison.

VALÈRE.

Lui?

POLIDORE.

Ne t'y trompes pas, tu ne sais pas encore
Quel étrange garçon est Ascagne.

ALBERT.

Il l'ignore;
Mais il pourra dans peu le lui faire savoir.

VALÈRE.

Sus donc, que maintenant il me le fasse voir.

MARINETTE.

Auxye ux de tous?

GROS-RENÉ.

Cela ne seroit pas honnête.

VALÈRE.

Se moque-t-on de moi? Je casserai la tête
A quelqu'un des rieurs. Enfin voyons l'effet.

ASCAGNE.

Non, non, je ne suis pas si méchant qu'on me fait;
Et dans cette aventure où chacun m'intéresse,
Vous allez voir plutôt éclater ma foiblesse,
Connoître que le ciel qui dispose de nous,
Ne me fit pas un cœur pour tenir contre vous,
Et qu'il vous réservoit pour victoire facile,
De finir le destin du frère de Lucile.
Oui, bien loin de vanter le pouvoir de mon bras,
Ascagne va par vous recevoir le trépas:

Mais il veut bien mourir, si sa mort nécessaire
Peut avoir maintenant de quoi vous satisfaire,
En vous donnant pour femme, en présence de tous,
Celle qui justement ne peut être qu'à vous.

VALÈRE.

Non, quand toute la terre, après sa perfidie
Et les traits effrontés...

ASCAGNE.

        Ah! souffrez que je die,
Valère, que le cœur qui vous est engagé,
D'aucun crime envers vous ne peut être chargé;
Sa flamme est toujours pure & sa constance extrême,
Et j'en prends à témoin votre père lui-même.

POLIDORE.

Oui, mon fils, c'est assez rire de ta fureur,
Et je vois qu'il est tems de te tirer d'erreur.
Celle à qui par serment ton ame est attachée,
Sous l'habit que tu vois à tes yeux est cachée;
Un intérêt de bien, dès ses plus jeunes ans,
Fit ce déguisement qui trompe tant de gens,
Et depuis peu l'amour en a su faire un autre,
Qui t'abusa, joignant leur famille à la nôtre.
Ne vas point regarder à tout le monde aux yeux.
Je te fais maintenant un discours sérieux.
Oui, c'est elle, en un mot, dont l'adresse subtile
La nuit reçut ta foi sous le nom de Lucile,

                   Z iv

Et qui, par ce reſſort qu'on ne comprenoit pas,
A ſemé parmi vous un ſi grand embarras.
Mais puiſqu'Aſcagne ici fait place à Dorothée,
Il faut voir de vos feux toute impoſture ôtée,
Et qu'un nœud plus ſacré donne force au premier.

ALBERT.

Et c'eſt-là juſtement ce combat ſingulier
Qui devoit envers nous réparer votre offenſe,
Et pour qui les édits n'ont point fait de défenſe.

POLIDORE.

Un tel événement rend tes eſprits confus :
Mais en vain tu voudrois balancer là-deſſus.

VALÈRE.

Non, non, je ne veux pas ſonger à m'en défendre;
Et ſi cette aventure a lieu de me ſurprendre,
La ſurpriſe me flatte, & je me ſens ſaiſir
De merveille à la fois, d'amour & de plaiſir :
Se peut-il que ces yeux?...

ALBERT.

Cet habit, cher Valère,
Souffre mal les diſcours que vous lui pourriez faire.
Allons ¹³ lui faire en prendre un autre, & cependant
Vous ſaurez le détail de tout cet incident.

VALÈRE.

Vous, Lucile, pardon ſi mon ame abuſée...¹⁴

LUCILE.

L'oubli de cette injure eſt une choſe aiſée.

ALBERT.

Allons, ce compliment se fera bien chez nous,
Et nous aurons loisir de nous en faire tous.

ÉRASTE.

Mais vous ne songez pas, en tenant ce langage,
Qu'il reste encore ici des sujets de carnage.
Voilà bien à tous deux notre amour couronné ;
Mais de son Mascarille & de mon Gros-René,
Par qui doit Marinette être ici possédée,
Il faut que par le sang l'affaire soit vuidée.

MASCARILLE.

Nenni, nenni, mon sang dans mon corps sied trop bien,
Qu'il l'épouse en repos, cela ne me fait rien.
De l'humeur que je sais la chère Marinette ¹⁵,
L'hymen ne ferme pas la porte à la fleurette.

MARINETTE.

Et tu crois que de toi je ferois mon galant ?
Un mari passe encor, tel qu'il est on le prend,
On n'y va pas chercher tant de cérémonie :
Mais il faut qu'un galant soit fait à faire envie.

GROS-RENÉ

Ecoute, quand l'hymen aura joint nos deux peaux,
Je prétends qu'on soit sourde à tous les damoiseaux.

MASCARILLE.

Tu crois te marier pour toi tout seul, compère ?

GROS-RENÉ.

Bien entendu, je veux une femme sévère,

Ou je ferai beau bruit.

MASCARILLE.

Hé, mon Dieu, tu feras
Comme les autres font, & tu t'adouciras.
Ces gens, avant l'hymen, si fâcheux & critiques,
Dégénèrent souvent en maris pacifiques.

MARINETTE.

Va, va, petit mari, ne crains rien de ma foi,
Les douceurs ne feront que blanchir contre moi;
Et je te dirai tout.

MASCARILLE.

O la fine pratique,
Un mari confident !

MARINETTE.

Taisez-vous, as de pique.

ALBERT.

Pour la troisième fois, allons-nous en chez nous,
Poursuivre en liberté des entretiens si doux [16].

F I N.

OBSERVATIONS
DE L'ÉDITEUR
SUR LE DÉPIT AMOUREUX.

ACTE PREMIER.
SCÈNE I.

[1] *VEUX-TU que je te die?* Il falloit que ce fut l'usage de dire *que je te die*, au lieu de *que je te dise*, car ici le dernier est égal pour le vers. M. de Vaugelas prétend qu'il y avoit des gens qui alloient jusqu'à dire, *quoique vous diiez*, pour *quoique vous disiez*; ce législateur de la langue décide que *quoique l'on die* n'est pas une faute, mais le *quoique vous diiez* lui paroît insupportable. M. Racine, en 1668, se sert encore du mot *die* pour *dise*. Voyez la Scène 7 du premier Acte *des Plaideurs : Monsieur, que je vous die*, &c. On le trouve même encore dans *Bajazet*, Acte 2, Scène 5. *J'épouserois, & qui? S'il faut que je le die*, &c. (*a*).

[2] *M'empoisonne à tous coups.* Ce mot *à tous coups* a vieilli & ne se dit plus.

[3] *Si j'ai lieu de rêver dessus cette aventure.* Dessus pour *sur*, qui est aujourd'hui le mot nécessaire.

4 *Dedans l'indifférence. Dedans* pour *dans*, même faute.

5 *Sans sujet ni demi.* Vieille expreſſion, hors d'uſage aujourd'hui. Cela pouvoit ſe paſſer dans le poëme burleſque de la Gigantomachie de Scarron.

> Or, vous n'avez qu'à vous réſoudre
> D'être ſans foudre ni demi, &c. *chant* 2.

6 *Avant que la chommer.* Il faut *avant que de la chommer*, ou *avant de la chommer.*

7 *Et mêmes à mes yeux. Même* n'admet point d's lorſqu'il peut ſe rendre en latin par l'adverbe *quidem;* Molière pouvoit dire aiſément *Et même à mes regards.* (*b*).

8 *A moins que la ſuivante en faſſe autant pour moi.* L'exactitude demande *n'en faſſe autant.* Mais du tems de Molière, les poëtes ſupprimoient à leur gré les particules négatives.

SCÈNE II.

9 ..... *Nous étions tout-à-l'heure ſur toi;* pour dire, *nous étions occupés. tout-à-l'heure à parler de toi.* Mauvaiſe tournure aiſée à éviter, en diſant: *Demande, nous parlions tout-à-l'heure de toi.*

10 *Et vous promets.* Le mot *promettre* eſt ici pour celui d'*aſſurer.* Si quelquefois ils peuvent s'employer l'un pour l'autre, c'eſt à l'égard d'une choſe qui doit

arriver, comme dans cette phrase : *Je vous promets,*
ou *Je vous assure que cela sera ;* mais on ne peut jamais dire comme Molière l'a fait, *Je vous promets...*
que vous n'êtes pas au Temple, &c. il falloit, *Je vous*
assure.

¹¹ *A moins que Valère se pende.* Il faut *ne se*
pende, autre correction aisée à faire : *A moins qu'un*
rival ne se pende.

¹² *Il est jaloux jusques en un tel point ;* pour *Il est*
jaloux jusqu'à ce point. Style lâche & négligé.

¹³ *Le grand secret pour quoi je vous ai tant cherché.*
L'exactitude demanderoit *pour lequel : Le secret pour*
lequel je vous ai tant cherché.

¹⁴ *Qu'on a dessus mon cœur.* Pour *que l'on a sur*
mon cœur.

¹⁵ *Pour vous on employera toute sorte d'efforts.* Molière qui a donné trois syllabes au mot *payera,* n'en
donne que trois à celui d'*employera.* Il profitoit ici
pour son vers de l'usage familier & populaire de le
prononcer ainsi ; usage qui depuis a fait régle.

S C È N E I I I.

¹⁶ Cette scène bien théâtrale , & à laquelle le
Secchi n'a point de part, est mieux écrite que les
deux précédentes ; aucun modèle ne gênoit ici le
talent de Molière : il est admirable quand il est lui-
même.

¹⁷ *Que je fuis en fa grace.* Mauvaife tournure &
mauvaife rime avec le mot *place* , qui eſt bref.

¹⁸ *Ne laiſſez point daper vos yeux à trop de foi. Da*
per à ne fe dit point.

SCÈNE IV.

¹⁹ Autre fcène fort comique & que Molière ńe
doit point à l'auteur Italien. On voit ici combien
Molière étoit rempli du Dialogue de Plaute & de
Térence.

²⁰ Le mot de *Rivalité* eſt , à ce qu'on dit , de la
création de Molière ; il n'ofa le rifquer encore que
dans la bouche d'un valet ; il a paſſé dans celle des
maîtres. Le mot *fériofité* qu'avoit rifqué Balzac , &
dont Vaugelas avoit fi bonne opinion , a été moins
heureux.

²¹ *Soit déf-enamourée* , &c. Cè mot ne fe trouve
point dans nos Dictionnaires , c'eſt une imitation
du mot Efpagnol *enamorado* enamouré , d'où Molière a fait le *Privatif déf-enamouré.* (*c*).

²² . . . . . *Tuez-moi fi j'impofe ,*
　En tout ce que j'ai dit ici , la moindre chofe.

Lorſqu'on fe fert du mot *impofer* pour tromper ,
abufer , fans régime , l'Académie décide qu'il faut
toujours dire *en impofer* , & non *impofer.* Mais
lorſque ce verbe eſt fuivi d'un régime , on peut

l'employer comme Molière l'a fait, puifqu'on di *impofer un crime à quelqu'un.*

SCÈNE V.

²³ .... *Et que c'eft une baie.* L'Académie décide que ce mot n'eft que du *ftyle familier*, & il paroît ici mal employé par Érafte, furieux de ce que vient de lui apprendre Mafcarille : les grands mouve- mens de l'ame excluent le *familier.*

SCÈNE VI.

²⁴ *Leftrigon*, peuple de la Campanie, dont les poëtes ont fait des Antropophages.

ACTE II.

SCÈNE I.

¹ **C**ᴇᴛ Aᴄᴛe commence par deux vers mafculins, quoique celui qui le précède finiffe par deux vers du même genre, ce qui eft une petite négligence.

² *Feindre à s'ouvrir à moi.* Le verbe *feindre* doit toujours être fuivi de la prépofition *de.*

³ Cette première fcène où le myftère de la fup- pofition d'enfant & du mariage fecret fe dévelop- pe entre Afcagne & Frofine, eft écrite difficile- ment, & les négligences du ftyle y font trop nom- breufes pour les remarquer ici. L'édition de 1682 marque quatre vers qui fe fupprimoient dans le rôle

de Frofine, commençant par *Et que fa mère fît un secret,* &c. & quatre autres encore commençant par *J'ai fu qu'en fecret même,* &c. Ces retranche-mens n'empêchent pas que Molière n'eut encore eu beaucoup de corrections à faire dans cette fcène, pour en rendre le ftyle naturel & facile, comme celui de fes autres piéces.

4 *Je fuis fa femme.*
         O Dieux, fa femme!
                 Oui, fa femme.

Oui, dans ce vers, a deux fyllabes comme dans les mots *épanoüi, évanoüi;* liberté qu'on prenoit encore lorfque le *Dépit Amoureux* parut, mais dont on ne peut ufer aujourd'hui. On verra que Molière, dans la même piéce, s'eft fervi de la même licence.

5 *Je la fuis,* &c. On ne connoiffoit point encore, du tems de Molière, cette régle, qui nous force aujourd'hui à écrire *je le fuis.* On fait que Madame de Sévigné craignoit qu'il ne lui vînt de la barbe, en difant d'elle même *je le fuis.* (*d*).

SCÈNE II.

6 *A moins que le ciel faffe,* &c. Il faut *que le ciel ne faffe.*

7 . . . . *Et croyez par avance*
   Que votre heur eft certain, &c.
Heur pour *bonheur* ne fe dit plus. Le *que* pouvant

                                                    fe

ſe ſupprimer, on peut rétablir le mot néceſſaire, *Et croyez par avance votre bonheur certain*, &c.

Cette ſcène, ainſi que la précédente, eſt écrite avec peine ; il ſemble que Molière n'ait plus le même talent lorſqu'il s'agit de faire une ſcène, dont le fond eſt peu vraiſemblable & peu naturel.

S C È N E III.

8 .... *Comment ! courir au change ?* pour *courir au changement*, ne ſe dit plus.

S C È N E IV.

9 *Un cœur ne péſe rien alors que l'on l'affronte.* Mauvais vers. *Qu'eſt-ce qu'un cœur qui ne péſe rien ?* Et puis ce *l'on l'aff* ....

S C È N E VI.

10 .... *Ou jambe, ou bras caſſé.* C'eſt une faute de n'avoir pas mis le mot *caſſé* au pluriel, puiſqu'il eſt précédé de deux ſubſtantifs avec leſquels il doit s'accorder.

S C È N E VII.

11 Cette ſcène du Pédagogue *Métaphraſte* & d'*Albert*, a ſervi de modèle à beaucoup de portraits de pédans. L'auteur de *la Fille mal gardée* y a pris, mot-à-mot, le trait plaiſant de *maître eſt dit à magiſter*, comme qui diroit *magis-ter*, *trois fois grand*. Il y a dans la piéce du *Secchi* un pédagogue *Hermogene*, mais peſant & triſte, & ne reſſemblant en rien à celui de Molière. Le *Jobelin* de Rabelais étoit pour notre auteur un modèle bien meilleur à suivre.

¹² *Et je l'apperçus hier sans en être apperçu.* Molière qui emploie ici le mot *hier* pour une syllabe, lui en a cependant donné deux dans la même scène, lorsqu'il dit, *Et non comme témoin de ce qu'hier vous vîtes.*

SCÈNE IX.

¹³ La cloche de mulet qu'*Albert* vient sonner aux oreilles de *Métaphraste*, & qui termine le second acte, excède le comique François, qui doit s'arrêter où commence la farce. *On ne souffriroit pas aujourd'hui*, dit M. Diderot, *qu'un père vînt avec une cloche de mulet mettre en fuite un pédant*, & il a raison. Mais il ne falloit pas que cet ingénieux auteur ajoutât, *ni qu'un mari se cachât sous une table pour s'assurer des discours qu'on tient à sa femme. Voyez* les Observations sur *le Tartuffe.*

ACTE III.

SCÈNE I.

¹ **C**et acte commence par des rimes féminines, quoique la dernière scène du précédent finisse par deux vers féminins.

SCÈNE II.

² *Vas, que je lui souhaite une joie infinie. Le que* qui suit le monosyllabe *vas*, n'est que pour la me-

fure du vers. L'ellipse est trop forte, s'il faut supposer le retranchement de *dis-lui que*, &c.

SCÈNE III.

³ *L'espoir de l'intérêt m'a fait quelque infidèle.* Ce
que Molière fait dire ici à Albert n'est point expri-
mé clairement.

SCÈNE IV.

⁴ La scène où les deux vieillards, se redoutant
tous deux, ne savent par où entamer les aveux qu'ils
ont à se faire, & se jettent aux genoux l'un de l'autre, est une scène très-plaisante & de génie, qui
est due à l'auteur Italien. Mais le *Secchi* l'a faite
longuement & avec beaucoup moins d'esprit &
d'art que Molière. C'est la scène 2ᵉ du 4ᵉ acte *de
l'Interresse.* L'embarras comique des deux sœurs de
la petite comédie *du Dédit*, pourroit bien devoir sa
naissance à la scène de Molière.

SCÈNE VI.

⁵ *Ah, chien, que j'ai reçu du ciel pour mon martyre!*
Cette invective d'un père outrage à la fois la nature & la bienséance.

SCÈNE VII.

⁶ Scène vive & théâtrale dans le goût de Plaute ;
contre lequel Molière luttoit déja avec avantage.

⁷ *Ah, Monsieur, qu'est-ce ceci?* Il y a une syllabe
de trop dans cet hémistiche. Les éditions qui ont

mis *Qu'eſt-ceci* n'ont pas moins fait une faute, puiſqu'il faudroit *qu'eſt-ce que ceci.* (e)

8 *Dieu ſera pour les ſiens*, dit le maraud de Maſcarille. On feroit aujourd'hui de grandes difficultés
pour paſſer ce demi-vers. Laiſſons-le jouir de la
liberté qu'il a trouvée dans un tems moins difficile,
& conſéquemment plus propre au comique.

SCÈNE IX.

9 *Sachons un peu, Monſieur, quelle belle ſaillie*
Fait ce conte galant qu'aujourd'hui l'on publie?

Style entortillé dont il y a plus d'un exemple dans
cette piéce, parce que Molière n'avoit point encore
perfectionné ſa façon d'écrire.

10 *Et vous ne ſerez pas, que je crois, la dernière.* En
ſubſtituant *je penſe* à *je crois*, on retrancheroit le
que inutile dans cette phraſe.

11 *Que déjà vous devriez avoir tout confeſſé.* La
prononciation du mot *devriez* en deux ſyllabes, eſt
d'une dureté inconcevable.

ACTE IV.

SCÈNE I.

1 **ON** ſupprimoit dans la première Scène huit vers
commençant par *Ce doit être à vous-même*, &c.

SCÈNE. II.

2 *Sauter à notre cou plus que nous ne voudrions.* On ne peut trop le remarquer. On ne conçoit pas comment l'Acteur pouvoit respecter la mesure du vers, en ne donnant que deux syllabes au mot *voudrions*. Molière dans ses commencemens a trop usé de cette liberté que s'étoient arrogée les Poëtes pour le supplice de l'oreille.

3 *Sans tous ces vils devoirs dont la plûpart des hommes les gâtent, &c.* La particule *dont* s'emploie, dit Vaugelas, pour *duquel, de laquelle;* mais on ne diroit point *les devoirs desquels on gâte.* Il y a donc une faute dans cette phrase, parce qu'on ne gâte pas d'une chose, mais par telle ou telle chose.

4 On retranchoit vingt vers de Gros-René dans cette Scène, commençant par *Et de qui la nature, &c.* mais il falloit sans doute changer le vingt-unième dont le sens est lié au vers qui le précéde.

5 *La partie brutale alors veut prendre empire.* Il étoit si aisé à Molière d'écrire *la partie animale,* qui est le mot propre, & qui éviteroit la négligence de ce vers, qu'on soupçonneroit presque que c'est une faute d'impression.

Gros-René se jette ici dans un galimatias à prétentions qui a été imité par bien des successeurs de Molière, & qui est toujours sûr de son succès.

⁶ .... .. *Mon maître , s'il vous plaît ,*
Comme on voit que la mer, quand l'orage s'accroît.

En 1675 on imprima des Remarques fur la lan-
gue , qui décidoient qu'il falloit écrire : *quoiqu'il en*
fait, pour *quoiqu'il en foit; je le crais,* pour *je le*
crois; un homme *drait,* pour *droit,* &c. ce qui
prouve que dès ce tems-là on avoit corrompu l'ancienne prononciation de ces mots, & qu'on pro-
nonçoit *s'accrait,* pour *s'accroît,* ce qui étoit néceſſaire pour la rime des deux vers de cette ſcène.

S C È N E I I I.

⁷ C'eſt à cette Scène qu'appartient principalement le ſuccès de cette Comédie ; c'eſt ce tableau
imité d'Horace que nous aimons à revoir ſur notre
Théâtre : Elle eſt écrite avec plus de pureté que les
autres, parce qu'elle eſt plus dans la nature. Nous
l'avons dit, on n'en trouve pas un mot dans la Comédie du *Secchi,* dont l'intrigue invraiſemblable &
romaneſque étouffa, pour ainſi dire, le talent de
Molière.

⁸ *Chaſſe un cœur tant de fois que l'amour vous ra-*
mène. Il étoit aiſé de ſauver l'inverſion de ce vers,
en diſant: *Tant de fois chaſſe un cœur que l'amour*
vous ramène.

⁹ *Hé je crois que cela foiblement vous ſoucie !* pour
dire que cela foiblement vous affecte. Mais la rime

a entraîné le mot *soucie* qui offense la langue, parce que *soucie* n'est point un verbe actif, mais un verbe réciproque.

10 *Mais si mon cœur encor revouloit sa prison.*
Voilà bien le *Quid ? si prisca redit Venus* d'Horace, ce qui ne laisse pas douter que Molière n'ait été plus guidé par le Poëte Latin, que par le prétendu canevas de *Gli Sdegni amorosi.*

SCÈNE IV.

11 Cette Scène offre plus d'une expression dont notre délicatesse actuelle est blessée. *Le demi-cent d'épingles de Paris, le couteau de six blancs, la chaîne de laiton,* & sur-tout le *morceau de fromage,* & le *potage* qu'on voudroit pouvoir rejeter, sont à la vérité des détails d'un goût bas & grossier. Mais *Gros-René* est annoncé comme un valet d'une plaisanterie ignoble. *Marinette* qui l'aime & qui dit, *Ardez le beau museau,* est bien de la même trempe. Des Valets de Bourgeois de 1650 étoient bien éloignés du bou air que notre luxe a laissé prendre à ceux d'aujourd'hui, parmi lesquels il se trouveroit encore quelque *Gros-René,* & même quelque *Marinette.* Un des plus grands défauts de notre coloris dramatique, est de n'être pas assez local & de ne pas varier ses nuances comme la nature.

Cependant il faut être de l'avis de M. Marmontel,

A a iv

lorfqu'il dit dans fa Poëtique page 401 : *Voilà ton demi-cent d'épingles de Paris*, eft du comique bas ; *je voudrois bien auffi te rendre ton potage*, eft du comique groffier : *la paille rompue*, eft un trait de génie.

¹² *Ton beau galant de neige.... à Galante Italico, Gallicum*, Galant, *vel* Galand, dit M. Guyet. C'étoit en Italie, felon le Dictionnaire *Della Crufca*, un ornement que les femmes portoient fur la poitrine. Ici ce doit être quelque ruban auquel on avoit donné ce nom, & dont les hommes paroient leurs chapeaux. (*f*)

ACTE V.

SCÈNE I.

C ᴇ ᴛ Acte commence par un monologue de Mafcarille, que l'on trouve dans la cinquième Scène du premier Acte de l'*Interreffe*. Cela peut donner l'idée du renverfement qu'a fait Molière de la machine du *Secchi*.

Il n'eft point au théâtre de monologue auffi plaifant, auffi gai que celui-ci. C'eft un modèle à propofer aux jeunes Auteurs. Il ne falloit qu'une Scène de cette efpèce pour annoncer les plus grands talens comiques. Mafcarille y caufe avec fon Maître, comme s'il étoit-là. Nous connoiffons dans une pièce moderne, bien éloignée du genre de Molière, *dans le Philosophe sans le savoir*, une heureuse imitation de ce soliloque dialogué : c'est lorsque le jeune-homme attend le bon Antoine qui doit lui ouvrir les portes ; il fait parler Antoine, il lui répond avec un feu, avec un naturel qui décèle dans M. Sedaine le talent même qu'il ne paroît pas toujours chercher.

On a cru devoir mettre en *Italique* les choses que Mascarille fait dire à Valère.

² *Il m'a semblé d'entendre*, ne s'écriroit pas aujourd'hui ; l'usage est de dire : *il m'a semblé que j'entendois*, ou tout au plus, *il m'a semblé entendre*, comme on dit, *il me semble voir*.

³ *Suis-je un Roland, mon Maître, ou quelque Ferragus ?* Il n'y a que ceux qui ignorent absolument la littérature Italienne, qui puissent ne pas savoir que *Roland & Ferragus* sont deux Héros de l'*Orlando furioso* de l'Ariofte.

SCÈNE II.

⁴ *Pêcher vîte à tâtons quelque sinistre encombre.* *Encombre*, dit l'Académie Françoise, dans son Dictionnaire, est vieux. Au rapport de Ménage, il nous vient du Latin barbare *incombrare*, fait de *combri*, qui signifie *un abbatis de bois*. Or on voit combien le mot de *Pêcher* est ici mal placé. Pêcher un abbatis de bois, ou un embarras. (*g*)

SCÈNE III.

⁵ Cette Scène où *la Rapierre* vient offrir à Valère
ses assassins à gages, & où il regrette la perte du
petit Gille, mort en César sur la roue, n'est point
dans l'ouvrage du *Secchi*, & quand elle y seroit,
cela ne justifieroit pas Molière de l'y avoir prise.
Il est vrai que Valère rejette un pareil moyen ;
mais pourquoi le proposer ? Dans la jeunesse de
notre Auteur, où la profession de spadassin étoit
une espèce d'état, où la fureur des combats étoit
une maladie épidémique, de semblables ressources
étoient peut-être moins rares qu'aujourd'hui :
il n'y a que cela qui ait pû présenter à Molière
un si lâche tableau. Dans la suite il vit avec plaisir ses Camarades faire le retranchement de huit
vers où se trouve cette image dégoûtante du petit
Gille.

⁶ *Et puis-je mais*, *chetif*, &c. Il y a une remarque de Scaliger sur ce mot de *mais*, dans cette signi-
fication : *il n'en peut mais*. Les Latins l'exprimoient
par *non potest magis*.

SCENE V.

⁷ Le récit que fait Frosine à Ascagne est d'un
embarras, d'une obscurité & d'une incorrection à
ne pas laisser concevoir qu'il soit de la main de Molière, qui depuis a dit naturellement les choses les
plus difficiles.

SCÈNE VI.

⁸ *Prenons plaifir de l'aventure.* Il faudroit, *prenons plaifir à l'aventure*, parce qu'on ne prend pas plaifir *de* quelque chofe, mais *à* quelque chofe.

SCÈNE VII.

⁹ *Mais à quelque dép't que ma faute vous porte,*
La nature toujours fe montre la plus forte.

Comment Valère peut-il dire à fon père que la nature en lui fe montre la plus forte, lorfque ce père paroît l'engager à un combat ? Ofera-t-on le dire ! c'eft un contre fens dans la bouche de Valère qui ne fait pas que fon père ne lui propofe qu'un combat peu dangereux.

¹⁰ *Afcagne. Afcagne? Oui, tu le vas voir paroître.* Il faut donner une double valeur au monofyllabe *oui,* pour que ce vers foit de mefure. On a vû plus haut cette licence.

SCENE VIII.

¹¹ *Et vous devriez mourir…* Il falloit que l'ufage du mot *devriez* en deux fyllabes fût bien indifférent, puifqu'il n'en auroit ici coûté à Molière, pour l'éviter, que retrancher la prépofition *Et.*

¹² *Voici venir Afcagne.* Le Dictionnaire de l'Académie Françoife au mot *Voici*, dit qu'il eft quelquefois fuivi d'un *que*, comme dans cette phrafe : *voici qu'il vient ;* mais il ne peut être fuivi d'un in-

finitif. Il étoit fi naturel de dire : *je vois venir Afcagne*, qu'il eft aifé de voir que cette négligence
étoit familière au dialogue dramatique de ce temps-
là. C'eft un Italianifme, *Ecco venir.* Voyez la remarque de M. de Voltaire fur cette phrafe, dans
Les Horaces, Acte II. Scène iii.

SCENE DERNIERE.

¹³ *Allons lui faire en prendre un autre*, &c. pour
Allons lui en faire prendre. Le déplacement du pronom relatif *en* eft ici tout-à-fait hors d'ufage.

¹⁴ Les Editeurs de 1682 marquent dans cette
Scène quatre vers à retrancher, commençant par
Vous Lucile, pardon, &c.

¹⁵ *De l'humeur que je fais la chère Marinette.* Il
falloit *de l'humeur dont je fais*, &c.

¹⁶ *Pourfuivre en liberté des entretiens fi doux.* Ce
qu'Albert dit ici d'*entretiens fi doux*, fe rapporte
fans doute au dialogue qui précéde les vingt-huit
derniers vers, & cela eft trop éloigné pour être entendu. Les mauvaifes plaifanteries de Gros-René,
de Marinette & de Mafcarille, qui terminent cette
Scène, ne font pas affurément des propos fort doux.

On ne fauroit le diffimuler ; cette Pièce a, quant
au ftyle, prefque tous les défauts du tems. Embarras
de conftruction, obfcurité, impropriétés d'expref-
fions. Il eft d'ailleurs étonnant que l'invraifem-
blance de la fable du *Secchi* n'ait pas détourné Mo-
liére de la porter fur notre Théâtre.

Voici ce que le grand Rousseau écrivoit en 1731 sur les imitations de Molière : *Soyez sur-tout bien en garde contre ce que les Italiens, toujours admirateurs d'eux-mêmes, nous racontent des courses que Molière a faites sur leurs terres. Il n'y en a point au monde de plus désertes ni de plus stériles que les leurs... la plus grande partie de leurs Pièces que j'ai lues, n'est qu'un chaos de choses obscures, froides, indigestes & dépareillées, entassées les unes sur les autres sans choix, sans goût & sans discernement.......* *L'obligation qu'il a aux Italiens, & qui est véritablement fort grande, est d'avoir pris chez eux l'idée du jeu muet dont il a enrichi son Théâtre, &c.*

On représenta en 1716, le 30 Mai, à ce que disent les Lettres historiques sur les Spectacles de Paris 1719, une Comédie qui avoit pour titre *La Fille crue Garçon*, dont l'intrigue étoit celle du Dépit amoureux. Le Dictionnaire des Théâtres, par M. de Leris, ne fait pas mention de cette pièce jouée par les Italiens.

NOUVELLES OBSERVATIONS.

(*a*) Acte I, Scène I. *Veux-tu que je te die.* J'aurois dû observer encore à l'égard de cette façon de parler qu'on en trouve l'usage en prose même, & que si c'est une faute, c'est la seule qu'on puisse remarquer dans les Ouvrages de M. Fléchier. *Voyez* aussi l'avis à Ménage : *Pendant que j'y suis, il faut que je vous die,* &c.

(*b*) *Et mêmes à mes yeux.* Il falloit dire qu'on trouveroit plus d'un exemple de l'adverbe *même*

employé avec une *s*. *Voyez* le vers de Thomas Corneille : *Je fais mêmes à quoi ma parole m'engage.*

(*c*) Scène IV. *Soit des-enamourée.* Le mot *ena-
mourer* se trouve dans le Dictionnaire de Monnet
en 1630. Molière n'a fait que créer le privatif.

(*d*) Acte II, Scène I. *Je la fuis.* J'ai mal-à-propos observé ici une faute qui n'existe point, le pronom *la* se rapportant a un pronom substantif doit
en prendre le genre & le nombre. La citation du
mot de Madame de Sévigné est donc déplacée.

(*e*) Acte III, Scène VII. *Ah! Monsieur, qu'est-ce
ceci?* Il ne falloit pas décider que les Éditeurs qui
ont mis *qu'est-ceci?* avoient corrigé une faute par
une autre. *Voyez* La Fontaine dans la fable de
l'ivrogne & de sa femme. *Oh, dit-il, qu'est-ceci?
ma femme est-elle veuve?*

(*f*) Acte IV, Scène IV. *Ton beau galant de
neige.* Le mot de *galant* exprimoit des rubans;
voyez la Gallerie du Palais, Comédie de Corneille
jouée en 1634;

> Si tu fais ce coup-là, que ton pouvoir est grand;
> Viens, je te veux donner tout-à-l'heure un *galant.*

Une Agnès qui ne connoissoit ce mot que dans
cette acception, entendant parler de galants d'une
autre espèce, dit avec naïveté: *vraiment j'en ai une
boîte pleine dans ma chambre. Notez* que le mot
galant n'est point dans le Dictionnaire de Monnet.

(*g*) Acte V, Scène II. *Pêcher vîte à tâtons quelque sinistre encombre.* Le célèbre Académicien, M.
d'Alembert, auquel je dois la plus grande partie de
ces retours sur moi même, croit que l'Arrêt pro-
noncé contre le mot *encombre* par le Dictionnaire
de l'Académie Françoise, ne peut faire improuver ce
vers de La Fontaine. *Perrette... prétendoit arriver
sans encombre à la ville.*

LES
PRÉCIEUSES
RIDICULES;
COMÉDIE.

AVERTISSEMENT.

AVERTISSEMENT
DE L'ÉDITEUR
SUR LES PRÉCIEUSES RIDICULES.

CETTE Comédie fut repreſentée à Paris , ſur le théâtre du petit Bourbon , le 18 Novembre 1659. C'étoit alors une double nouveauté qu'une Comédie en un acte & en proſe. L'auteur de la Vie de Molière [2] eſt le ſeul qui croïe que cette pièce a été jouée en province ; comme les deux qui l'avoient précédée.

A peine la première année de l'établiſſement de Molière à Paris eſt-elle écoulée , que , par une ſatire la plus vive & la plus néceſſaire , il opère dans les eſprits de cette Capitale , une révolution qui depuis l'a rendue dans toute l'Europe l'arbitre du goût dans tous les arts. L'excés du mal auquel le génie de Molière oſa s'oppoſer ; fera ſentir le prix du remède.

L'épidémie du bel-eſprit avoit alors infeſté la France. C'étoit ce que les Italiens de la ſuite de Catherine & de Marie de Médicis nous avoient

[2] M. Grimareſt.

Tome I.   Bb

apporté en échange de la fortune qu'ils étoient venus faire parmi nous. Cette fleur légère de l'esprit, cultivée avec tant de soin au-delà des Alpes, étoit bientôt devenue trop commune, & avoit dégénéré dans nos climats.

Un ton de galanterie, qui devint l'esprit à la mode, attira tous les écrivains faciles & frivoles. Voiture fut un des plus célèbres de ceux qui osèrent prétendre à la réputation par un moyen aussi petit, mais qui intéressoit les femmes à leur gloire. Avec quelque talent sans doute, mais avec peu de génie, Voiture put se croire le grand homme de son tems.

Une erreur si confidérable, ouvrage du manége de quelques femmes enthousiastes, leur fit appercevoir de quelle influence elles pourroient être déformais pour les succès de l'esprit. Elles voulurent juger & la profe & les vers, & successivement elles arrivèrent jusqu'à disputer à leurs maîtres le prix des talens qui se trouvoient réduits à leur portée.

Cette prétention nouvelle, dont le danger ne fut pas senti dans son origine, confondit & la langue parlée, & la langue écrite, & le langage des Poëtes, & le discours familier, qui nécessairement ont des bornes entr'eux. La conversation perdit son aisance & son naturel, tout eut l'air de l'apprêt & de

la gêne , & les gens fimples & vrais n'entendirent
plus qu'avec peine ce que difoient les virtuofes des
ruelles ¹ de Paris.

Dès qu'elles étoient devenues , les unes les protectrices , les autres les rivales , & prefque toutes les
juges de nos Écrivains , il falloit qu'elles donnaffent
le ton aux nouvéautés , & que le jargon des coteries
devînt celui du plus grand nombre des ouvrages
d'efprit. Delà ce déluge de Romans éternels , de
convetfations fades , de Lettres galantes , de Portraits de fantaifie , & d'autres frivolités , dont la
France fut inondée.

L'éducation du fexe ne lui fait voir en général
dans l'amour , que le plus intéreffant , le plus pur ,
& le plus élevé des fentimens. C'eft ainfi qu'il eft un
Dieu pour les Poëtes. Ce fut à cette idole que fa-
crifietent nos beaux - esprits ; & leur culte alla
jufqu'à la puérilité. Lá defcription du *Royaume de*

---

¹. On appeloit du nom
de *Ruelles* les affemblées de
ce tems-là. Le nom bizarre
d'*Alcovifte* doit faire penfer
que le cercle fe tenoit autour du lit de la *Précieufe* ,
ou de la *Chere.* Les Précieufes , (dit l'abbé Cotin)
s'envoyoient vifiter par un
Rondeau ou une Enigme ,
& c'eft par-là que commen-
çoient toutes les converfa-
tions. En faveur de cet
ufage ; le bon Abbé avoit
donné un recueil d'Eni-
gmes en 1648 , & donna
un recueil de Rondeaux
l'année fuivante.

Tendre , la *Carte du pays* [1] , &c , &c , jouirent en naiſſant d'une conſidération qui fait pitié. Si depuis nous en avons rougi pour nos pères , nous ſommes forcés de convenir qu'il eſt encore des genres où la tradition fatale a trop conſervé l'empire de l'amour.

Le déſordre principal étoit tombé ſur la langue qui ſe dénaturoit chaque jour. On ne trouvoit pas plus de juſteſſe dans les expreſſions que de vérité dans les idées de la plus grande partie des écrivains. Il ſembloit qu'il y eût une eſpéce de victoire à ôter à chaque choſe ſon véritable nom , pour ſubſtituer à ſa place un galimatias inconcevable.

Ce fut alors qu'on appela le bonnet de nuit , *le complice innocent du menſonge* ; le chapelet , *une chaîne ſpirituelle* ; l'eau , *le miroir céleſte* ; les filoux , *les braves incommodes* : & que pour dire qu'il commençoit à faire jour , on écrivit que *le ciel étoit gros de lumiere* ; qu'un ſouris dédaigneux , étoit *un bouillon d'orgueil* ; & que l'action de tuer pluſieurs perſonnes , étoit *un meurtre épais* , &c.

Ce petit nombre d'exemples ſuffit pour faire connoître combien il étoit eſſentiel d'arrêter cette contagion. Sans doute ce fut un des motifs du Car-

[1] Voyez cette Carte par Scudéri , *Tome I. page* dans le Roman de Clélie 399.

dinal de Richelieu , lorsqu'il fonda l'Académie Françoise ; mais , il faut l'avouer , ce secours dogmatique ne pouvoit être par sa nature que successif & lent , & il étoit important de frapper les esprits par la terreur du ridicule , arme toujours sûre avec les François : ce fut Molière qui eut le courage de s'en servir , & qui par ses *Précieuses ridicules ,* ouvrit les yeux de la nation. Ainsi le pere de la poësie Angloise , *Chaucer* , avoit porté le premier coup à la folie des mœurs gothiques & chevaleresques de son tems.

Il paroit par la préface de Molière qu'on distinguoit deux ordres de Précieuses , & les Mémoires du tems ne permettent pas de douter que cette appellation , toujours prise en mauvaise part aujourd'hui , ne fut alors moins injurieuse lorsqu'elle n'étoit pas accompagnée de l'épithète que lui donna le Pere de la scène Françoise [1]

Le grand Dictionnaire des Précieuses , imprimé chez Ribou en 1661 , osa nommer ce que la France avoit de plus grand , de plus poli & de plus aima-

[1] V. Segrais, vers libres à Mme la Duch. de Chaitillon , où ce titre de *Précieuse* est employé comme éloge :

Obligeante , civile , & surtout *Précieuse* ,
Qui seroit le brutal qui ne l'aimeroit pas ?

ble. Les *Longueville*, *la Fayette*, *Sévigné*, *Deshou-lières*, *Cornuel*, *Lenclos* &c, ôtent l'idée d'injure à cette liste nombreuse & hardie, dès qu'on avoit pu les y comprendre.

La critique de Molière ne tomba donc que sur des femmes, qui par leur ridicule affectation étoient devenues insoutenables; sur ces femelles docteurs, persuadées qu'une pensée ne valoit rien lorsqu'elle étoit entendue de tout le monde; qui croyoient qu'il étoit du bel usage de parler une autre langue que la multitude, & qui exigeoient de ceux qu'elles honoroient de leur estime, *des clartés au-dessus du vulgaire*; sur ces folles qui se faisoient un mérite & une gloire d'altérer, de changer, d'innover tout dans le langage; qui se piquoient d'avoir un *Alco-viste* particulier, espéce d'être, qui par état, étoit toujours ou l'ami, ou le guide, ou l'amant [1] d'une *Chere* [2]; & enfin qui se croyoient faites pour don-ner chaque jour le *droit de Bourgeoisie* à quelque expression ou à quelque tournure ridicule, & pour *mettre au monde* quelques nouveaux auteurs,

[1] Si l'on en croit Saint-Evrémond, cet amant n'étoit que pour la forme, puis-qu'une Précieuse faisoit consister son principal mé-rite à *aimer tendrement son* amant *sans jouissance, & à jouir solidement de son mari avec aversion.*

[2] *Chere*, nom que les Précieuses elles-mêmes s'étoient donné.

toujours pris malheureusement parmi ceux qui daignoient les confulter fur leurs productions.

De belles-Dames , (dit Scarron dans l'épitre dédicatoire de fon Bachelier de Salamanque, cinq ans avant les Précieufes de Molière) *qui font en poffeffion de faire la deftinée des pauvres humains, ont voulu rendre malheureufe celle de ma pauvre comédie. Elles ont tenu ruelle pour l'étouffer dès fa naiffance. Quelques-unes plus partiales, ont porté contr'elle des factums par les maifons , & l'ont comparée d'une grace fans feconde , A DE LA MOUTARDE MÊLÉE AVEC DE LA CRÊME : mais les comparaifons nobles ne font pas défendues , &c.*

Ce font ces femmes de parti , ces petites protectrices d'ouvrages nouveaux , dont voilà l'exiftence & le ridicule bien conftatés , que Molière eut en vue & qu'il couvrit de honte. Il faut cependant obferver que pour éviter toute acception de perfonnes , il deffina fon tableau de façon que fes Précieufes fuffent deux Provinciales nouvellement débarquées à Paris , ce qui lui donnoit lieu de prononcer le trait un peu plus fortement , & ce qui rendoit en même-temps plus vraifemblable la pièce fanglante qu'on leur jouoit.

Les tours forcés , les pointes , les équivoques, le faux bel-efprit enfin , n'oferent plus fe montrer qu'en fecret dans le petit nombre de *Ruelles*, qui ne rougirent pas de leur impertinence ; mais le Public, que Molière venoit de remettre fur la bonne voie, commença dès-lors à s'égarer moins dans fes décifions & fur les objets dignes de fon eftime.

L'affluence & les acclamations avoient été fi confidérables à cette pièce, que dès la feconde repréfentation les Comédiens crurent pouvoir tiercer le prix qui n'étoit alors que de dix fols au parterre. On n'ignore pas que tous les auteurs qui ont écrit fur le théâtre, ont dit que le prix avoit été doublé ; mais dès qu'il étoit de dix fols, c'eft tiercer qu'il falloit dire, en fe rappelant le vers de Boileau :

Un Clerc pour quinze fols, fans craindre le hola, &c

Il ne manquoit à Molière dans fon fuccès étonnant que les applaudiffemens de la Cour. Son ouvrage fut envoyé au bas des Pyrénées où elle étoit alors occupée des plus grands objets ; il y réuffit autant qu'à Paris. & la tradition nous apprend que Molière, enchanté de ces nouveaux fuffrages, dit hautement que l'étude du monde alloit déformais remplacer celle qu'il faifoit de Plaute & de Térence.

Ce qu'il y eut de fingulier à Paris, c'eft que Ménage, qui ne contribuoit pas le moins à entretenir la folie des Précieufes, par la pédante galanterie de fon efprit, eut, à la premiere repréfentation, le

bon fens courageux de dire à fon ami Chapelain,
ce que difoit S. Remi au grand Clovis : *Il nous fau-*
dra brûler ce que nous avons adoré [1]

Cet aveu modefte d'un bel-efprit affez vain, étoit
fans doute un grand éloge ; mais moins naïf que
le mot fi connu du Vieillard, qui s'écria du parterre :
Courage, Molière, voilà la bonne comédie. Ce mot
que le goût de la nature & du vrai arrachoit à ce
fpectateur, malheureufement inconnu, eft peut-
être ce qui a le plus contribué à fixer les yeux de
notre Auteur fur les Ridicules de fon tems.

Une pièce jouée quatre mois de fuite, dut éveiller
l'envie des efprits médiocres, & bientôt on les vit
en foule protefter contre la gloire de Molière. Il eft
vrai qu'il n'avoit pas redouté de fe faire de pareils
ennemis, en faifant dire à *Madelon* dans la fcène x,
qu'*une de leurs amies leur devoit préfenter tous ces*
Meffieurs du Recueil des piéces choifies.

Le fieur Bodeau de Somaize fit paroître en 1660

---

[1] Scarron s'étoit déjà
moqué avant Molière du
jargon précieux. Voici ce
qu'il dit dans la derniere de
fes nouvelles tragi - comiques, intitulée : *Plus d'effets*
que de paroles. » Hypolite...
» lui fit des careffes capa-
» bles d'attendrir ceux des
» fpectateurs qui euffent eu
» l'ame *du dernier dur*, tant
» la fienne alors fut *du der-*
» *nier tendre*, pour parler à
» la mode «.

trois piéces , dont la première avoit pour titre : *Les véritables Précieuses* ; la seconde : *le procès des Précieuses* , elles n'ont aucun rapport avec l'ouvrage de Molière. Cette piéce fut imprimée chez Guignard. L'Auteur introduit dans cette farce un professeur de langues Espagnole , Italienne & Françoise , un autre professeur de langue Précieuse , avec une écolière qui veut apprendre à parler *précieux*. Il y a assez de naturel dans cette bagatellle , dont les caractères font cependant un peu trop chargés.

Quant à la troisième , ce ne fut que la Comédie même de notre Auteur mise en vers détestables. L'impression de cette troisième piéce causa quelque débat entre le libraire de Molière & celui du sieur de Somaize : *Comme si jusqu'ici les versions avoient été défendues* (dit-il ingénieusement) *& qu'il ne fût pas permis de mettre le PATER NOSTER françois en vers.*

Pour donner un échantillon de la versification du sieur Bodeau , nous ne rapporterons que ce vers de Madelon , Sc. ix pag. 49.

Nous vous aurons la der-niere obligation.

Les préfaces des trois ouvrages furent remplies d'injures On y accusa Molière d'avoir copié les Précieuses de l'abbé de Pure , canevas joué aux Italiens, & parfaitement oublié ; les grimaces de Trivelin & de Scaramouche [1] , & de tirer enfin toute fa gloire des mémoires de Guillot Gorju , qu'on vouloit qu'il eût acheté de la veuve de ce Farceur.

Le même de Somaize fut encore profiter de la fenfation qu'avoit excitée la comédie de Molière , en donnant au public deux Dictionnaires des Précieufes , dont le fecond beaucoup plus étendu & plus fatirique , confond infolemment les Précieufes que refpectoit Molière , avec celles qu'il avoit fi juftement livrées au mépris public : fans doute afin de lui faire des ennemies & des unes & des autres.

Parmi les diverfes fingularités de ce Dictionnaire , on trouve depuis la page 148 jufqu'à la page 170 du premier volume , un entretien de deux Précieufes, qui fe défendent , avec un tiers, de la bizarrerie de leur néologifme par des exemples tirés du grand Corneille.

[1] Cette comparaifon de Molière avec Scaramouche , fe trouve encore plus fortement exprimée dans un Quatrain qui eft au bas du portrait de ce bouffon de la Comédie Italienne , dont une des gentilleffes étoit de donner un foufflet avec le pied. Voici les vers.

Cet illuftre Comédien
De fon art traça la carriere ,
Il fut le maître de Molière ,
Et la nature fut le fien.

S'il étoit poſſible que la gloire de ce Génie pût exciter encore quelque envie, on ſe feroit ſcrupule de tirer cette anecdote de l'oubli où elle étoit reſtée. Le Sr. de Somaize manqua ſon objet, Corneille ne parut point à la tête des petits ennemis de Molière.

On apprend auſſi dans ce même ouvrage, que c'étoit ſur-tout au Marais, dans le quartier de la place Royale, que les Précieuſes faiſoient le plus de bruit. C'étoit là que les Abbés de *Bellebat* & *Dubuiſſon* jouiſſoient du titre ſingulier de grands Introducteurs des Ruelles. C'étoit chez le premier ſur-tout, que les jeunes gens alloient s'inſtruire des qualités néceſſaires à un homme qui vouloit fréquenter les cercles des *Cheres*, dans leſquels, comme le dit Saint Evremond, *l'union de quelques perſonnes véritablement délicates avoit jeté les autres dans une affectation de délicateſſe ridicule.*

C'eſt de ces dernières, comme on l'a déja dit, que la Comédie des Précieuſes fit une juſtice éclatante; elles diſparurent tout à coup, & *l'ouvrage*, dit M. de Chamford [1] *ſurvécut à l'ennemi qu'il combattoit* [2]. Elles crurent entendre par tout la véhémente apoſtrophe de *Gorgibus*, qui termine la piéce

[1] Dans ſon éloge de Molière.

[2] Il paroît par une Epître en chanſons, adreſſée à Madame Deshoulieres en 1677, quatre ans après la

par ces mots foudroyans : *Allez-vous cacher, vilaines, allez-vous cacher.*

Molière joua le rôle de Mafcarille avec un Maf- que dans les premières répréfentations. C'eſt ce que nous apprend le comédien de Villier , dans ſa piéce de *la Vengeance des Marquis* , lorſqu'il fait dire à un de ſes acteurs , que *Molière n'oſa d'abord le jouer autrement : mais qu'à la fin il a fait voir qu'il avoit un viſage aſſez plaiſant pour repréſenter ſans maſque un perſonnage ridicule.*

On trouve dans la dramaturgie de *Léon Allacci* un intermède comique & en muſique ſous le titre de la *Précieuſe Ridicule* , repréſenté à Veniſe en 1719.

mort de Molière , qu'on   *Précieuſes* aux femmes de
donnoit encore le nom de   lettres de ce tems-là.

> Si l'on oſoit aux époux
> Ecrire d'un ſtyle doux ,
> Je pouſſerois des hélas ;
> Mais aux cheres Précieuſes
> Le bon air ne le veut pas.

PRÉFACE.

C'est une chose étrange qu'on imprime les gens malgré eux. Je ne vois rien de si injuste , & je pardonnerois toute autre violence plutôt que celle-là.

Ce n'est pas que je veuille faire ici l'auteur modeste , & mépriser par honneur ma Comédie. J'offenserois mal-à-propos tout Paris , si je l'accusois d'avoir pu applaudir à une sottise : comme le Public est le juge absolu de ces sortes d'ouvrages , il y auroit de l'impertinence à moi de le démentir ; & quand j'aurois eu la plus mauvaise opinion du monde de mes Precieuses ridicules avant leur représentation , je dois croire maintenant qu'elles valent quelque chose , puisque tant de gens ensemble en ont dit du bien. Mais comme une grande partie des graces qu'on y a trouvées dépendent de l'action & du ton de voix, il m'importoit qu'on ne les dépouillât pas de ces ornemens , & je trouvois que le succès qu'elles avoient eu dans la représentation étoit assez beau pour en demeurer-là. J'avois résolu , dis-je , de ne les faire voir qu'à la

chandelle, pour ne point donner lieu à quelqu'un de dire le proverbe ; & je ne voulois
pas qu'elles fautaffent du théâtre de Bourbon,
dans la galerie du Palais. Cependant je n'ai
pu l'éviter, & je fuis tombé dans la difgrace
de voir une copie dérobée de ma piéce entre
les mains des Libraires, accompagnée d'un
privilège obtenu par furprife. J'ai eu beau
crier, ô tems ! ô mœurs, on m'a fait voir une
néceffité pour moi d'être imprimé, ou d'a-
voir un procès ; & le dernier mal eft encore
pire que le premier. il faut donc fe laiffer
aller à la deftinée, & confentir à une chofe
qu'on ne laifferoit pas de faire fans moi.

Mon Dieu, l'étrange embarras qu'un livre
à mettre au jour, & qu'un Auteur eft neuf la
premiere fois qu'on l'imprime ! Encore fi l'on
m'avoit donné du tems, j'aurois pu mieux
fonger à moi, & j'aurois pris toutes les pré-
cautions que Meffieurs les Auteurs, à préfent
mes confrères, ont coutume de prendre en
femblables occafions. Outre quelque grand
Seigneur, que j'aurois été prendre malgré lui,
pour protecteur de mon ouvrage, & dont
j'aurois tenté la libéralité par une épître dédicatoire bien fleurie ; j'aurois tâché de faire
une belle & docte préface, & je ne manque

point de livres qui m'auroient fourni tout ce
qu'on peut dire de savant sur la Tragédie &
la Comédie ; l'étymologie de toutes deux,
leur origine , leur définition , & le reste.
J'aurois parlé aussi à mes amis , qui , pour la
recommandation de ma pièce, ne m'auroient
pas refusé , ou des vers François , ou des vers
Latins. J'en ai même qui m'auroient loué en
Grec ; & l'on n'ignore pas qu'une louange en
Grec est d'une merveilleuse efficace à la tête
d'un livre. Mais on me met au jour sans me
donner le loisir de me reconnoître ; & je ne
puis même obtenir la liberté de dire deux
mots , pour justifier mes intentions sur le sujet
de cette comédie. J'aurois voulu faire voir
qu'elle se tient par-tout dans les bornes de la
satire honnête & permise ; que les plus excellentes choses sont sujettes à être copiées
par de mauvais singes , qui méritent d'être
bernés ; que ces vicieuses imitations de ce
qu'il y a de plus parfait , ont été de tout tems
la matière de la comédie ; & que , par la même
raison , que les véritables savans & les vrais
braves ne se sont point encore avisés de s'offenser du Docteur de la comédie , & du Capi-
tan , non plus que les juges , les princes & les
rois , de voir Trivelin , ou quelque autre sur le
théâtre

théâtre, faire ridiculement le juge, le prince, ou le roi; aussi les véritables Précieuses
auroient tort de se piquer, lorsqu'on joue
les Ridicules, qui les imitent mal. Mais
enfin, comme j'ai dit, on ne me laisse pas
le tems de respirer, & Monsieur de Luynes
veut m'aller faire relier de ce pas: à la
bonne heure, puisque Dieu l'a voulu.

ACTEURS.

LA GRANGE,
DU CROISY, } amans rebutés.

GORGIBUS, bon bourgeois.

MADELON, fille de Gorgibus, précieuse ridicule.

CATHOS, nièce de Gorgibus, précieuse ridicule.

MAROTTE, servante des précieuses ridicules.

ALMANZOR, laquais des précieuses ridicules.

LE MARQUIS DE MASCARILLE, valet de la Grange.

LE VICOMTE DE JODELET, valet de du Croisy.

LUCILE, voisine de Gorgibus.

CELIMENE, voisine de Gorgibus.

DEUX PORTEURS DE CHAISE.

VIOLONS.

La scène est à Paris, dans la maison de Gorgibus.

LES PRÉCIEUSES RIDICULES.

LES
PRÉCIEUSES
RIDICULES,
COMÉDIE.

SCÈNE PREMIÈRE.

LA GRANGE, DU CROISY.

Du Croisy.

Seigneur la Grange.

LA GRANGE.

Quoi ?

Du Croisy.

Regardez-moi un peu sans rire.

LA GRANGE.

Hé bien ?

DU CROISY.

Que dites-vous de notre visite ? En êtes-vous fort satisfait ?

LA GRANGE.

A votre avis, avons-nous sujet de l'être tous deux ?

DU CROISY.

Pas tout à fait ; à dire vrai.

LA GRANGE.

Pour moi, je vous avoue que j'en suis tout scandalisé. A t-on jamais vu, dites-moi, deux pecques [1] provinciales faire plus les renchéries que celles-là, & deux hommes traités avec plus de mépris que nous ? A peine ont-elles pu se résoudre à nous faire donner des siéges. Je n'ai jamais vu tant parler à l'oreille qu'elles ont fait entr'elles, tant bâiller, tant se frotter les yeux, & demander tant de fois, quelle heure est il ? Ont-elles répondu que, oui, & non [2], à tout ce que nous avons pu leur dire ? Et ne m'avouerez-vous pas enfin que, quand nous aurions été les dernières personnes du monde, on ne pouvoit nous faire pis qu'elles ont fait ?

DU CROISY.

Il me semble que vous prenez la chose fort à cœur.

LA GRANGE.

Sans doute je l'y prends, & de telle façon, que je

me veux venger de cette impertinence. Je connois
ce qui nous a fait méprifer. L'air précieux n'a pas
feulement infecté Paris, il s'eft auffi répandu dans
les provinces, & nos donzelles ridicules en ont
humé leur bonne part. En un mot, c'eft un ambigu
de précieufe & de coquette que leur perfonne. Je
vois ce qu'il faut être pour en être bien reçu; &,
fi vous m'en croyez, nous leur jouerons tous deux
une pièce qui leur fera voir leur fottife, & pourra
leur apprendre à connoître un peu mieux leur
monde.

DU CROISY.

Et comment encore?

LA GRANGE.

J'ai un certain valet, nommé Mafcarille, qui
paffe, au fentiment de beaucoup de gens, pour
une manière de bel-efprit; car il n'y a rien à meilleur marché que le bel-efprit maintenant. C'eft un
extravagant qui s'eft mis dans la tête de vouloir
faire l'homme de condition. Il fe pique ordinairement de galanterie & de vers, & dédaigne les
autres valets, jufqu'à les appeler brutaux.

DU CROISY.

Hé bien, qu'en prétendez-vous faire?

LA GRANGE.

Ce que j'en prétends faire? Il faut... Mais fortons
d'ici auparavant.

Cc iij

SCÈNE II,

GORGIBUS, DU CROISY, LA GRANGE.

GORGIBUS.

HÉ bien, vous avez vu ma nièce & ma fille :
Les affaires iront-elles bien ? Quel eſt le réſultat
de cette viſite ?

LA GRANGE.

C'eſt une choſe que vous pourrez mieux apprendre
d'elles que de nous. Tout ce que nous pouvons
vous dire, c'eſt que nous vous rendons grace de
la faveur que vous nous avez faite, & demeurons
vos très-humbles ſerviteurs.

DU CROISY.

Vos très-humbles ſerviteurs.

GORGIBUS *ſeul.*

Ouais ; il ſemble qu'ils ſortent mal ſatisfaits d'ici :
D'où pourroit venir leur mécontentement ? Il faut
ſavoir un peu ce que c'eſt. Holà.

SCÈNE III.

GORGIBUS, MAROTTE.

MAROTTE.

QUE defirez-vous, Monfieur?

GORGIBUS.

Où font vos maîtreffes?

MAROTTE.

Dans leur cabinet.

GORGIBUS.

Que font-elles?

MAROTTE.

De la pommade pour les lèvres.

GORGIBUS.

C'eſt trop pommadé : dites-leur qu'elles defcen-
dent.

SCÈNE IV.

GORGIBUS ſeul.

CES pendardes-là, avec leur pommade, ont, je
penfe, envie de me ruiner. Je ne vois par-tout
Cc iv

que blancs-d'œufs, lait virginal , & mille autres brimborions ; que je ne connois point. Elles ont usé, depuis que nous sommes ici, le lard d'une douzaine de cochons 4, pour le moins , & quatre valets vivroient tous les jours des pieds de mouton qu'elles employent.

SCÈNE V.

MADELON, CATHOS, GORGIBUS.

GORGIBUS,

IL est bien nécessaire, vraiment , de faire tant de dépense pour vous graisser le museau 5! Dites-moi un peu ce que vous avez fait à ces Messieurs, que je les vois sortir avec tant de froideur ? Vous avois je pas commandé 6 de les recevoir comme des personnes que je voulois vous donner pour maris?

MADELON.

Et quelle estime, mon père, voulez-vous que nous fassions du procédé irrégulier de ces gens-là ?

CATHOS.

Le moyen, mon oncle, qu'une fille un peu raisonnable se pût accommoder de leur personne ?

GORGIBUS.

Et qu'y trouvez-vous à redire ?

MADELON.

La belle galanterie que la leur ! Quoi ! débuter d'abord par le mariage ?

GORGIBUS.

Et par où veux-tu donc qu'ils débutent ? Par le concubinage ? N'eſt-ce pas un procédé dont vous avez ſujet de vous louer toutes deux, auſſi bien que moi ? Eſt-il rien de plus obligeant que cela ? Et ce lien ſacré où ils aſpirent, n'eſt-il pas un témoignage de l'honnêteté de leurs intentions ?

MADELON.

Ah, mon père, ce que vous dites-là, eſt du dernier bourgeois ! Cela me fait honte, de vous ouïr parler de la ſorte, & vous devriez un peu vous faire apprendre le bel air des choſes.

GORGIBUS.

Je n'ai que faire ni d'air, ni de chanſon. Je te dis que le mariage eſt une choſe ſacrée, & que c'eſt faire en honnêtes gens que de débuter par-là.

MADELON.

Mon Dieu, que ſi tout le monde vous reſſembloit, un roman ſeroit bientôt fini ! La belle choſe que ce ſeroit, ſi d'abord Cyrus épouſoit Mandane, & qu'Aronce de plain-pied fût marié à Clélie !

GORGIBUS.

Que me vient conter celle-ci ?

MADELON.

Mon père, voilà ma coufine qui vous dira auffi-bien que moi, que le mariage ne doit jamais arriver qu'après les autres aventures Il faut qu'un amant, pour être agréable, fache débiter les beaux fentimens, pouffer le doux, le tendre & le paffionné, & que fa recherche foit dans les formes. Premièrement, il doit voir au Temple, ou à la promenade, ou dans quelque cérémonie publique, la perfonne dont il devient amoureux : ou bien être conduit fatalement chez elle par un parent ou un ami, & fortir de-là tout rêveur & mélancolique. Il cache un tems fa paffion à l'objet aimé, & cependant lui rend plufieurs vifites, où l'on ne manque jamais de mettre fur le tapis une queftion galante qui exerce les efprits de l'affemblée. Le jour de la déclaration arrive, qui fe doit faire ordinairement dans une allée de quelque jardin, tandis que la compagnie s'eft un peu éloignée : & cette déclaration eft fuivie d'un prompt courroux qui paroît à notre rougeur, & qui pour un tems, bannit l'amant de notre préfence. Enfuite il trouve moyen de nous appaifer, & de nous accoutumer infenfiblement au difcours de fa paffion, & de tirer de nous cet aveu qui fait tant de peine. Après cela viennent les aventures, les rivaux qui fe jettent à la traverfe d'une inclination établie, les perfécutions des pères, les jaloufies

çonçues fur de fauffes apparences, les plaintes, les
défefpoirs, les enlèvemens, & ce qui s'enfuit.
Voilà comme les chofes fe traitent dans les belles
manières, & ce font des règles dont en bonne
galanterie on ne fauroit fe difpenfer. Mais en
venir de but en blanc à l'union conjugale, ne faire
l'amour qu'en faifant le contrat de mariage, &
prendre juftement le roman par la queue ; encore
un coup, mon père, il ne fe peut rien de plus
marchand que ce procédé ; & j'ai mal au cœur,
de la feule vifion que cela me fait.

G o r g i b u s.

Quel diable de jargon entends-je ici ? Voici bien
du haut ftyle.

C a t h o s.

En effet, mon oncle, ma coufine donne dans le
vrai de la chofe. Le moyen de bien recevoir des
gens qui font tout-à-fait incongrus en galanterie !
Je m'en vais gager qu'ils n'ont jamais vu la carte
de Tendre, & que billets doux, petits-foins, billets galans & jolis vers, font des terres inconnues
pour eux. Ne voyez-vous pas que toute leur perfonne marque cela, & qu'ils n'ont point cet air
qui donne d'abord bonne opinion des gens? Venir
en vifite amoureufe avec une jambe toute unie,
un chapeau défarmé de plumes, une tête irrégu-
lière en cheveux, & un habit qui fouffre une in-

digence de rubans ; mon Dieu, quels amans font-
ce-là ! Quelle frugalité d'ajuftement , & quelle
fécherefle de converfation ! On n'y dure point ,
on n'y tient pas. J'ai remarqué encore que leurs
rabats ne font point de la bonne faifeufe, & qu'il
s'en faut plus d'un grand demi-pied , que leurs
haut-de-chauffes ne foient affez larges.

GORGIBUS.

Je penfe qu'elles font folles toutes deux , & je ne
puis rien comprendre à ce baragouin. Cathos, &
vous , Madelon....

MADELON.

Hé ! de grace, mon père , défaites-vous de ces
noms étranges, & nous appelez autrement.

GORGIBUS.

Comment, ces noms étranges? Ne font-ce pas vos
noms de baptême ?

MADELON.

Mon Dieu , que vous êtes vulgaire ! Pour moi un
de mes étonnemens , c'eft que vous ayez pu faire
une fille fi fpirituelle que moi. A-t-on jamais parlé
dans le beau ftyle de Cathos ni de Madelon , & ne
m'avouerez vous pas que ce feroit affez d'un de ces
noms, pour décrier le plus beau roman du monde?

CATHOS.

Il eft vrai , mon oncle, qu'une oreille un peu dé-

licate pâtit furieusement à entendre prononcer
ces mots-là; & le nom de Polixene que ma cousine
a choisi, & celui d'Aminte que je me suis donné,
ont une grace, dont il faut que vous demeuriez
d'accord.

GORGIBÜS.

Ecoutez: il n'y a qu'un mot qui serve. Je n'entends
point que vous ayez d'autres noms que ceux qui
vous ont été donnés par vos parrains & vos marrai-
nes; & pour ces Messieurs dont il est question, je
connois leurs familles & leurs biens, & je veux
résolument que vous vous disposiez à les recevoir
pour maris. Je me lasse de vous avoir sur les bras,
& la garde de deux filles est une charge un peu
trop-pesante pour un homme de mon âge.

CATHOS.

Pour moi, mon oncle, tout ce que je puis vous
dire, c'est que je trouve le mariage une chose
tout-à-fait choquante. Comment est-ce qu'on peut
souffrir la pensée de coucher contre un homme
vraiment nud?

MADELON.

Souffrez que nous prenions un peu haleine parmi
le beau monde de Paris, où nous ne faisons que
d'arriver. Laissez-nous faire à loisir le tissu de notre
roman, & n'en pressez point tant la conclusion.

GORGIBUS, (*à part.*)

Il n'en faut point douter : elles sont achevées.

(*haut.*)

Encore un coup, je n'entends rien à toutes ces bali-
vernes : je veux être maître absolu ; & pour trancher toutes sortes de discours, ou vous serez
mariées toutes deux avant qu'il soit peu, ou, ma
foi, vous serez religieuses ; j'en fais un bon serment.

SCÈNE VI.

CATHOS, MADELON.

CATHOS.

Mon Dieu, ma chère, que ton père a la forme
enfoncée dans la matière ! Que son intelligence
est épaisse, & qu'il fait sombre dans son ame!

MADELON.

Que veux-tu, ma chère ? j'en suis en confusion
pour lui. J'ai peine à me persuader que je puisse
être véritablement sa fille, & je crois que quelque
aventure un jour me viendra développer une naif-
sance plus illustre.

CATHOS.

Je le croirois bien : oui, il y a toutes les apparences du monde ; & pour moi, quand je me regarde
aussi . . . .

SCÈNE VII.

CATHOS, MADELON, MAROTTE.

MAROTTE.

VOILA un laquais qui demande si vous êtes au logis, & dit que son maître vous veut venir voir.

MADELON.

Apprenez, sotte, à vous énoncer moins vulgairement. Dites, voilà un nécessaire qui demande si vous êtes en commodité d'être visibles.

MAROTTE.

Dame, je n'entends point le Latin, & je n'ai pas appris, comme vous, la filophie dans le Cyre.

MADELON.

L'impertinente! Le moyen de souffrir cela! Et qui est-il, le maître de ce laquais?

MAROTTE.

Il me l'a nommé le Marquis de Mascarille.

MADELON.

Ah, ma chère! Un Marquis! un Marquis! Oui, allez dire qu'on peut nous voir. C'est sans doute un bel-esprit qui a ouï parler de nous.

CATHOS.

Assurément, ma chère.

MADELON.

Il faut le recevoir dans notre falle baffe, plutôt qu'en notre chambre. Ajuftons un peu nos cheveux au moins, & foutenons notre réputation. Vîte, venez nous tendre ici dedans le confeiller des grâces.

MAROTTE.

Par ma foi, je ne fais point quelle bête c'eft-là ; il faut parler chrétien, fi vous voulez que je vous entende.

CATHOS.

Apportez-nous le miroir, ignorante que vous êtes, & gardez-vous bien d'en falir la glace, par la communication de votre image.

(*Elles fortent.*)

SCÈNE VIII.

MASCARILLE, DEUX PORTEURS.

MASCARILLE.

Hola, porteurs, holà. Là, là, là, là, là, là. Jé penfe que ces marauds-là ont deffein de me brifer à force de heurter contre les murailles & les pavés.

I. PORTEUR.

Dame, c'eft que la porte eft étroite. Vous avez voulu auffi que nous foyons entrés jufqu'ici.

MASCARILLE.

MASCARILLE.

Je le crois bien. Voudriez-vous , faquins , que
j'expofaffe l'embonpoint de mes plumes aux inclé-
mences de la faifon pluvieufe , & que j'allaffe imprimer mes fouliers en boue ? Allez , ôtez votre
chaife d'ici.

2. PORTEUR.

Payez-nous donc , s'il vous plaît , Monfieur.

MASCARILLE.

Hé ?

2. PORTEUR.

Je dis , Monfieur , que vous nous donniez de l'argent , s'il vous plaît.

MASCARILLE _lui donnant un foufflet._

Comment ! coquin , demander de l'argent à une
perfonne de ma qualité ?

2. PORTEUR.

Eft-ce ainfi qu'on paye les pauvres gens ; & votre
qualité nous donne-t-elle à dîner ?

MASCARILLE.

Ah , ah , je vous apprendrai à vous connoître !
Ces canailles-là s'ofent jouer à moi.

1. PORTEUR _prenant un des bâtons de fa chaife._

Ça , payez-nous vîtement.

MASCARILLE.

Quoi !

1. PORTEUR.

Je dis que je veux avoir de l'argent tout-à-l'heure.

MASCARILLE

Il est raisonnable, celui-là.

1. PORTEUR.

Vîte donc.

MASCARILLE.

Oui-dà, tu parles comme il faut, toi ; mais l'autre est un coquin qui ne sait ce qu'il dit. Tiens, es-tu content ?

1. PORTEUR.

Non, je ne suis pas content ; vous avez donné un soufflet à mon camarade, & . . . *levant son bâton.*

MASCARILLE.

Doucement ; tiens, voilà pour le soufflet. On obtient tout de moi quand on s'y prend de la bonne façon. Allez, venez me reprendre tantôt pour aller au Louvre au petit coucher.

SCÈNE IX.

MAROTTE , MASCARILLE.

MAROTTE.

Monsieur, voilà mes maîtresses qui vont venir tout-à-l'heure.

MASCARILLE.

Qu'elles ne se pressent point ; je suis ici posté
commodément pour attendre.

MAROTTE.

Les voici.

SCENE X.

MADELON, CATHOS, MASCARILLE, ALMANZOR.

MASCARILLE, *après avoir salué.*

MESDAMES, vous serez surprises, sans doute,
de l'audace de ma visite : mais votre réputation
vous attire cette méchante affaire ; & le mérite a
pour moi des charmes si puissans, que je cours par
tout après lui.

MADELON.

Si vous poursuivez le mérite , ce n'est pas sur nos
terres que vous devez chasser

CATHOS.

Pour voir chez nous le mérite , il a fallu que vous
l'y ayez amené

MASCARILLE.

Ah ! je m'inscris en faux contre vos paroles. La

renommée accuse juste en contant ce que vous valez ; & vous allez faire pic , repic & capot tout ce qu'il y a de galant dans Paris.

MADELON.

Votre complaisance pouse un peu trop avant la libéralité de ses louanges ; & nous n'avons garde, ma couine & moi , de donner de notre sérieux dans le doux de votre flatterie.

CATHOS.

Ma chère , il faudroit faire donner des siéges.

MADELON.

Holà , Almanzor ?

ALMANZOR.

Madame.

MADELON.

Vîte , voiturez-nous ici les commodités de la conversation.

MASCARILLE.

Mais , au moins , y a t-il sûreté ici pour moi ?

(*Almanzor sort.*)

CATHOS.

Que craignez-vous ?

MASCARILLE.

Quelque vol de mon cœur , quelque assassinat de ma franchise. Je vois ici deux yeux qui ont la

mine d'être de fort mauvais garçons , de faire in-
fulte aux libertés , & de traiter une ame de Turc
à Maure. Comment diable ! D'abord qu'on les
approche, ils fe mettent fur leur garde meurtrière.
Ah , par ma foi , je m'en défie ! & je m'en vais
gagner au pied , ou je veux caution bourgeoife
qu'ils ne me feront point de mal.

MADELON.

Ma chere , c'eft le caractère enjoué.

CATHOS.

Je vois bien que c'eft un Amilcar. ».

MADELON.

Ne craignez rien : nos yeux n'ont poi. t de mauvais deffeins , & votre cœur peut dormir en affurance fur leur prud'hommie.

CATHOS.

Mais de grace, Monfieur , ne foyez pas inexorable
à ce fauteuil qui vous tend les bras il y a un quart-
d heure , contentez un peu l'envie qu'il a de vous
embraffer.

MASCARILLE *après s'être peigné , & avoir*
ajufté fes canons.

Hé bien , Mefdames , que dites-vous de Paris ?

MADELON.

Hélas ! qu'en pourrions-nous dire ? Il faudroit être

l'ant pode de la raison, pour ne pas confeſſer que Paris eſt le grand bureau des merveilles, le centre du bon goût, du bel-eſprit & de la galanterie.

MASCARILLE.

Pour moi, je tiens que hors de Paris, il n'y a point de ſalut pour les honnêtes gens.

CATHOS.

C'eſt une vérité inconteſtable.

MASCARILLE.

Il y fait un peu crotté; mais nous avons la chaiſe.

MADELON.

Il eſt vrai que la chaiſe eſt un retranchement mer-veilleux contre les inſultes de la boue & du mau-vais tems.

MASCARILLE.

Vous recevez beaucoup de viſites? Quel bel-eſprit eſt des vôtres?

MADELON.

Hélas! nous ne ſommes pas encore connues, mais nous ſommes en paſſe de l'être; & nous avons une amie particulière qui nous a promis d'amener ici tous ces Meſſieurs du Recueil des piéces choiſies.

CATHOS.

Et certains autres qu'on nous a nommés auſſi pour être les arbitres ſouverains des belles choſes.

MASCARILLE.

C'eſt moi qui ferai votre affaire mieux que perſonne ; ils me rendent tous viſite ; & je puis dire
que je ne me leve jamais ſans une demi douzaine
de beaux-eſprits.

MADELON.

Hé, mon Dieu, nous vous ferons obligées de la
derniere obligation, ſi vous nous faites cette amitié ; car enfin il faut avoir la connoiſſance de tous
ces Meſſieurs-là, ſi on veut être du beau monde.
Ce ſont eux qui donnent le branle à la réputation
dans Paris, & vous ſavez qu'il y en a tel dont il ne
faut que la ſeule fréquentation pour vous donner
bruit de connoiſſeuſe, quand il n'y auroit rien
autre choſe que cela. Mais pour moi, ce que je
conſidère particulièrement, c'eſt que par le moyen
de ces viſites ſpirituelles, on eſt inſtruit de cent
choſes qu'il faut ſavoir de néceſſité, & qui ſont
de l'eſſence du bel-eſprit. On apprend par-là chaque jour les petites nouvelles galantes, les jolis
commerces de proſe ou de vers. On ſait à point
nommé, un tel a compoſé la plus jolie piéce du
monde ſur un tel ſujet ; une telle a fait des paroles
ſur un tel air : celui ci a fait un madrigal ſur une
jouiſſance ; celui-là a compoſé des ſtances ſur une
infidélité : Monſieur un tel écrivit hier au ſoir un

fixain à Mademoifelle une telle , dont elle lui a
envoyé la réponfe ce matin fur les huit heures ;
un tel auteur a fait un tel deffein ; celui-là eft à la
troifieme partie de fon roman ; cet autre met fes
ouvrages fous la preffe. C'eft là ce qui vous fait
valoir dans les compagnies ; & fi l'on ignore ces
chofes , je ne donnerois pas un clou de tout l'efprit
qu'on peut avoir.

CATHOS,

En effet , je trouve que c'eft renchérir fur le ridicule , qu'une perfonne fe pique d'efprit , & ne
fache pas jufqu'au moindre petit quatrain qui fe
fait chaque jour ; & pour moi, j'aurois toutes les
hontes du monde , s'il falloit qu'on vînt à me demander fi j'aurois vu quelque chofe de nouveau
que je n'aurois pas vu.

MASCARILLE.

Il eft vrai qu'il eft honteux de n'avoir pas des premiers tout ce qui fe fait ; mais ne vous mettez
pas en peine : je veux établir chez vous une académie de beaux-efprits , & je vous promets qu'il
ne fe fera pas un bout de vers dans Paris, que vous
ne fachiez par cœur avant tous les autres. Pour
moi, tel que vous me voyez, je m'en efcrime un
peu quand je veux ; & vous verrez courir de ma
façon, dans les belles ruelles de Paris, deux cens
chanfons , autant de fonnets , quatre cens épi-

grammes , & plus de mille madrigaux , fans comp-
pter les énigmes & les portraits.

MADELON.

Je vous avoue que je fuis furieufement pour les
portraits ; je ne vois rien de fi galant que cela.

MASCARILLE.

Les portraits font difficiles , & demandent un efprit profond : vous en verrez de ma manière , qui
ne vous déplairont pas.

CATHOS.

Pour moi, j'aime terriblement les énigmes.

MASCARILLE.

Cela exerce l'efprit , & j'en ai fait quatre encore
ce matin que je vous donnerai à deviner.

MADELON.

Les madrigaux font agréables quand ils font bien
tournés.

MASCARILLE.

C'eft mon talent particulier ; & je travaille à
mettre en madrigaux toute l'Hiftoire Romaine.

MADELON.

Ah, certes cela fera du dernier beau ; j'en retiens un
exemplaire au moins , fi vous les faites imprimer.

MASCARILLE.

Je vous en promets à chacune un , & des mieux

reliés. Cela est au-dessous de ma condition ; mais je le fais seulement pour donner à gagner aux libraires qui me persécutent.

MADELON.

Je m'imagine que le plaisir est grand de se voir imprimé !

MASCARILLE.

Sans doute : mais à propos, il faut que je vous die un impromptu que je fis hier chez une duchesse de mes amies que je fus visiter ; car je suis diablement fort sur les impromptus.

CATHOS.

L'impromptu est justement la pierre-de-touche de l'esprit.

MASCARILLE.

Ecoutez donc.

MADELON.

Nous y sommes de toutes nos oreilles.

MASCARILLE.

Oh , oh ! Je n'y prenois pas garde :
Tandis que , sans songer à mal , je vous regarde ,
Votre œil en tapinois me dérobe mon cœur ;
Au voleur , au voleur , au voleur , au voleur.

CATHOS.

Ah, mon Dieu ! voilà qui est poussé dans le dernier galant.

MASCARILLE.

Tout ce que je fais a l'air cavalier ; cela ne sent point le pédant.

MADELON.

Il en est éloigné de plus de deux mille lieues.

MASCARILLE.

Avez-vous remarqué ce commencement, *oh , oh !* voilà qui est extraordinaire, *oh , oh !* comme un homme qui s'avise tout d'un coup , *oh , oh ! La* surprise , *oh , oh !*

MADELON.

Oui , je trouve ce *oh , oh !* admirable.

MASCARILLE.

Il semble que cela ne soit rien.

CATHOS.

Ah , mon Dieu! que dites-vous? Ce sont -là de ces sortes de choses qui ne se peuvent payer.

MADELON.

Sans doute ; & j'aimerois mieux avoir fait ce *oh , oh !* qu'un poëme épique.

MASCARILLE.

Tudieu! vous avez le goût bon.

MADELON.

Hé ! je ne l'ai pas tout-à-fait mauvais.

MASCARILLE.

Mais n'admirez-vous pas aussi , *je n'y prenois pas
garde , j' n'y prenois pas garde* , je ne m'apperce-
vois pas de cela façon de parler naturel'e , *je n'y
prenoie pas* garde. *Tandis que , sans songer à moi ,*
tandis que innocemm ent , sans malice , comme un
pauvre mouton , *je vous regarde* ; c'est à-dire, je
m'amuse à vous confidérer , je vous observe, je
v   contemple ; *votre œ·l en tapinois* ... Que vous
semble de ce mot *tapinois* ? n'est-il pas bien choisi ?

CATHOS.

Tout-à-fait bien.

MASCARILLE.

Tapinois , en cachette ; il semble que ce soit un
chat qui vienne de prendre une souris . *Tapinois.*

MADELON

Il ne se peut rien de mieux.

MASCARILLE.

*Me dérobe mon cœur , me l'emporte , me le ravit.
Au voleur , au voleur , au voleur , au voleur.* Ne diriez-
vous pas que c'est un homme qui crie & court
après un voleur pour le faire arrêter ? *Au voleur,
au voleur , au voleur , au voleur.*

MADELON.

Il faut avouer que cela a un tour spirituel & galant.

MASCARILLE.

Je veux vous diie l'air que j'ai fait deſus.

CATHOS.

Vous avez appris la Muſique ?

MASCARILLE.

Moi ? Point du tout.

CATHOS.

Et comment donc cela ſe peut-il?

MASCARILLE.

Les gens-de-qualité ſavent tout ſans avoir rien
appris *.

MADELON.

Aſſurément , ma chere.

MASCARILLE.

Ecoutez ſi vous trouverez l'air à votre goût : _hem,_
hem , _la_ , _la_ , _la_ , _la_ , _la._ La brutalité de la ſaiſon a
furieuſement outragé la délicareſſe de ma voix ;
mais il n'importe , c'eſt à la cavalière. (_Il chante._)

Oh , oh ! Je n'y prenois pas , &c.

CATHOS.

Ah , que voilà un air qui eſt paſſionné ! Eſt-ce qu'on
n'en meurt point ?

MADELON.

Il y a de la chromatique là-dedans.

MASCARILLE.

Ne trouvez-vous pas la penfée bien exprimée dans le chant ? *Au voleur, au voleur.* Et puis comme fi l'on crioit bien fort, *au, au, au, au, au voleur.* Et tout d'un coup comme une perfonne effoufflée, *au voleur.*

MADELON.

C'eft-là favoir le fin des chofes, le grand fin, le fin du fin. Tout eft merveilleux, je vous affure ; je fuis enthoufiafmée de l'air & des paroles.

CATHOS.

Je n'ai encore rien vu de cette force-là.

MASCARILLE.

Tout ce que je fais, me vient naturellement, c'eft fans étude.

MADELON.

La Nature vous a traité en vraie mere paffionée, & vous en êtes l'enfant gâté.

MASCARILLE.

A quoi donc paffez-vous le tems, Mefdames ?

CATHOS.

A rien du tout.

MADELON.

Nous avons été jufqu'ici dans un jeûne effroyable de divertiffemens.

MASCARILLE.

Je m'offre à vous mener l'un de ces jours à la comédie, si vous voulez ; aussi-bien on en doit jouer une nouvelle que je serai bien-aise que nous voyions ensemble.

MADELON.

Cela n'est pas de refus.

MASCARILLE.

Mais je vous demande d'applaudir comme il faut, quand nous serons là ; car je me suis engagé de faire valoir la piéce , & l'auteur m'en est venu prier encore ce matin. C'est la coutume ici , qu'à nous autres gens de condition , les auteurs viennent lire leurs piéces nouvelles , pour nous engager à les trouver belles , & leur donner de la réputation : & je vous laisse à penser , si, quand nous disons quelque chose , le parterre ose nous contredire ! Pour moi, j'y suis fort exact ; & quand j'ai promis à quelque poëte, je crie toujours , voilà qui est beau, devant ' que les chandelles soient allumées,

MADELON.

Ne m'en parlez point : c'est un admirable lieu que Paris ; il s'y passe cent choses tous les jours , qu'on ignore dans les provinces, quelque spirituelle qu'on puisse être.

CATHOS.

C'est assez : puisque nous sommes instruites , nous ferons notre devoir de nous écrier comme il faut sur tout ce qu'on dira.

MASCARILLE.

Je ne sais si je me trompe ; mais vous avez toute la mine d'avoir fait quelque comédie.

MADELON.

Hé ! il pourroit être quelque chose de ce que vous dites.

MASCARILLE.

Ah ! ma foi, il faudra que nous la voyions. Entre nous, j'en ai composé une que je veux faire représenter.

CATHOS.

Hé, à quels comédiens la donnerez-vous ?

MASCARILLE.

Belle demande ! Aux comédiens de l'hôtel de Bourgogne ; il n'y a qu'eux qui soient capables de faire valoir les choses ; les autres sont des ignorans qui récitent comme l'on parle 10 ; ils ne savent pas faire ronfler les vers, & s'arrêter au bel endroit : & le moyen de connoître où est le beau vers , si le comédien ne s'y arrête, & ne vous avertit par-là qu'il faut faire le brouhaha ?

CATHOS.

CATHOS.

En effet, il y a manière de faire sentir aux audi-
teurs les beautés d'un ouvrage ; & les choses ne
valent que ce qu'on les fait valoir.

MASCARILLE

Que vous semble de ma petite oie ¹¹? La trouvez-
vous congruante à l'habit ?

CATHOS.

Tout-à-fait.

MASCARILLE.

Le ruban en est bien choisi ?

MADELON.

Furieusement bien. C'est perdrigeon tout pur ¹².

MASCARILLE.

Que dites-vous de mes canons ¹³?

MADELON.

Ils ont tout-à-fait bon air.

MASCARILLE.

Je puis me vanter au moins, qu'ils ont un grand
quartier plus que tous ceux qu'on fait.

MADELON.

Il faut avouer que je n'ai jamais vu porter si haut
l'élégance de l'ajustement.

MASCARILLE.

Attachez un peu fur ces gants la réflexion de votre odorat.

MADELON.

Ils fentent terriblement bon.

CATHOS.

Je n'ai jamais refpiré une odeur mieux condition-née.

MASCARILLE.

Et celle-là ? (*Il donne à fentir les cheveux poudrés de fa perruque.*)

MADELON.

Elle eft tout-à-fait de qualité ; le fublime en eft touché delicieufement.

MASCARILLE.

Vous ne me dites rien de mes plumes ! comment les trouvez-vous ?

CATHOS.

Effroyablement belles.

MASCARILLE.

Savez-vous que le brin me coûte un louis d'or ? Pour moi j'ai cette manie, de vouloir donner généralement fur tout ce qu'il y a de plus beau.

MADELON.

Je vous affure que nous fympathifons vous &

moi. J'ai une délicatesse furieuse pour tout ce que je porte; & jusqu'à mes chaussettes, je ne puis rien souffrir qui ne soit de la bonne faiseuse.

MASCARILLE *s'écriant brusquement.*

Ahi, ahi, ahi, doucement. Dieu me damne, Mesdames, c'est fort mal en user; j'ai à me plaindre de votre procédé; cela n'est pas honnête.

CATHOS.

Qu'est-ce donc? qu'avez-vous?

MASCARILLE.

Quoi! toutes deux contre mon cœur, en même-temps? M'attaquer à droite & à gauche? Ah! c'est contre le droit des gens: la partie n'est pas égale; & je m'en vais crier au meurtre.

CATHOS.

Il faut avouer qu'il dit les choses d'une manière particulière.

MADELON.

Il a un tour admirable dans l'esprit.

CATHOS.

Vous ayez plus de peur que de mal, & votre cœur crie avant qu'on l'écorche.

MASCARILLE.

Comment diable! Il est écorché depuis la tête jusqu'aux pieds 14.

Ee ij

SCÈNE XI.

CATHOS, MADELON, MASCARILLE, MAROTTE.

MAROTTE.

Madame, on demande à vous voir.

MADELON.

Qui ?

MAROTTE.

Le vicomte de Jodelet.

MASCARILLE.

Le vicomte de Jodelet ?

MAROTTE.

Oui, Monſieur.

CATHOS.

Le connoiſſez-vous ?

MASCARILLE.

C'eſt mon meilleur ami.

MADELON.

Faites entrer vîtement.

MASCARILLE.

Il y a quelque temps que nous ne nous ſommes vus ; & je ſuis ravi de cette aventure.

CATHOS.

Le voici.

SCÈNE XII.

CATHOS, MADELON, JODELEI, MASCARILLE, MAROTTE, ALMANZOR.

MASCARILLE.

AH, Vicomte!

. JODELET, *s'embraffant l'un l'autre.*

Ah! Marquis!

MASCARILLE.

Que je fuis aife de te rencontrer !

JODELET.

Que j'ai de joie de te voir ici!

MASCARILLE.

Baife-moi donc encore un peu , je, te prie.

MADELON *à Cathos.*

Ma toute bonne , nous commençons d'être connues : voilà le beau monde qui prend le chemin de nous venir voir.

MASCARILLE.

Mefdames , agréez que je vous préfente ce gentilhomme-ci; fur ma parole, il eft digne d'être connu de vous.

JODELET.

Il eft jufte de venir vous rendre ce qu'on vous

E e iij

doit ; & vos attraits exigent leurs droits seigneuriaux sur [15] toutes sortes de personnes.

M A D E L O N.

C'est pousser vos civilités jusqu'aux derniers con-
fins de la flatterie.

C A T H O S.

Cette journée doit être marquée dans notre alma-
nach comme une journée bien-heureuse.

M A D E L O N *à Almanzor.*

Allons, petit garçon, faut-il toujours vous répéter
les choses ? Voyez-vous pas [16] qu'il faut le surcroît
d'un fauteuil ?

M A S C A R I L L E.

Ne vous étonnez pas de voir le Vicomte de la
sorte ; il ne fait que sortir d'une maladie qui lui a
rendu le visage pâle, comme vous le voyez.

J O D E L E T.

Ce sont fruits des veilles de la cour, & des fatigues
de la guerre.

M A S C A R I L L E.

Savez-vous, Mesdames, qoe vous voyez dans le
Vicomte un des vaillans hommes du siècle ? C'est
un brave à trois poils.

J O D E L E T.

Vous ne m'en devez rien, Marquis ; & nous sa-
vons ce que vous savez faire aussi.

M A S C A R I L L E.

Il eſt vrai que nous nous ſommes vus tous deux dans l'occaſion.

J O D E L E T.

Et dans des lieux où il faiſoit fort chaud.

MASCARILLE *regardant Cathos & Madelon.*

Oui ; mais non pas ſi chaud qu'ici. Hi , hi , hi.

J O D E L E T.

Notre connoiſſance s'eſt faite à l'armée ; & la pre-mière fois que nous nous vîmes , il commandoit un régiment de cavalerie ſur les galères de Malthe.

M A S C A R I L L E.

Il eſt vrai : mais vous étiez pourtant dans l'emploi avant que j'y fuſſe ; & je me ſouviens que je n'étois que petit officier encore , que vous commandiez deux mille chevaux.

J O D E L E T.

La guerre eſt une belle choſe ; mais , ma foi , la cour récompenſe bien mal aujourd'hui les gens de ſervice comme nous.

M A S C A R I L L E.

C'eſt ce qui fait que je veux pendre l'épée au croc.

C A T H O S.

Pour moi , j'ai un furieux tendre pour les hommes d'épée.

Ee iv

MADELON.

Je les aime auffi; mais je veux que l'efprit affaifonne la bravoure.

MASCARILLE.

Te fouvient-il, Vicomte, de cette demi-lune que nous emportâmes fur les ennemis au fiége d'Arras ?

JODELET.

Que veux-tu dire avec ta demi-lune ? C'étoit bien une lune toute entière.

MASCARILLE.

Je penfe que tu as raifon.

JODELET.

Il m'en doit bien fouvenir, ma foi : j'y fus bleffé à la jambe d'un coup de grenade, dont je porte encore les marques. Tâtez un peu, de grace : vous fentirez quel coup c'étoit-là.

CATHOS, *après avoir touché l'endroit.*

Il eft vrai que la cicatrice eft grande.

MASCARILLE.

Donnez-moi un peu votre main, & tâtez celui-ci ; là, juftement au derrière de la tête. Y êtes-vous ?

MADELON.

Oui : je fens quelque chofe.

MASCARILLE.

C'eſt un coup de mouſquet [17] que je reçus la dernière campagne que j'ai faite.

JODELET *découvrant ſa poitrine.*

Voici un coup qui me perça de part en part à l'attaque de Gravelines.

MASCARILLE *mettant la main ſur le bouton de ſon haut-de-chauſſe.*

Je vais vous montrer une furieuſe plaie.

MADELON.

Il n'eſt pas néceſſaire : nous le croyons ſans y regarder.

MASCARILLE.

Ce ſont des marques honorables qui font voir ce qu'on eſt.

CATHOS.

Nous ne doutons pas de ce que vous êtes.

MASCARILLE.

Vicomte, as tu-là ton caroſſe?

JODELET.

Pourquoi?

MASCARILLE.

Nous menerions promener ces Dames hors des portes, & leur donnerions un cadeau.

MADELON.

Nous ne faurions fortir aujourd'hui.

MASCARILLE.

Ayons donc les violons pour danfer.

JODELET.

Ma foi, c'eft bien avifé.

MADELON.

Pour cela, nous y confentons : mais il faut donc quelque furcroît de compagnie.

MASCARILLE.

Holà, Champagne, Picard, Bourguignon, Cafcaret, Bafque, la Verdure, Lorrain, Provençal, la Violette. Au diable foient tous les laquais. Je ne penfe pas qu'il y ait gentilhomme en France plus mal fervi que moi. Ces canailles me laiffent toujours feul.

MADELON.

Almanzor, dites aux gens de Monfieur le Marquis qu'ils aillent querir des violons, & nous faites venir ces Meffieurs & ces Dames d'ici près, pour peupler la folitude de notre bal.

(*Almanzor fort.*)

MASCARILLE.

Vicomte, que dis-tu de ces yeux ?

JODELET.

Mais toi-même, Marquis, que t'en femble ?

MASCARILLE.

Moi, je dis que nos libertés auront peine à sortir d'ici les braies nettes [18]. Au moins, pour moi, je reçois d'étranges secousses, & mon cœur ne tient qu'à un filet.   .

MADELON.

Que tout ce qu'il dit est naturel! Il tourne les choses le plus agréablement du monde.

CATHOS.

Il est vrai qu'il fait une furieuse dépense en esprit. .

MASCARILLE.

Pour vous montrer que je suis véritable, je veux faire un impromptu là-dessus.

(Il médite.)

CATHOS.

Hé, je vous en conjure de toute la dévotion de mon cœur, que nous oyions [19] quelque chose qu'on ait fait pour nous.

JODELET.

J'aurois envie d'en faire autant ; mais je me trouve un peu incommodé de la veine poëtique, pour [20] la quantité de saignées que j'y ai faites ces jours passés.

MASCARILLE.

Que diable est-ce-là! Je fais toujours bien le premier vers : mais j'ai peine à faire les autres. Ma foi, ceci est un peu trop pressé ; je vous ferai un imprómptu à loifir, que vous trouverez le plus beau du monde.

JODELET.

Il a de l'efprit comme un aémon.

MADELON.

Et du galant, & du bien tourné.

MASCARILLE.

Vicomte, dis-moi un peu, y a-t-il long-tems que tu n'as vu la Comteffe ?

JODELET.

Il y a plus de trois femaines que je ne lui ai rendu vifite.

MASCARILLE.

Sais-tu bien que le Duc m'eft venu voir ce matin, & m'a voulu mener à la campagne courir un cerf avec lui ?

MADELON.

Voici nos amies qui viennent.

SCÈNE XIII.

LUCILE, CÉLIMÈNE, CATHOS, MADELON, MASCARILLE, JODELET, MAROTTE, ALMANZOR, VIOLONS.

MADELON.

MON Dieu! mes chères, nous vous demandons pardon. Ces Meffieurs ont eu fantaifie de nous donner les ames des pieds ; & nous vous avons envoyé querir pour remplir les vuides de notre aſſemblée.

L U C I L E.

Vous nous avez obligées, ſans doute.

M A S C A R I L L E.

Ce n'eſt ici qu'un bal à la hâte ; mais l'un de ces jours nous vous en donnerons un dans les formes. Les violons ſont-ils venus ?

A L M A N Z O R.

Oui, Monſieur : ils ſont ici.

C A T H O S.

Allons donc, mes chères, prenez place.

M A S C A R I L L E *danſant lui ſeul comme par prélude.*

La, la, la, la, la, la, la, la.

M A D E L O N.

Il a la taille tout-à-fait élégante.

·C A T H O S.

Et a la mine de danſer proprement.

M A S C A R I L L E *ayant pris Madelon pour danſer.*

Ma franchiſe va danſer la courante auſſi-bien que mes pieds. En cadence, violons, en cadence. O quels ignorans ! Il n'y a pas moyen de danſer avec eux. Le diable vous emporte ! ne ſauriez-vous jouer en mefure? La, la, la, la, la, la, la, la, la. **Ferme.** O violons de village!

J O D E L E T *danfant enfuite.*

Holà, ne preffez pas fi fort la cadence : je ne fais que fortir de maladie.

S C È N E XIV.

DU CROISY, LA GRANGE, CATHOS, MADELON, LUCILE, CÉLIMÈNE, JODELET, MASCARILLE, MAROTTE, VIOLONS.

L A G R A N G E *un bâton à la main.*

AH, ah, coquins! que faites-vous ici ? Il y a trois heures que nous vous cherchons.

M A S C A R I L L È *fe fentant battre.*

Ahi, ahi, ahi, vous ne m'aviez pas dit que les coups en feroient auffi.

J O D E L E T.

Ahi, ahi, ahi.

L A G R A N G E.

C'eft bien à vous, infâme que vous êtes, à vouloir faire l'homme d'importance!

D U C R O I S Y.

Voilà qui vous apprendra à vous connoître.

SCÈNE XV.

CATHOS, MADELON, LUCILE, CÉLIMÈNE, MASCARILLE , JODELET , MAROTTE , VIOLONS.

MADELON.

QUE veut donc dire ceci ?

JODELET.

C'est une gageure.

CATHOS.

Quoi! vous laisser battre de la forte ?

MASCARILLE.

Mon Dieu, je n'ai pas voulu faire semblant de rien : car je suis violent, & je me serois emporté.

MADELON.

Endurer un affront comme celui-là , en notre préfence?

MASCARILLE.

Ce n'est rien : ne laissons pas d'achever. Nous nous connoissons il y a long-temps ; & entre amis on ne va pas fe piquer pour si peu de chose.

SCÈNE XVI.

DU CROISY, LA GRANGE, MADELON, CATHOS, CÉLIMENE, LUCILE, MASCA-RILLE, JODELET, MAROTTE, VIOLONS.

LA GRANGE.

MA foi, marauds, vous ne vous rirez pas de nous, je vous promets. Entrez, vous autres.

(*Trois ou quatre spadassins entrent.*)

MADELON.

Quelle est donc cette audace, de venir nous troubler de la sorte dans notre maison?

DU CROISY.

Comment! Mesdames, nous endurerons que nos laquais soient mieux reçus que nous; qu'ils viennent vous faire l'amour à nos dépens, & vous donner le bal?

MADELON.

Vos laquais?

LA GRANGE.

Oui, nos laquais: & cela n'est ni beau ni honnête, de nous les débaucher comme vous faites.

MADELON.

O ciel! quelle insolence!

LA GRANGE.

Mais ils n'auront pas l'avantage de se servir de nos habits pour vous donner dans la vue, & si vous les voulez aimer, ce sera, ma foi, pour leurs beaux yeux. Vîte, qu'on les dépouille sur le champ.

JODELET.

Adieu notre braverie.

MASCARILLE.

Voilà le marquisat & la vicomté à bas.

DU CROISY.

Ah, ah, coquins, vous avez l'audace d'aller sur nos brisées ! Vous irez chercher autre part de quoi vous rendre agréables aux yeux de vos belles, je vous en assure.

LA GRANGE.

C'est trop de nous supplanter, & de nous supplanter avec nos propres habits.

MASCARILLE.

O fortune, quelle est ton inconstance !

DU CROISY.

Vîte, qu'on leur ôte jusqu'à la moindre chose.

LA GRANGE.

Qu'on emporte toutes ces hardes, dépêchez. Maintenant, Mesdames, en l'état qu'ils sont, vous pouvez continuer vos amours avec eux tant qu'il vous plaira ; nous vous laifferons toute forte de·liberté pour cela , & nous vous proteftons, Monfieur & moi , que nous n'en ferons aucunement jaloux.

SCENE XVII.
MADELON, CATHOS, JODELET, MASCARILLE, VIOLONS.

CATHOS.

Ah, quelle confufion !

MADELON.

Je creve de dépit.

UN DES VIOLONS à *Mafcarille.*

Qu'eft-ce donc que ceci ? Qui nous payera nous autres ?

MASCARILLE.

Demandez à Monfieur le Vicomte.

UN DES VIOLONS à *Jodelet.*

Qui eft-ce qui nous donnera de l'argent ?

JODELET.

Demandez à Monfieur le Marquis.

S C È N E XVIII.

GORGIBUS, MADELON, CATHOS,
JODELET, MASCARILLE, VIOLONS.

GORGIBUS.

AH, eoquines que vous êtes, vous nous mettez
dans de beaux draps blancs, à ce que je vois, &
je viens d'apprendre de belles affaires vraiement,
de ces Meſſieurs & de ces Dames qui ſortent !

MADELON.

Ah, mon pere, c'eſt une piéce ſanglante qu'ils
nous ont faite !

GORGIBUS.

Oui, c'eſt une piéce ſanglante, mais qui eſt un
effet de votre impertinence, infâmes. Ils ſe ſont
reſſentis du traitement que vous leur avez fait ;
& cependant, malheureux que je ſuis, il faut
que je boive l'affront.

MADELON.

Ah, je jure que nous en ſerons vengées, ou que
je mourrai en la peine ! Et vous, marauds, oſez-
vous vous tenir ici après votre inſolence ?

MASCARILLE.

Traiter comme cela un Marquis ! Voilà ce que
c'eſt que du monde ²¹, la moindre diſgrace nous

F f ij

fait méprifer de ceux qui nous chériſſoient. Allons, camarade, allons chercher fortune autre part, je vois bien qu'on n'aime ici que la vaine apparence, & qu'on n'y conſidère point la vertu toute nue.

SCENE DERNIERE.

GORGIBUS, MADELON, CATHOS, VIOLONS.

UN DES VIOLONS.

MONSIEUR, nous entendons que vous nous contentiez à leur défaut, pour ce que nous avons joué ici.

GORGIBUS *les battant.*

Oui, oui, je vous vais contenter, & voici la monnoie dont je vous veux payer. Et vous, pendardes, je ne ſais qui me tient que je ne vous en faſſe autant, nous allons ſervir de fable & de riſée à tout le monde, & voilà ce que vous vous êtes attiré par vos extravagances. Allez vous cacher, vilaines, allez vous cacher pour jamais. (*ſeul*) Et vous, qui êtes cauſe de leur folie, ſottes billeveſées, pernicieux amuſemens des eſprits oiſifs, romans, vers, chanſons, ſonnets & ſonnettes, puiſſiez-vous être à tous les diables.

FIN.

OBSERVATIONS
DE L'ÉDITEUR
SUR LES PRÉCIEUSES RIDICULES.

Il y a très-peu de défauts contre la langue dans cette Piéce, & c'est par-là sans doute qu'elle n'est pas du nombre de celles sur lesquelles on nous a communiqué des remarques grammaticales.

Lorsqu'on écrit en prose, dit M. de Voltaire, on est bien plus maître de son style, & Molière, ayant à critiquer le langage des beaux-esprits du tems, châtia le sien davantage. Cependant on osera y observer quelques légères taches, qui appartiennent plus au tems où notre Auteur écrivit, qu'à lui-même.

SCENE I.

¹ *Pesques.* Ménage, dans son Dictionnaire Etymologique, se contente de dire, à ce mot, que Molière s'en est servi dans *les Précieuses ridicules.* Le Dictionnaire de l'Académie Françoise dit qu'il signifie *sotte & impertinente*, & qu'il est du style familier. Ne nous viendroit-il pas du mot Italien *pècca*, vice, défaut, ou du mot latin *Pecus* dont nous avons fait *Pécore* ?

² *Ont-elles répondu que oui & non ?* Il faudroit aujourd'hui, *ont-elles répondu autre chose que oui & non ?*

SCENE IV.

³ Le mot de *Brimborium*, dit Pasquier, dont nous

F f iij

uſons lorſque nous diſons que quelqu'un dit ſes *brimborions*, eſt dérivé de *Breviarium*. On l'a appliqué dans le ſtyle familier à tout ce qui paroît de peu de valeur.

4 *Elles ont uſé depuis que nous ſommes ici, le lard d'une douzaine de cochons.* Notre délicateſſe actuelle s'offenſeroit de l'expreſſion du *lard* & des *cochons*, mais notre délicateſſe ne ſeroit-elle pas outrée? Et ne faut-il pas, en copiant la nature, que Gorgibus diſe ce qu'un Bourgeois de ſon eſpèce & de ſon ignorance auroit dit ſûrement en pareil cas? Ce ſeroit rendre l'art de peindre impoſſible que de proſcrire l'uſage de certaines couleurs,

Scène V.

5 *Muſeau*, de *muſellus*, diminutif de *muſus*, fait de μύτις, Nez. Ménage.

6 *Vous avois-je pas commandé?* On voit ici que dans la proſe même on retranchoit du tems de Molière la particule négative, qui ſeroit aujourd'hui néceſſaire dans cette phraſe.

Scène X.

7 *Je vois bien que c'eſt un Amilcar.* Homme de qualité d'Afrique, attaché *au Prince de Carthage* dans le Roman de *Clélie*, toujours annoncé par l'Auteur comme plaiſant, ſans qu'on trouve de lui une bonne plaiſanterie dans tout le Roman. On le voit dans le ſecond volume ſoupçonner Brutus d'être moins imbécille qu'il ne veut le paroître, parce qu'il l'a vu ſourire à propos deux ou trois fois.

8 *Les gens de qualité ſavent tout ſans avoir rien appris.* On remarque ceci comme une preuve que

Molière, même en profe, a fait de ces phrafes dont la mémoire fe charge, comme elle fait des maximes en vers.

9 *Devant que les chandelles foient allumées.* Pour *avant que.*

10 Molière nous apprend que déjà la troupe à laquelle il préfidoit, étudioit les tons de la nature dans la déclamation. *Il n'y a que les Comédiens de l'Hôtel de Bourgogne,* fait-il dire à Mafcarille, *qui foient capables de faire valoir les chofes, les autres font des ignorans qui récitent comme l'on parle,* &c.

11 *Que vous femble de ma petite oye ?* La petite oye fe difoit alors des rubans, des plumes, & des différentes garnitures qui ornoient l'habit, le chapeau, le nœud d'épée, les gants, les bas & les fouliers, fur lefquels on attachoit des rofettes de ruban.

12 *C'eft Perdrigeon tout pur.* On ne dit plus *Perdrigeon,* mais *Perdrigon,* couleur empruntée d'une prune de ce nom, & qui eft violette ou blanche.

13 *Que dites-vous de mes canons ?* Les canons, du tems de Molière, étoient un cercle d'étoffe large, & fouvent orné de dentelles, qu'on attachoit au-deffus du genou, & qui couvroit la moitié de la jambe. Le Dictionnaire de Trévoux dit que c'étoit un demi-bas depuis la moitié de la cuiffe jufqu'à la moitié des jambes. *Tibialia longiora quæ femoribus aftringuntur.* On en avoit porté même avec des bottes *.

* Les Importans fe ren-   doient ridicules par leurs ca-

¹⁴ *Le cœur de Mascarille écarché de la tête aux pieds.* Cela rappelle ce qu'a dit de nos jours un Ecrivain * : *Frappez fort, mon cœur a bon dos.* Il n'a pas tenu à cet Auteur, qui d'ailleurs étoit plein d'esprit & de vues fines, que notre langue ne retombât dans le chaos d'où Molière l'avoit tirée.

Scene XII.

¹⁵ *Exigent leur droits Seigneuriaux sur*, &c. On n'exige pas un droit sur quelqu'un, on l'exerce. Peut-être est-ce une faute d'impression.

¹⁶ *Voyez-vous pas?* pour *Ne voyez-vous pas.*

¹⁷ *C'est un coup de mousquet.* On a vu plus d'une fois l'Acteur, qui joue le rôle de Mascarille, dire, comme par une espèce d'erreur, c'est *un coup de cotret.* Comment peut-il entrer dans la tête d'un homme qu'il sera plus plaisant que Molière?

¹⁸ *Nos libertés auront peine à sortir d'ici les braies nettes.* Le mot de braie a vieilli, & ne se trouve plus dans nos dictionnaires que comme terme d'Imprimerie & de Marine. Du tems de Molière il signifioit le linge du corps.

¹⁹ *Que nous oyons quelque chose,* pour *que nous entendions.*

nons, témoin M. de Candale, qui, au rapport du Cardinal de Retz, *n'avoit de grand que ses canons.* Voyez aussi ce qu'en dit Scarron, dans une Epitre à Mᵐᵉ de Hautefort:

Ayant tous canon trop plissé,
Rond de botte trop compassé ;
Souliers trop longs, grégue trop large,
Chapeaux à trop petite marge.

* M. de Marivaux.

²⁰ *Incommode... pour la quantité.* Il faudroit par.

Scene XVIII.

²¹ *Voilà ce que c'est que du monde,* On diroit aujourd'hui ; *voilà ce que c'est que le monde.*

Scene dernière.

²² *Romans, vers, chansons, sonnets & sonnettes.* Ce dernier mot, qui révolteroit aujourd'hui, & que nous renverrions au plus à la parade, est un trait de maître ; il peint la franche ignorance de *Gorgibus*, qui entend bien moins le mot *sonnet* que celui de *sonnette* qui lui vient à l'esprit, & par-là il augmente le contraste de ce pere avec sa ridicule fille, bien convaincue d'avoir pris un mauvais ton, sans qu'on puisse soupçonner qu'il y ait eu la moindre part.

NOUVELLES OBSERVATIONS.

Scène X. *Oh ! oh ! je n'y prenois pas garde.* La chanson de Mascarille paroît imitée d'un madrigal du Recueil de Serci, dont Molière se moquoit en faisant dire à Madelon dans cette même scène qu'une de leurs amies devoit leur préfenter tous ces messieurs du Recueil des pieces choisies. Voici le Madrigal :

> Je sens une extrême douleur,
> Et je souffre un cruel martyre,
> Depuis assez de tems je possédois un cœur
> Que depuis peu je trouve à dire :
> Soit dit sans vous mettre en courroux,
> L'auriez-vous pas pris par mégarde ;

Faites du moins qu'on y regarde ;
Je crois, fans y penfer, l'avoir laiffé chez vous.

[*a*] Scène *idem. C'eft perdrigeon tout pur.* Dans la note fur le mot *Perdrigeon,* je n'ai vu que la couleur du ruban. Mais il s'agiffoit d'un marchand à la mode qui vécut long-tems fous le règne de Louis XIV, & qui s'appeloit *Perdrigeon.* Voyez les fables de le Noble. Le finge qui s'habille en cavalier, met à fon épée :

Groffe dragone d'or par *Perdrigeon* vendue.

[*b*] Scene XII. *Exigent leurs droits feigneuriaux,&c.* M. d'Alembert, auquel je me fais l'honneur de défé-rer, croit que la particule *fur* fe rapportant au mot *droits* qui précède, j'ai mal à propos cru que Moliere avoit peut-être écrit *exercent.*

[*c*] Scène *idem.* Ce mot *canon* ne fe trouve pas dans le Vocabulaire de Monnet de 1630; ce qui eft une preuve que la chofe & le mot, fous cette acception, étoient nouveaux du tems de Molière. On conte à l'occafion de ce mot, qu'un Auteur Allemand, en donnant fur un théâtre de fon pays les Précieufes qu'il avoit tra-duites, faifoit mettre dans les poches de Mafcarille des piftolets qu'il pût montrer en difant : *que dites-vous de mes canons?*

[*d*] Scène *idem. Les braies nettes.* J'ai dit que ce mot ne fe trouvoit plus dans nos Dictionnaires. Il fe voit encore dans celui de l'Académie, derniere édi-tion, comme mot populaire & bas.

[*e*] Scene derniere. *Vers, chanfons, fonnets & fonnettes.* Malherbe, dit-on, s'étoit permis de faire un Sonnet, fans obferver la règle des rimes ; & fur ce qu'on lui dit qu'on ne le recevroit pas : hé bien, dit-il, ce fera une Sonnette.

SGANARELLE,

OU

LE COCU IMAGINAIRE,

COMÉDIE.

AVERTISSEMENT

DE L'ÉDITEUR

Sur SGANARELLE ou LE COCU IMAGINAIRE.

CEtte Comédie en vers & en un acte fut jouée à Paris sur le Théâtre du Petit Bourbon, le 28 Mai 1660.

Il est aisé d'appercevoir pourquoi les Éditeurs de Molière, depuis 1734 jusqu'à nous, ont partagé cette piéce en 3 actes. La scène restoit vuide après la 6e & la 17e scène, & ils ont pu croire que cette coupure étoit indiquée par Molière ; c'est ainsi que les premiers critiques ont divisé par estime les chef-d'œuvres des Théâtres anciens.

Cependant il ne nous est pas possible de croire qu'elle n'ait pas été jouée en un acte en 1660, comme elle l'est encore aujourd'hui ; des mémoires du tems nous apprennent que la scène 17e qui est le monologue, étoit alors appelée *la belle scène* ; or, dès qu'il y avoit une scène 17e, le partage qu'ont fait de cette piéce nos derniers Éditeurs, est de leur invention, puisque ce même monologue y devient la scène 11e du 2e acte. L'édition de 1682, faite par la Grange, camarade de

Molière, & Vinot, fon ami, ne nous offre cette comédie qu'en un acte.

Avant d'entrer dans le détail des faits qui regardent cet ouvrage, il faut faire obferver deux chofes à nos lecteurs.

La première, c'eft que tous ceux qui ont écrit fur Molière, fe font accordés à dire que le féjour de Paris avoit déja perfectionné fon ftyle dans cette troifième pièce en vers. Cependant elle eft encore pleine des fautes du tems qu'on a déja obfervées dans les deux premières.

La feconde, c'eft que Molière, par le choix des noms comiques & bas de *Sganarelle*, de *Gorgibus* & de *Villebrequin*, annonçoit fuffifamment à fes fpectateurs qu'ils devoient s'attendre à cette liberté groffière de ftyle qui eft ordinaire à de très-petits bourgeois tels que ceux-ci.

Le mot de *Cocu*, par exemple, eft retranché depuis long-tems du dictionnaire des honnêtes gens[1], mais il eft toujours dans la bouche du peuple & du demi-bourgeois; c'eft dans cette claffe que les hommes font encore originaux & vrais; le *Contemplateur*[2] Molière avoit dû jeter les yeux fur

1 Le fcrupuleux Baillet, en parlant de cette piéce, n'ofa point en nommer le titre, il écrit le *C... Imaginaire.*

2 C'eft le nom que Defpréaux donnoit à Molière.

cet ordre de citoyens, où les ridicules font dans toute leur franchife & dans toute leur naïveté. Devoit-il les faire parler autrement qu'ils ne parlent ? Et l'énergie des mots dont ils fe fervent habituellement devoit-elle lui échapper ?

Paris n'avoit point alors cet excès de délicateffe qui profcriroit aujourd'hui un pareil ouvrage, & le fuccès du *Cocu Imaginaire* ne nous permet pas d'en douter. Le mariage de Louis XIV avoit fait fortir de cette capitale un grand nombre de fes habitans, lorfque Molière donna fa piéce, & cependant elle eut un concours prodigieux de fpectateurs ; elle fut jouée 40 fois de fuite avec les mêmes applaudiffemens.

Molière y joua le rôle de Sganarelle avec une intelligence, un comique & une vérité qu'on ignoroit encore fur tous nos théâtres. C'étoit exactement le *mime* dont parle Cicéron, *qui ore, vultu, imitandis moribus, voce, denique corpore videtur ipfe.*

Le perfonnage de Sganarelle, (difent les auteurs de l'Hiftoire du Théâtre François) *femble avoir été introduit à l'imitation de ceux de Jodelet, de Gros-René, &c. mais nous ignorons* (ajoutent-ils) *le nom de l'auteur qui prit ce caractère, & le tems qu'il paffa au théâtre.*

Comment a-t-on pu comparer le caractère de

Sganarelle à celui de *Jodelet*, personnage fantasti-
que, pur bouffon, toujours hors de la nature, &
à qui Molière devoit faire abandonner nos théâtres ?
Le rôle de *Sganarelle* est comique, mais il est beaucoup plus dans notre façon d'être & dans la vérité.

Quel est cet autre embarras sur le nom de l'auteur qui prit ce caractère & sur le tems auquel il
parut sur la scène ? Ces historiens n'ont trouvé,
avant Molière, aucune piéce où ce personnage soit
introduit, c'est donc Molière qui l'a créé & qui le
destinoit pour lui-même.

Grimarêt, dans la vie de Molière, dit qu'un
bourgeois fut assez sot pour vouloir se plaindre du
Cocu imaginaire, qui lui ressembloit ; on lui fit
observer que les maris, qui sur cette matière en
étoient quittes pour l'imagination, étoient les plus
heureux ; & le bourgeois, consolé par un aussi
bon raisonnement, se calma.

Il n'étoit pas si aisé à notre Auteur d'arrêter l'envie de ses rivaux, que deux succès alarmoient pour
leur intérêt & pour leur gloire; on cita le canevas
Italien, qui a pour titre, *Arlichino cornuto per opi-
nione*, qui avoit servi à Molière comme quelques
parties de l'échafaudage d'un maçon peuvent servir à celui d'un habile architecte. Cette piéce enfin (dit M. de Voltaire) eut le sort des bons ouvrages qui ont de mauvais censeurs & de mauvais
copistes.   Un

Un nommé François *Doneau*, parent de l'auteur
du *Mercure Galant*, composa, en moins de deux
mois, le seul ouvrage qui l'ait fait connoître, & qui
a pour titre *les Amours d'Alcipe & de Céphise*, ou *la
Cocue Imaginaire*; on le trouve dans quelques anciennes éditions de Molière.

M. de Voltaire & quelques autres Écrivains disent que cette pièce du sieur *Doneau* fut jouée sur
la fin de 1651, mais les historiens de notre théâtre,
beaucoup plus exacts, assurent qu'elle ne l'a point
été. Quoi qu'il en soit, M. *Doneau* paroît moins
contraint que son parent M. de *Visé*, sur les éloges
qu'il fait de Molière. Voici comment il s'explique
dans sa Préface : cet endroit que nous allons en ci-
ter, apprendra suffisamment aux lecteurs ce que
c'étoit que la *Cocue Imaginaire*.

*Jamais on ne vit de sujet mieux conduit, jamais
rien de si bien fondé que la jalousie de Sganarelle, &
jamais rien de si spirituel que les vers.... J'aurois
bien fait un autre sujet que celui de M. Molière pour
faire éclater les plaintes de la femme, mais ils n'auroient pas eu tous les deux les mêmes sujets de faire
éclater leur jalousie; il y auroit eu du plus ou du
moins. C'est pourquoi il a fallu qu'ils raisonnassent
sur les mêmes incidents; tellement que j'ai été contraint de me servir du même sujet, c'est ce qui fait
que vous n'y trouverez rien de changé, sinon que tous*

les hommes de l'un font changés en femmes dans l'autre. Je pourrois aussi vous parler du mot de Cocue dont je me suis servi , mais je crois qu'il n'en est pas besoin , d'autant que nous sommes dans un tems où chacun parle à sa mode.

Molière ne fut pas assez enivré de son succès pour se rendre à la sollicitation des Libraires , & pour *sauter*, comme il le dit , *du Théâtre de Bourbon dans la Galerie du Palais.* Le Public ne dut l'impression du *Cocu Imaginaire* qu'à un effort de mémoire.

Un particulier , nommé *Neuvillenaine* , apres les cinq ou six premières représentations, se vit en état d'écrire presque toute la pièce & de la communiquer à ses amis. Mais comme il apprit qu'on se disposoit à abuser de la confiance qu'il avoit eue en laissant courir son manuscrit, il prit la résolution de la faire imprimer lui-même telle qu'il l'avoit , & de la dédier à M. de *Molter.* C'est ainsi qu'il écrit le nom de notre auteur.

Les argumens que le sieur de *Neuvillenaine* mit à la tête de chaque scène, rendent cette première édition assez précieuse , parce qu'ils nottent , en quelque façon, la pantomime théâtrale de la pièce , qu'ils rendent le compte le plus étendu de tout le jeu de Sganarelle, & qu'ils suppléent aux vuides que la mémoire de l'éditeur avoit laissés.

L'homme de génie qui a donné quelques-uns de ses
momens à Molière en 1736; dit que le dénouement
amené par *Villebrequin* est un des moins bien ména-
gés & des moins heureux de l'auteur. Cependant il est
dans la nature que deux vieillards , sans consulter
leurs enfans , ayent arrangé une union que le mariage
antécédent & secret d'un des futurs rend impossible ;
c'est ce qui forme le dénouement du *Cocu Imagi-*
naire. Villebrequin vient annoncer la nécessité où le
met son fils de retirer sa parole , & il rend par-là à
Gorgibus [1] la liberté de tenir son premier engagement avec *Lélie* ; ce qui termine l'acte à la satis-
faction de toutes les parties. Le dénouement est
donc suffisamment amené , sur-tout dans une espèce de farce , où le mérite si rare d'exciter le rire ,
rend le spectateur moins délicat sur les finesses de
l'art.

[1] *Gorgibus* n'est point un
nom imaginaire , comme on
pourroit le croire ; ce nom
étoit celui d'un des témoins
qu'on avoit fait entendre
dans les informations de
1650 , faites sur la con-
juration publique. Voyez les
Mémoires de Retz, Liv. 3.
où ce Cardinal parle de la
Comette , de *Marsan* & de
Gorgibus , filoux fieffés, qui
avoient déposé contre lui,&
Mrs de *Beauffort* & *Bruffelles.*

ACTEURS.

GORGIBUS, bourgeois.

CÉLIE, fille de Gorgibus.

LÉLIE, amant de Célie.

GROS RENÉ, valet de Lélie.

SGANARELLE, bourgeois, & cocu imaginaire.

LA FEMME de Sganarelle.

VILLEBREQUIN, père de Valère.

LA SUIVANTE de Célie.

UN PARENT de la femme de Sganarelle.

La Scène est dans un place publique

LE COCU IMAGINAIRE.

SGANARELLE,

OU

LE COCU IMAGINAIRE.

COMEDIE.

SCÈNE PREMIÈRE.

GORGIBUS, CÉLIE, LA SUIVANTE de Célie.

CÉLIE *sortant toute éplorée.*

AH ! n'espérez jamais que mon cœur y consente.

GORGIBUS.

Que marmotez-vous-là, petite impertinente ?
Vous prétendez choquer ce que j'ai résolu ?
Je n'aurai pas sur vous un pouvoir absolu ?

Et, par fottes raifons, votre jeune cervelle
Voudroit régler ici la raifon paternelle ?
Qui de nous deux à l'autre a droit de faire loi ?
A votre avis, qui mieux, ou de vous, ou de moi,
O fotte ! peut juger ce qui vous eft utile ?
Par la corbleu ! gardez d'échauffer trop ma bile ;
Vous pourriez éprouver, fans beaucoup de longueur [1]
Si mon bras fait encor montrer quelque vigueur.
Votre plus court fera, madame la mutine,
D'accepter fans façon l'époux qu'on vous deftine.
J'ignore, dites-vous, *de quelle humeur il eft,*
Et dois auparavant confulter, s'il vous plaît :
Informé du grand bien qui lui tombe en partage,
Dois-je prendre le foin d'en favoir davantage ?
Et cet époux, ayant vingt mille bons ducats,
Pour être aimé de vous, doit-il manquer d'appas ?
Allez, tel qu'il puiffe être, avecque [2] cette fomme
Je vous fuis caution qu'il eft très-honnête homme.

CÉLIE.

Hélas !

GORGIBUS.

Hé bien hélas ! Que veut dire ceci ?
Voyez le bel hélas qu'elle nous donne ici !
Hé ! Que fi la colère une fois me tranfporte,
Je vous ferai chanter hélas de belle forte.
Voilà, voilà le fruit de ces empreffemens
Qu'on vous voit nuit & jour à lire vos romans ;

De quolibets d'amour votre tête est remplie,
Et vous parlez de Dieu bien moins que de Clélie.
Jetez-moi dans le feu tous ces méchans écrits,
Qui gâtent tous les jours tant de jeunes esprits;
Lisez-moi, comme il faut, au lieu de ces sornettes,
Les quatrains de Pibrac ³, & les doctes tablettes
Du conseiller Matthieu; l'ouvrage est de valeur,
Et plein de beaux dictons à réciter par cœur.
La Guide des pécheurs ⁴ est encore un bon livre;
C'est-là qu'en peu de tems on apprend à bien vivre;
Et si vous n'aviez lu que ces moralités,
Vous sauriez un peu mieux suivre mes volontés.

CÉLIE.

Quoi! vous prétendez donc, mon père, que j'oublie
La constante amitié que je dois à Lélie?
J'aurois tort, si sans vous je disposois de moi;
Mais vous-même à ses vœux engageâtes ma foi.

GORGIBUS.

Lui fût-elle engagée encore davantage,
Un autre est survenu, dont le bien l'en dégage ⁵.
Lélie est fort bien fait; mais apprends qu'il n'est rien
Qui ne doive céder au soin d'avoir du bien,
Que l'or donne aux plus laids certain charme pour plair
Et que sans lui le reste est une triste affaire.
Valère, je crois bien, n'est pas de toi chéri;
Mais, s'il ne l'est amant, il le sera mari.

Plus que l'on ne le croit, ce nom d'époux engage,
Et l'amour eft fouvent un fruit du mariage.
Mais fuis-je pas bien fat de vouloir raifonner,
Où de droit abfolu j'ai pouvoir d'ordonner ?
Trêve donc, je vous prie, à vos impertinences.
Que je n'entende plus vos fottes doléances.
Ce gendre doit venir vous vifiter ce foir,
Manquez un peu, manquez à le bien recevoir ;
Si je ne vous lui vois faire fort bon vifage ⁶,
Je vous... Je ne veux pas en dire davantage.

SCÈNE II.

CÉLIE, LA SUIVANTE *de Célie.*

LA SUIVANTE.

Quoi, refufer, Madame, avec cette rigueur,
Ce que tant d'autres gens voudroient de tout leur cœur
A des offres d'hymen répondre par des larmes,
Et tarder tant à dire un oui fi plein de charmes ?
Hélas ! que ne veut-on auffi me marier !
Ce ne feroit pas moi qui fe feroit prier ;
Et, loin qu'un pareil oui me donnât de la peine,
Croyez que j'en dirois bien vîte une douzaine.
Le précepteur qui fait répéter la leçon
A votre jeune frère, a fort bonne raifon
Lorfque, nous difcourant des chofes de la terre,
Il dit que la femelle eft ainfi que le lierre,

Qui croît beau, tant qu'à l'arbre il se tient bien serré,
Et ne profite point s'il en est séparé.
Il n'est rien de plus vrai, ma très-chère maîtresse,
Et je l'éprouve en moi, chétive pécheresse.
Le bon Dieu fasse paix à mon pauvre Martin;
Mais j'avois, lui vivant, le teint d'un chérubin,
L'embonpoint merveilleux, l'œil gai, l'ame contente,
Et maintenant je suis ma commère dolente.
Pendant cet heureux tems, passé comme un éclair,
Je me couchois sans feu dans le fort de l'hiver 7 ;
Sécher même les draps me sembloit ridicule ;
Et je tremble à présent dedans la canicule.
Enfin il n'est rien tel, Madame, croyez-moi,
Que d'avoir un mari la nuit auprès de soi.
Ne fût-ce que pour l'heur d'avoir qui vous salue
D'un, Dieu vous soit en aide, alorsqu'on éternue.

     C É L I E.

Peux-tu me conseiller de commettre un forfait,
D'abandonner Lélie, & prendre ce mal-fait 8 ?

     L A S U I V A N T E.

Votre Lélie aussi n'est, ma foi, qu'une bête,
Puisque si hors de tems son voyage l'arrête ;
Et la grande longueur de son éloignement
Me le fait soupçonner de quelque changement.

   C É L I E *lui montrant le portrait de Lélie.*

Ah ! ne m'accable point par ce triste présage,
Vois attentivement les traits de ce visage,

Ils jurent à mon cœur d'éternelles ardeurs ;
Je veux croire, après tout, qu'ils ne font point men teu
Et que, comme c'est lui que l'art y repréfente,
Il conferve à mes feux une amitié conftante.

LA SUIVANTE.

Il eft vrai que ces traits marquent un digne amant,
Et que vous avez lieu de l'aimer tendrement.

CÉLIE.

Et cependant il faut... Ah, foutiens-moi.
(*Laiffant tomber le portrait de Lélie.*)

LA SUIVANTE.

Madame,
D'où vous pourroit venir... Ah, bons dieux, elle pâme
Hé ! vîte, holà quelqu'un.

_____

SCÈNE III.

CÉLIE, SGANARELLE, LA SUIVANTE *de Célie.*

SGANARELLE.

Qu'est-ce donc ? Me voilà.

LA SUIVANTE.

Ma maîtreffe fe meurt.

SGANARELLE.

Quoi ! n'eft-ce que cela ?
Je croyois tout perdu de crier de la forte ;
Mais approchons pourtant. Madame, êtes-vous morte !

Ouais ! Elle ne dit mot.

LA SUIVANTE.

Je vais faire venir

Quelqu'un pour l'emporter, veuillez la foutenir.

SCÈNE IV.

CÉLIE, SGANARELLE, LA FEMME *de Sganarelle,*

SGANARELLE *en paſſant la main ſur le ſein de Célie.*

ELLE eſt froide par-tout, & je ne ſais qu'en dire.
Approchons-nous pour voir ſi ſa bouche reſpire.
Ma foi, je ne ſais pas ; mais j'y trouve encor moi
Quelque ſigne de vie.

LA FEMME *de Sganarelle regardant par la fenêtre.*

Ah, qu'eſt-ce que je voi ?

Mon mari dans ſes bras... Mais je m'en vais deſcendre
Il me trahit, ſans doute, & je veux le ſurprendre.

SGANARELLE.

Il faut ſe dépêcher de l'aller ſecourir ;
Certes, elle auroit tort de ſe laiſſer mourir.
Aller en l'autre monde eſt très-grande ſottiſe ;
Tant que dans celui-ci l'on peut être de miſe.

(*Il la porte chez elle.*)

SCÈNE V.

LA FEMME *de Sganarelle seule.*

IL s'eſt ſubitement éloigné de ces lieux ,
Et ſa fuite a trompé mon deſir curieux :
Mais de ſa trahiſon je ne ſuis plus en doute ,
Et le peu que j'ai vu me la découvre toute.
Je ne m'étonne plus de l'étrange froideur
Dont je le vois répondre à ma pudique ardeur ;
Il réſerve , l'ingrat , ſes careſſes à d'autres ,
Et nourrit leurs plaiſirs par les jeûnes des nôtres.
Voilà de nos maris le procédé commun ;
Ce qui leur eſt permis leur devient importun ;
Dans les commencemens ce ſont toutes merveilles ,
Ils témoignent pour nous des ardeurs nompareilles :
Mais les traîtres bientôt ſe laſſent de nos feux ,
Et portent autre part ce qu'ils doivent chez eux.
Ah ! que j'ai de dépit que la loi n'autoriſe
A changer de mari comme on fait de chemiſe !
Cela ſeroit commode ; & j'en ſais telle ici
Qui , comme moi , ma foi , le voudroit bien auſſi .

(*En ramaſſant le portrait que Célie avoit laiſſé tomber.*)

Mais quel eſt ce bijou que le ſort me préſente ?
L'émail en eſt fort beau , la gravure charmante ,
Ouvrons.

SCÈNE VI.

SGANARELLE, LA FEMME *de Sganarelle.*

SGANARELLE *se croyant seul.*

ON la croyoit morte & ce n'étoit rien.
Il n'en faut plus qu'autant ' ', elle se porte bien,
Mais j'apperçois ma femme.

LA FEMME *de Sganarelle se croyant seule.*

O ciel! c'est miniature,
Et voilà d'un bel homme une vive peinture !

SGANARELLE *à part, & regardant par-dessus*
l'épaule de sa femme.

Que considère-t-elle avec attention ?
Ce portrait, mon honneur, ne me dit rien de bon.
D'un fort vilain soupçon je me sens l'ame émue.

LA FEMME *de Sganarelle sans appercevoir son mari.*

Jamais rien de plus beau ne s'offrit à ma vue ;
Le travail plus que l'or s'en doit encor priser.
O que cela sent bon !

SGANARELLE *à part.*

Quoi ! peste, le baiser ?
Ah, j'en tiens !

LA FEMME *de Sganarelle poursuit.*

Avouons qu'on doit être ravie
Quand d'un homme ainsi fait on se peut voir servie '

Et que s'il en contoit avec attention ,
Le penchant feroit grand à la tentation.
Ah , que n'ai-je un mari d'une auffi bonne mine !
Au lieu de mon pelé , de mon ruftre. . . .

    SGANARELLE *lui arrachant le portrait.*

                  Ah , mâtine ¹³!

Nous vous y furprenons en faute contre nous ,
En diffamant l'honneur de votre cher époux.
Donc , à votre calcul , ô ma trop digne femme !
Monfieur , tout bien compté , ne vaut pas bien Madame !
Et , de par Belzébut qui vous puiffe emporter ,
Quel plus rare parti pourriez-vous fouhaiter ?
Peut-on trouver en moi quelque chofe à redire ?
Cette taille , ce port , que tout le monde admire ,
Ce vifage , fi propre à donner de l'amour ,
Pour qui mille beautés foupirent nuit & jour ;
Bref , en tout & partout , ma perfonne charmante
N'eft donc pas un morceau dont vous foyez contente?
Et , pour raffafier votre appétit gourmand ,
Il faut joindre au mari le ragoût d'un galant ?

      LA FEMME *de Sganarelle.*

J'entends à demi-mot où va la raillerie.
Tu crois par ce moyen . . .

      SGANARELLE.

           A d'autres , je vous prie :

La chofe eft avérée , & je tiens dans mes mains
Un bon certificat du mal dont je me plains.

LA FEMME *de Sganarelle.*

Mon courroux n'a déjà que trop de violence,
Sans le charger encor d'une nouvelle offense.
Ecoute, ne crois pas retenir mon bijou,
Et songe un peu...

SGANARELLE.

Je songe à te rompre le cou.
Que ne puis-je, aussi-bien que je tiens la copie,
Tenir l'original !

LA FEMME *de Sganarelle.*

Pourquoi ?

SGANARELLE.

Pour rien, ma mie.
Doux objets de mes vœux, j'ai grand tort de crier,
Et mon front de vos dons vous doit remercier.

(Regardant le portrait de Lélie.)

Le voilà le beau fils, le mignon de couchette,
Le malheureux tison de ta flamme secrette,
Le drôle avec lequel...

LA FEMME *de Sganarelle,*

Avec lequel ? Poursui.

SGANARELLE.

Avec lequel, te dis-je... & j'en creve d'ennui.

LA FEMME *de Sganarelle.*

Que me veut donc conter par-là ce maître ivrogne !

SGANARELLE.

Tu ne m'entens que trop, Madame la carogne.
Sganarelle est un nom qu'on ne me dira plus,
Et l'on va m'appeler seigneur Cornelius [15] :
J'en suis pour mon honneur; mais à toi qui me l'ôtes,
Je t'en ferai du moins pour un bras ou deux côtes [16].

LA FEMME *de Sganarelle.*

Et tu m'oses tenir de semblables discours ?

SGANARELLE.

Et tu m'oses jouer de ces diables de tours ?

LA FEMME *de Sganarelle.*

Et quels diables de tours? Parle donc sans rien feindre.

SGANARELLE.

Ah, cela ne vaut pas la peine de se plaindre ?
D'un panache de cerf sur le front me pourvoir :
Hélas, voila vraiment un beau venez-y-voir !

LA FEMME *de Sganarelle.*

Donc, après m'avoir fait la plus sensible offense,
Qui puisse d'une femme exciter la vengeance,
Tu prends d'un feint courroux le vain amusement
Pour prévenir l'effet de mon ressentiment ?
D'un pareil procédé l'insolence est nouvelle;
Celui qui fait l'offense est celui qui querelle.

SGANARELLE.

Hé, la bonne effrontée ! A voir ce fier maintien,
Ne la croiroit-on pas une femme de bien ?

LA

LA FEMME *de Sganarelle.*

Va, pourſuis ton chemin, cajole tes maîtreſſes,
Adreſſe-leur tes vœux, & fais-leur tes careſſes :
Mais rends-moi mon portrait, ſans te jouer de moi.
(*Elle lui arrache le portrait & s'enfuit.*)

SGANARELLE.

Oui, tu crois m'échapper, je l'aurai malgré toi.

SCENE VII.

LÉLIE, GROS-RENÉ.

GROS-RENÉ.

ENFIN nous y voici : mais, Monſieur, ſi je l'oſe,
Je voudrois vous prier de me dire une choſe.

LÉLIE.

Hé bien, parle.

GROS-RENÉ.

Avez-vous le diable dans le corps
Pour ne point ſuccomber à de pareils efforts?
Depuis huit jours entiers avec vos longues traites
Nous ſommes à piquer des chiennes de mazettes,
De qui le train maudit nous a tant ſecoués,
Que je m'en ſens pour moi tous les membres roués;
Sans préjudice encor d'un accident bien pire,
Qui m'afflige un endroit que je ne veux pas dire:
Cependant, arrivé, vous ſortez bien & beau
Sans prendre de repos, ni manger un morceau.

LÉLIE.

Ce grand empreſſement n'eſt pas digne de blâme;
De l'hymen de Célie on alarme mon ame ;
Tu ſais que je l'adore ; & je veux être inſtruit ,
Avant tout autre ſoin , de ce funeſte bruit.

GROS-RENÉ.

Oui ; mais un bon repas vous ſeroit néceſſaire
Pour s'aller éclaircir , Monſieur , de cette affaire ;
Et votre cœur , ſans doute, en deviendroit plus fort
Pour pouvoir réſiſter aux attaques du ſort.
J'en juge par moi-même ; & la moindre diſgrace,
Lorſque je ſuis à jeun, me ſaiſit , me terraſſe ;
Mais quand j'ai bien mangé, mon ame eſt ferme à tout,
Et les plus grands revers n'en viendroient pas à bout.
Croyez moi, bourrez-vous, & ſans réſerve aucune,
Contre les coups que peut vous porter la fortune ;
Et , pour fermer chez vous l'entrée à la douleur,
De vingt verres de vin entourez votre cœur.

LÉLIE.

Je ne ſaurois manger.

GROS-RENÉ *bas à part.*

(*haut*)   Si-fait bien moi , je meure.
Votre dîné pourtant ſeroit prêt tout-à-l'heure.

LÉLIE.

Tais-toi ; je te l'ordonne.

GROS-RENÉ.

Ah , quel ordre inhumain!

LÉLIE.

J'ai de l'inquiétude, & non pas de la faim.

GROS-RENÉ.

Et moi j'ai de la faim & de l'inquiétude
De voir qu'un fot amour fait toute votre étude.

LÉLIE.

Laiſſe-moi m'informer de l'objet de mes vœux,
Et ſans m'importuner, va manger ſi tu veux.

GROS-RENÉ.

Je ne réplique point à ce qu'un maître ordonne.

SCENE VIII.

LÉLIE ſeul.

Non, non, à trop de peur mon ame s'abandonne,
Le pére m'a promis, & la fille a fait voir
Des preuves d'un amour qui ſoutient mon eſpoir.

SCENE IX.

SGANARELLE, LÉLIE.

SGANARELLE ſans voir Lélie, & tenant dans ſes
mains le portrait.

Nous l'avons, & je puis voir à l'aiſe la trogne
Du malheureux pendard qui cauſe ma vergogne;
Il ne m'eſt point connu.

L É L I E *à part.*

Dieux ! qu'apperçois-je ici ?
Et , fi c'eſt mon portrait que dois-je croire auſſi [18] ?

S G A N A R E L L E *ſans voir Lélie.*

Ah, pauvre Sganarelle, à quelle deſtinée
Ta réputation eſt-elle condamnée !
Faut...

*(Appercevant Lélie qui le regarde , il ſe tourne
d'un autre côté.)*

L É L I E *à part.*

Ce gage ne peut ſans alarmer ma foi,
Être ſorti des mains qui le tenoient de moi.

S G A N A R E L L E *à part.*

Faut-il que déſormais à deux doigts on te montre,
Qu'on te mette en chanſons , & qu'en toute rencontre,
On te rejette au nez le ſcandaleux affront
Qu'une femme mal née imprime ſur ton front ?

L É L I E *à part.*

Me trompé-je ?

S G A N A R E L L E *à part.*

Ah ! Truande , as-tu bien le courage [19]
De m'avoir fait cocu dans la fleur de mon âge ?
Et , femme d'un mari qui peut paſſer pour beau ,
Faut-il qu'un marmouzet, un maudit étourneau...

LÉLIE *à part , & regardant encore le portrait que tient Sganarelle.*

Je ne m'abuse point; c'eſt mon portrait lui-même

SGANARELLE *lui tourne le dos.*

Cet homme eſt curieux.

LÉLIE *à part.*

Ma ſurpriſe eſt extrême.

SGANARELLE *à part.*

A qui donc en a-t-il?

LÉLIE *à part.*

Je le veux accoſter.

(*haut*)   (*Sganarelle veut s'éloigner.*)

Puis-je?... Hé! de grace , un mot.

SGANARELLE *à part , s'éloignant encore.*

Que me veut-il conter?

LÉLIE.

Puis-je obtenir de vous, de ſavoir l'aventure
Qui fait dedans vos mains trouver cette peinture?

SGANARELLE *à part.*

D'où lui vient ce deſir ? Mais je m'aviſe ici...

(*Il examine Lélie & le portrait qu'il tient.*)

Ah, ma foi , me voilà de ſon trouble éclairci !
Sa ſurpriſe à préſent n'étonne plus mon ame ;
C'eſt mon homme, ou plutôt c'eſt celui de ma femme [2]

L É L I E.

Retirez-moi de peine [21], & dites d'où vous vient...

SGANARELLE.

Nous favons, Dieu merci, le fouci qui vous tient;
Ce portrait qui vous fâche eft votre reffemblance,
Il étoit en des mains dë votre connoiffance;
Et ce n'eft pas un fait qui foit fecret pour nous
Que les douces ardeurs de la dame & de vous.
Je në fais pas fi j'ai dans fa galanterie,
L'honneur d'être connu de votre feigneurie:
Mais faites-moi celui de ceffer déformais
Un amour qu'un mari peut trouver fort mauvais;
Et fongez que les nœuds du facré mariage...

L É L I E.

Quoi! celle, dites-vous, dont vous tenez ce gage...

SGANARELLE.

Eft ma femme, & je fuis fon mari.

L É L I E.

Son mari?

SGANARELLE.

Oui, fon mari, vous dis-je, & mari très-marri [22];
Vous en favez la caufe, & je m'en vais l'apprendre
Sur l'heure à fes parens.

SCÈNE X.

LÉLIE *seul.*

AH, que viens-je d'entendre!
On me l'avoit bien dit, & que c'étoit de tous
L'homme le plus mal fait qu'elle avoit pour époux.
Ah, quand mille sermens de ta bouche infidelle
Ne m'auroient pas promis une flamme éternelle,
Le seul mépris d'un choix si bas & si honteux
Devoit bien soutenir l'intérêt de mes feux,
Ingrate;& quelque bien...Mais ce sensible outrage,
Se mêlant aux travaux d'un assez long voyage,
Me donne tout-à-coup un choc si violent,
Que mon cœur devient foible,& mon corps chancelant.

SCÈNE XI.

LÉLIE, LA FEMME *de Sganarelle.*

LA FEMME *de Sganarelle se croyant seule.*

(*appercevant Lélie.*)

MALGRé moi mon perfide...Hélas,quel mal vous pre
Je vous vois prêt, Monsieur, à tomber en foiblesse.

LÉLIE.

C'est un mal qui m'a pris assez subitement.

LA FEMME de *Sganarelle.*

Je crains ici pour vous l'évanouissement[23] ;
Entrez dans cette salle, en attendant qu'il passe.

LÉLIE.

Pour un moment ou deux j'accepte cette grace.

SCENE XII.

SGANARELLE, UN PARENT *de la femme*
de Sganarelle.

LE PARENT.

D'UN mari sur ce point j'approuve le souci ;
Mais c'est prendre la chèvre un peu bien vîte aussi :
Et tout ce que de vous je viens d'ouïr contre elle,
Ne conclut point, parent, qu'elle soit criminelle :
C'est un point délicat ; & de pareils forfaits,
Sans les bien avérer, ne s'imputent jamais.

SGANARELLE.

C'est-à-dire qu'il faut toucher au doigt la chose.

LE PARENT.

Le trop de promptitude à l'erreur nous expose.
Qui sait comme en ses mains ce portrait est venu,
Et si l'homme, après tout, lui peut être connu ;
Informez-vous-en donc ; &, si c'est ce qu'on pense,
Nous serons les premiers à punir son offense.

S C E N E XIII.

S G A N A R E L L E *feul.*

ON ne peut pas mieux dire ; en effet, il eſt bon
D'aller tout doucement. Peut-être fans raiſon
Me fuis-je en tête mis ces viſions cornues,
Et les fueurs au front m'en font trop-tôt venues.
Par ce portrait enfin dont je fuis alarmé,
Mon déshonneur n'eſt pas tout-à-fait confirmé.
Tâchons donc par nos foins…

S C È N E XIV.

SGANARELLE, LA FEMME *de Sganarelle fur la porte de fa maifon, reconduifant Lélie,* LÉLIE.

S G A N A R E L L E *à part les voyant.*

AH ! que vois-je ? Je meure,
Il n'eſt plus queſtion de portrait à cette heure,
Voici, ma foi, la choſe en propre original.

L A F E M M E *de Sganarelle.*

C'eſt par trop vous hâter, Monſieur ; & votre mal,
Si vous fortez fitôt, pourra bien vous reprendre.

L É L I E.

Non, non, je vous rends grace, autant qu'on puiſſe rendre,

Du fecours obligeant que vous m'avez prêté.

SGANARELLE *à part.*

La mafque encore après lui fait civilité.

(*La femme de Sganarelle rentre dans fa maifon.*)

SCENE XV.

SGANARELLE, LÉLIE.

SGANARELLE *à part.*

IL m'apperçoit; voyons ce qu'il me pourra dire.

LÉLIE *à part.*

Ah! mon ame s'émeut, & cet objet m'infpire. . .
Mais je dois condamner cet injufte tranfport ,
Et n'imputer mes maux qu'aux rigueurs de mon fort.
Envions feulement le bonheur de fa flamme.

(*en s'approchant de Sganarelle.*)

O trop heureux d'avoir une fi belle femme!

SCENE XVI.

SGANARELLE, CÉLIE *à fa fenêtre , voyant Lélie qui s'en va.*

SGANARELLE *feul.*

CE n'eft point s'expliquer en termes ambigus.
Cet étrange propos me rend auffi confus

Que s'il m'étoit venu des cornes à la tête.

(*Regardant le côté par où Lélie est sorti.*)

Allez, ce procédé n'est point du tout honnête.

CÉLIE *à part en entrant.*

Quoi, Lélie a paru tout-à-l'heure à mes yeux !
Qui pourroit me cacher son retour en ces lieux ?

SGANARELLE *sans voir Célie.*

O trop heureux d'avoir une si belle femme !
Malheureux bien plutôt, de l'avoir cette infâme !
Dont le coupable feu, trop bien vérifié,
Sans respect ni demi [24] nous a cocufié.
Mais je le laisse aller après un tel indice,
Et demeure les bras croisés comme un jocrisse !
Ah, je devois du moins lui jeter son chapeau,
Lui ruer quelque pierre, ou crotter son manteau [25],
Et sur lui hautement, pour contenter ma rage,
Faire, au larron d'honneur, crier le voisinage.

(*Pendant le discours de Sganarelle, Célie s'approche peu-à-peu, & attend, pour lui parler, que son transport soit fini.*)

CÉLIE *à Sganarelle.*

Celui qui maintenant devers vous est venu,
Et qui vous a parlé, d'où vous est-il connu ?

SGANARELLE.

Hélas, ce n'est pas moi qui le connois, Madame !
C'est ma femme.

CÉLIE.

Quel trouble agite ainſi votre ame?

SGANARELLE.

Ne me condamnez point d'un deuil hors de ſaiſon [26]:
Et laiſſez-moi pouſſer des ſoupirs à foiſon.

CÉLIE.

D'où vous peuvent venir ces douleurs non communes

SGANARELLE.

Si je ſuis affligé, ce n'eſt pas pour des prunes [27];
Et je le donnerois à bien d'autres qu'à moi,
De ſe voir ſans chagrin au point où je me voi.
Des maris malheureux vous voyez le modèle,
On dérobe l'honneur au pauvre Sganarelle;
Mais c'eſt peu que l'honneur dans mon affliction,
L'on me dérobe encor la réputation.

CÉLIE.

Comment?

SGANARELLE.

Ce damoiſeau, parlant par révérence,
Me fait cocu, Madame, avec toute licence;
Et j'ai ſu par mes yeux avérer aujourd'hui
Le commerce ſecret de ma femme & de lui.

CÉLIE.

Celui qui maintenant...

SGANARELLE.

Oui, oui, me déshonore;
Il adore ma femme, & ma femme l'adore.

CÉLIE.

Ah ! j'avois bien jugé que ce secret retour
Ne pouvoit me couvrir que quelque lâche tour ;
Et j'ai tremblé d'abord , en le voyant paroître ,
Par un pressentiment de ce qui devoit étre.

SGANARELLE.

Vous prenez ma défense avec trop de bonté,
Tout le monde n'a pas la même charité ;
Et plusieurs qui tantôt ont appris mon martyre ,
Bien loin d'y prendre part,n'en ont rien fait que rire.

CÉLIE.

Est-il rien de plus noir que ta lâche action²⁸ ?
Et peut-on lui trouver une punition ?
Dois tu ne te pas croire indigne de la vie,
Après t'être souillé de cette perfidie ?
O ciel! Est-il possible ?

SGANARELLE.

Il est trop vrai pour moi.

CÉLIE.

Ah, traître, scélérat , ame double & sans foi!

SGANARELLE.

La bonne-ame !

CÉLIE.

Non , non, l'enfer n'a point de gêne
Qui ne soit pour ton crime une trop douce peine.

SGANARELLE.

Que voilà bien parler !

CÉLIE.

Avoir ainsi traité
Et la même innocence & la même bonté ²¹ !

SGANARELLE *soupire haut.*

Hai !

CÉLIE.

Un cœur qui jamais n'a fait la moindre chose
A mériter l'affront ³⁰ où ton mépris l'expose !

SGANARELLE.

Il est vrai.

CÉLIE.

Qui bien loin... Mais c'est trop, & ce cœur
Ne sauroit y songer sans mourir de douleur.

SGANARELLE.

Ne vous fâchez point tant, ma très-chère Madame ;
Mon mal vous touche trop, & vous me percez l'ame.

CÉLIE.

Mais ne t'abuse pas jusqu'à te figurer
Qu'à des plaintes sans fruit j'en veuille demeurer :
Mon cœur, pour se venger, sait ce qu'il te faut faire,
Et j'y cours de ce pas, rien ne m'en peut distraire.

S C E N E XVII. "

SGANARELLE *seul.*

QUE le ciel la préferve à jamais de danger !
Voyez quelle bonté de vouloir me venger !
En effet fon courroux, qu'excite ma difgrace,
M'enfeigne hautement ce qu'il faut que je faffe ;
Et l'on ne doit jamais fouffrir, fans dire mot,
De femblables affronts, à moins qu'être un vrai fot.
Courons donc le chercher, ce pendard qui m'affronte
Montrons notre courage à venger notre honte:
Vous apprendrez, maroufle, à rire à nos dépens;
Et fans aucun refpect faire cocus les gens.

(Il revient après avoir fait quelques pas.)

Doucement, s'il vous plaît ; cet homme a bien la mi
D'avoir le fang bouillant & l'ame un peu mutine;
Il pourroit bien, mettant affront deffus affront,
Charger de bois mon dos comme il a fait mon front.
Je hais de tout mon cœur les efprits colériques,
Et porte grand amour aux hommes pacifiques.
Je ne fuis point battant de peur d'être battu,
Et l'humeur débonnaire eft ma grande vertu.
Mais mon honneur me dit que d'une telle offenfe
Il faut abfolument que je prenne vengeance :
Ma foi, laiffons-le dire autant qu'il lui plaira,
Au diautre qui pourtant rien du tout en fera.

Quand j'aurai fait le brave, & qu'un fer pour ma peine,
M'aura d'un vilain coup tranfpercé la bedaine,
Que par la ville ira le bruit de mon trépas,
Dites-moi, mon honneur, en ferez-vous plus gras?
La bière eft un féjour par trop mélancolique,
Et trop mal-fain pour ceux qui craignent la colique.
Et quant à moi, je trouve, ayant tout compaffé,
Qu'il vaut mieux être encor cocu que trépaffé.
Quel mal cela fait-il? La jambe en devient-elle
Plus tortue après tout, & la taille moins belle ?
Pefte foit qui premier trouva l'invention
De s'affliger l'efprit de cette vifion,
Et d'attacher l'honneur de l'homme le plus fage
Aux chofes que peut faire une femme volage.
Puifqu'on tient, à bon droit, tout crime perfonnel,
Que fait-là notre honneur pour être criminel?
Des actions d'autrui l'on nous donne le blâme;
Si nos femmes fans nous ont un commerce infâme,
Il faut que tout le mal tombe fur notre dos:
Elles font la fottife, & nous fommes les fots.
C'eft un vilain abus, & les gens de police
Nous devroient bien régler une telle injuftice.
N'avons-nous pas affez des autres accidens,
Qui nous viennent haper en dépit de nos dents?
Les querelles, procès, faim, foif & maladie,
Troublent-ils pas affez le repos de la vie,
Sans aller de furcroît, avifer fottement
De fe faire un chagrin qui n'a nul fondement?

Moquons nous

Moquons-nous de cela, méprisons les alarmes,
Et mettons sous nos pieds les soupirs & les larmes.
Si ma femme a failli, qu'elle pleure bien fort;
Mais pourquoi moi pleurer, puisque je n'ai point tort?
En tout cas, ce qui peut m'ôter ma fâcherie,
C'est que je ne suis pas seul de ma confrérie.
Voir cajoler sa femme, & n'en témoigner rien,
Se pratique aujourd'hui par force gens-de-bien.
N'allons donc point chercher à faire une querelle,
Pour un affront qui n'est que pure bagatelle.
L'on m'appellera sot, de ne me venger pas;
Mais je le serois fort, de courir au trépas.

(*Mettant la main sur sa poitrine.*)

Je me sens-là pourtant remuer une bile
Qui veut me conseiller quelque action virile :
Oui, le courroux me prend; c'est trop être poltron :
Je veux résolument me venger du larron.
Déja pour commencer, dans l'ardeur qui m'enflamm
Je vais dire par-tout qu'il couche avec ma femme.

SCÈNE XVIII.

GORGIBUS, CÉLIE, LA SUIVANTE *de Célie.*

CÉLIE.

Oui, je veux bien subir une si juste loi :
Mon père, disposez de mes vœux & de moi;

Faites, quand vous voudrez, ſigner cet hymenée:
A ſuivre mon devoir je ſuis déterminée;
Je prétends gourmander mes propres ſentimens,
Et me ſoumettre en tout à vos commandemens.

GORGIBUS.

Ah, voilà qui me plaît, de parler de la ſorte !
Parbleu, ſi grande joie à l'heure me tranſporte,
Que mes jambes ſur l'heure en caprioleroient,
Si nous n'étions point vus de gens qui s'en riroient.
Approche-toi de moi; viens-çà, que je t'embraſſe.
Une telle action n'a pas mauvaiſe grace;
Un père, quand il veut, peut ſa fille baiſer,
Sans que l'on ait ſujet de s'en ſcandaliſer.
Va, le contentement de te voir ſi bien née,
Me fera rajeunir de dix fois une année.

SCÈNE XIX.

CÉLIE, LA SUIVANTE *de Célie.*

LA SUIVANTE.

CE changement m'étonne.

CÉLIE.

Et lorſque tu ſauras
Par quel motif j'agis, tu m'en eſtimeras.

LA SUIVANTE.

Cela pourroit bien être.

CÉLIE.

Apprends donc que Lélie
A pu bleſſer mon cœur par une perfidie ;
Qu'il étoit en ces lieux ſans....

LA SUIVANTE.

Mais il vient à nous.

SCÈNE XX.

LÉLIE, CÉLIE, LA SUIVANTE *de Célie.*

LÉLIE.

AVANT que pour jamais je m'éloigne de vous,
Je veux vous reprocher au moins en cette place...

CÉLIE.

Quoi ! me parler encore ? Avez-vous cette audace ?

LÉLIE.

Il eſt vrai qu'elle eſt grande ; & votre choix eſt tel,
Qu'à vous rien reprocher je ſerois criminel.
Vivez, vivez contente, & bravez ma mémoire,
Avec le digne époux qui vous comble de gloire.

CÉLIE.

Oui, traître, j'y veux vivre ; & mon plus grand deſir
Ce ſeroit que ton cœur en eût du déplaiſir.

LÉLIE.

Qui rend donc contre moi ce courroux légitime ?

CÉLIE.

Quoi ! tu fais le ſurpris & demandes ton crime ?

SCÈNE XXI.

CÉLIE, LÉLIE, SGANARELLE, *armé de pied en cap*, LA SUIVANTE *de Célie.*

SGANARELLE.

GUERRE, guerre mortelle à ce larron d'honneur,
Qui sans miséricorde a souillé notre honneur.

CÉLIE *à Lélie, lui montrant Sganarelle.*

Tourne, tourne les yeux, sans me faire répondre.

LÉLIE.

Ah, je vois !...

CÉLIE.

Cet objet suffit pour te confondre.

LÉLIE.

Mais pour vous obliger bien plutôt à rougir.

SGANARELLE *à part.*

Ma colère à présent est en état d'agir;
Dessus ses grands chevaux est monté mon courage;
Et si je le rencontre, on verra du carnage.
Oui, j'ai juré sa mort; rien ne peut m'empêcher:
Où je le trouverai, je veux le dépêcher.

(*Tirant son épée à demi, il approche de Lélie.*)

Au beau milieu du cœur il faut que je lui donne...

LÉLIE *se retournant.*

A qui donc en veut-on ?

S G A N A R E L L E.

> Je n'en veux à personne.

L É L I E.

Pourquoi ces armes-là ?

S G A N A R E L L E.

> C'est un habillement
> > (*à part.*)

Que j'ai pris pour la pluie. Ah, quel contentement
J'aurois à le tuer ! Prenons-en le courage.

L É L I E *se retournant encore.*

Hai ?

S G A N A R E L L E.

> Je ne parle pas.

(*A part, après s'être donné des soufflets pour s'exciter.*)
> > Ah ! poltron, dont j'enrage,
Lâche, vrai cœur de poule.

C É L I E *à Lélie.*

> > Il t'en doit dire assez,
Cet objet dont tes yeux nous paroissent blessés.

L É L I E.

Oui, je connois par-là que vous êtes coupable
De l'infidélité la plus inexcusable,
Qui jamais d'un amant puisse outrager la foi.

S G A N A R E L L E *à part.*

Que n'ai-je un peu de cœur !

C É L I E.

> > Ah, cesse devant moi,

Traître, de ce difcours l'infolence cruelle!

S G A N A R E L L E *à part.*

Sganarelle, tu vois qu'elle prend ta querelle:
Courage, mon enfant; fois un peu vigoureux.
Là, hardi, tâche à faire un effort généreux
En le tuant, tandis qu'il tourne le derrière [32].

L É L I E *faifant deux ou trois pas fans deffein, fait*
retourner Sganarelle qui s'approchoit pour le tuer.

Puifqu'un pareil difcours émeut votre colère,
Je dois de votre cœur me montrer fatisfait,
Et l'applaudir ici du beau choix qu'il a fait.

C É L I E.

Oui, oui, mon choix eft tel qu'on n'y peut rien repren

L É L I E.

Allez, vous faites bien de le vouloir défendre.

S G A N A R E L L E,

Sans doute, elle fait bien de défendre mes droits.
Cette action, Monfieur, n'eft point felon les loix:
J'ai raifon de m'en plaindre; &, fi je n'étois fage,
On verroit arriver un étrange carnage.

L É L I E.

D'où vous naît cette plainte, & quel chagrin brutal?

S G A N A R E L L E.

Suffit. Vous favez bien où le bât me fait mal;
Mais votre confcience & le foin de votre ame
Vous devroient mettre aux yeux que ma femme eft maf

· Et, vouloir à ma barbe en faire votre bien,
Que ce n'est pas du tout agir en bon chrétien. ·

L É L I E.

Un femblable foupçon est bas & ridicule.
Allez, deffus ce point n'ayez aucun fcrupule :
Je fais qu'elle est à vous ; & bien loin de brûler…

C É L I E.

Ah, qu'ici tu fais bien, traître, diffimuler !

L É L I E.

Quoi ! me foupçonnez-vous d'avoir une penfée
De qui fon ame ait lieu de fe croire offenfée ?
De cette lâcheté voulez-vous me noircir ?

C É L I E.

Parle, parle à lui-même : il pourra t'éclaircir.

S G A N A R E L L E *à Célie.*

Vous me défendez mieux que je nè faurois faire,
Et du biais qu'il faut vous prenez cette affaire.

SCÈNE XXII.

CÉLIE, LÉLIE, SGANARELLE, LA FEMME
de Sganarelle, LA SUIVANTE *de Lélie.*

LA FEMME *de Sganarelle.*

JE ne fuis point d'humeur à vouloir contre vous
Faire éclater, Madame, un efprit trop jaloux ;
Mais je ne fuis point dupe, & vois ce qui fe paffe :
Il est de certains feux de fort mauvaife grace ;

Et votre ame devroit prendre un meilleur emploi,
Que de séduire un cœur qui doit n'être qu'à moi.

CÉLIE.

La déclaration eſt aſſez ingénue.

SGANARELLE *à ſa femme.*

"L'on ne demande pas, carogne, ta venue "" ;
Tu la viens quereller lorſqu'elle me défend,
Et tu trembles de peur qu'on t'ôte ton galant.

CÉLIE.

Allez, ne croyez pas que l'on en ait envie.

(*ſe tournant vers Lélie.*)

Tu vois ſi c'eſt menſonge; & j'en ſuis fort ravie.

LÉLIE.

Que me veut-on conter ?

LA SUIVANTE.

Ma foi, je ne ſais pas
Quand on verra finir ce galimatias;
Depuis aſſez long tems je tâche à le comprendre,
Et ſi, plus je l'écoute, & moins je puis l'entendre.
Je vois bien à la fin que je m'en dois mêler.

(*Elle ſe met entre Lélie & ſa maîtreſſe.*)

Répondez-moi par ordre, & me laiſſez parler.

(*à Lélie.*)

Vous, qu'eſt-ce qu'à ſon cœur peut reprocher le vôtre!

LÉLIE.

Que l'infidelle a pû me quitter pour un autre ;

Que lorfque, fur le bruit de fon hymen fatal,
J'accours tout tranfporté d'un amour fans égal,
Dont l'ardeur réfiftoit à fe croire oubliée,
Mon abord en ces lieux la trouve mariée.

LA SUIVANTE.

Mariée! à qui donc?

LÉLIE *montrant Sganarelle.*

A lui.

LA SUIVANTE.

Comment, à lui?

LÉLIE.

Oui-dà.

LA SUIVANTE.

Qui vous l'a dit?

LÉLIE.

C'eft lui même aujourd'hui.

LA SUIVANTE *à Sganarelle.*

Eft-il vrai?

SGANARELLE.

Moi, j'ai dit que c'étoit à ma femme

Que j'étois marié?

LÉLIE.

Dans un grand trouble d'ame,

Tantôt de mon portrait je vous ai vu faifi.

SGANARELLE.

Il eft vrai: le voilà.

LÉLIE *à Sganarelle.*

Vous m'avez dit auffi

Que celle aux mains de qui vous avez pris ce gage,
Etoit liée à vous des nœuds du mariage.

SGANARELLE.
(*montrant fa femme.*)

Sans doute. Et je l'avois de ses mains arraché;
Et n'eusse pas sans lui découvert son péché 34.

LA FEMME *de Sganarelle.*

Que me viens-tu conter par ta plainte importune?
Je l'avois sous mes pieds rencontré par fortune;
Et même, quand, après ton injuste courroux,

(*montrant Lélie.*)

J'ai fait dans sa foiblesse entrer Monsieur chez nous,
Je n'ai pas reconnu les traits de sa peinture.

CÉLIE.

C'est moi qui du portrait ai causé l'aventure;
Et je l'ai laissé choir en cette pamoison,

(*à Sganarelle.*)

Qui m'a fait par vos soins remettre à là maison.

LA SUIVANTE.

Vous le voyez, sans moi vous y seriez encore,
Et vous aviez besoin de mon peu d'ellébore.

SGANARELLE *à part.*

Prendrons-nous tout ceci pour de l'argent comptant?
Mon front l'a, sur mon ame, eu bien chaude pourtant.

LA FEMME *de Sganarelle.*

Ma crainte toutefois n'est pas trop dissipée,
Et, doux que soit le mal 35, je crains d'être trompée.

SGANARELLE *à fa femme.*

Hé, mutuellement, croyons-nous gens-de-bien !
Je rifque plus du mien que tu ne fais du tien ;
Accepte fans façon le marché qu'on propofe.

LA FEMME *de Sganarelle.*

Soit. Mais gâre le bois fi j'apprends quelque chofe.

CÉLIE *à Lélie, après avoir parlé bas enfemble.*

Ah, Dieux ! s'il eft ainfi, qu'eft-ce donc que j'ai fait ?
Je dois de mon courroux appréhender l'effet.
Oui, vous croyant fans foi, j'ai pris pour ma vengeance
Le malheureux fecours de mon obéïffance,
Et depuis un moment mon cœur vient d'accepter
Un hymen que toujours j'eus lieu de rebuter.
J'ai promis à mon père ; & ce qui me défole...
Mais je le vois venir.

LÉLIE.

Il me tiendra parole.

SCÈNE XXIII.

GORGIBUS, CÉLIE, LÉLIE, SGANARELLE,
LA FEMME *de Sganarelle,* LA SUIVANTE
de Célie.

LÉLIE.

MONSIEUR, vous me voyez en ces lieux de retour,
Brûlant des mêmes feux ; & mon ardente amour

Verra, comme je crois, la promesse accomplie
Qui me donna l'espoir de l'hymen de Célie.

GORGIBUS.

Monsieur, que je revois en ces lieux de retour,
Brûlant des mêmes feux, & dont l'ardente amour
Verra, que vous croyez, la promesse accomplie
Qui vous donne l'espoir de l'hymen de Célie,
Très-humble serviteur à votre seigneurie [36].

LÉLIE.

Quoi, Monsieur, est-ce ainsi qu'on trahit mon espoir?

GORGIBUS.

Oui, Monsieur, c'est ainsi que je fais mon devoir;
Ma fille en suit les loix.

CÉLIE.

    Mon devoir m'intéresse,
Mon pere, à dégager vers lui votre promesse.

GORGIBUS.

Est-ce répondre en fille à mes commandemens?
Tu te démens bientôt de tes bons sentimens;
Pour Valere tantôt... Mais j'apperçois son pere:
Il vient assurément pour conclure l'affaire.

SCÈNE DERNIÈRE.

VILLEBREQUIN, GORGIBUS, CÉLIE, LÉLIE,
SGANARELLE, LA FEMME *de Sganarelle,*
LA SUIVANTE *de Célie.*

GORGIBUS.

Qui vous amene ici, Seigneur Villebrequin ?]

VILLEBREQUIN.

Un secret important que j'ai su ce matin,
Qui rompt absolument ma parole donnée.
Mon fils, dont votre fille acceptoit l'hymenée,
Sous des liens cachés trompant les yeux de tous,
Vit depuis quatre mois avec Lise en époux ;
Et comme des parens le bien & la naissance
M'ôtent tout le pouvoir de casser l'alliance,
Je vous viens...

GORGIBUS.

Brisons-là. Si, sans votre congé,
Valere votre fils ailleurs s'est engagé,
Je ne vous puis celer que ma fille Célie
Dès long-tems par moi-même est promise à Lélie,
Et que, riche en vertu, son retour aujourd'hui
M'empêche d'agréer un autre époux que lui.

VILLEBREQUIN.

Un tel choix me plaît fort.

LÉLIE.

Et cette juſte envie
D'un bonheur éternel va couronner ma vie...

GORGIBUS.

Allons choiſir le jour pour ſe donner la foi.

SGANARELLE *ſeul.*

A-t-on mieux cru jamais être cocu que moi !
Vous voyez qu'en ce fait la plus forte apparence
Peut jeter dans l'eſprit une fauſſe créance.
De cet exemple-ci reſſouvenez-vous bien ;
Et, quand vous verriez tout, ne croyez jamais rien.

FIN.

OBSERVATIONS

DE L'ÉDITEUR

SUR SGANARELLE ou LE COCU IMAGINAIRE.

SCÈNE PREMIÈRE.

¹ *Sans beaucoup de longueur*, pour *sans beaucoup de retard*, ne se dit pas.

² ..... *Avecque cette somme.* Les trois dernières lettres du mot *avecque*, dit l'Abbé d'Olivet, ne forment une syllabe que pour les yeux.

³ *Les Quatrains de Pibrac & les doctes Tablettes*
 Du Conseiller Matthieu.

Guy Dufaur de Pibrac, Magistrat célèbre du seizième siècle, a mérité l'éloge d'avoir introduit le premier au Barreau la véritable éloquence; il mourut en 1584. Nous avons de lui des Plaidoyers, des Harangues & des Poésies connues sous le nom de *Quatrains*, qui sont remplis d'instructions utiles pour la conduite de la vie.

Pierre Matthieu, Historiographe de France, mort à Toulouse en 1621, à 58 ans, a composé en Fran- çois l'Histoire des choses mémorables arrivées sous le Regne de Henri IV. Son style est affecté & de mauvais goût, dit M. l'Abbé Ladvocat. Le livre dont parle Molière a pour titre *les Tablettes de la vie & de la mort.*

4 *La Guide des pécheurs est encore un bon livre.* Livre ascétique ou de dévotion, par Louis de Grenade, Dominicain Espagnol, mort en 1588. Le Dictionnaire de l'Académie Françoise décide que ce mot *Guide* n'est plus d'usage au féminin que dans ces phrases, *la Guide des pécheurs, la Guide des chemins,* qui sont des titres de vieux livres.

5 *Un autre est survenu dont le bien l'en dégage.* Cela seroit plus clair s'il y avoit *dont le bien me dégage;* mais cela n'en seroit pas écrit avec moins de contrainte.

6 *Si je ne vous lui vois faire fort bon visage.* Vers médiocre, où le mot *fort* n'est mis que pour le besoin du vers. Il étoit aisé de dire, *Si je ne vous vois pas lui faire bon visage.* En général, cette scène a du naturel & de la vérité. Gorgibus y parle à sa fille du ton d'un bourgeois qui veut être obéi.

S C E N E I I.

7 *Je me couchois sans feu dans le fort de l'hiver,* &c. Imitation *D'il sabbadino,* nov. de Bocace. *Sappi, se prende moglie, che l'invernata te tenerà le rene calde, & le state fresco il stomacho. E poi quando*

ancore

ancora ftranuti haverrai almeno chi te dirà , Dio te
aiuti.

8 *D'abandonner Lélie , & prendre ce mal-fait.* Le
peuple dit fubftantivement *ce mal-bâti , ce contre-*
fait , pour *cet homme mal bâti ;* mais il ne dit
jamais *ce mal-fait.* C'eft donc une négligence de
Molière , dont il faut faire l'aveu. Le mot de *for-*
fait que Célie emploie pour défigner la légèreté
qu'il y auroit de fa part à abandonner Lélie , n'eft
pas le mot propre.

9 *Et la grande longueur de fon éloignement. Grande*
longueur , pléonafme. L'évanouiffement de Célie
dans cette fcène eft peu préparé ; il n'eft fait que
pour donner lieu à la perte du portrait qui doit
fervir de fond à toute l'intrigue.

S c e n e V.

10 *Cela feroit commode , & j'en fais telle ici*
Qui , comme moi , ma foi , le voudroit bien auffi.

Ce n'eft point aux Spectateurs que la femme de
Sganarelle adreffe la parole ; & l'Actrice qui joue ce
rôle , auroit grand tort de jeter les yeux fur le parterre ou fur les loges , qui n'exiftent jamais dans
une Pièce bien faite & pour un Acteur intelligent. La
femme de Sganarelle fe trouve dans la rue , &
elle peut y fonger à plus d'une voifine qui lui fug-
gère la plaifanterie qu'elle fait dans ces deux vers.

Scene VI.

11 *Il n'en faut plus qu'autant , elle se porte bien.*
Autant : de quoi ? On ne le devine point. Vers
négligé.

12 *Quand d'un homme ainsi fait on se peut voir servie.*
On se sert de quelqu'un, mais on est servi par quelqu'un. Il étoit aisé de dire : *Lorsque par un tel homme*
on peut se voir servie.

13 *Au lieu de mon pelé , de mon rustre. . . .*
                                Ah , mâtine !

Voilà des mots terribles pour nos oreilles délicates. Ce sont des gentillesses du Dialogue dramatique des Italiens. Voyez *l'Hypocrita de l'Arétin ,*
Acte 2 , Scène 18, où *Maia & Lisco ,* mari &
femme , se traitent ainsi :

Lisco.

Ribaldonaccia , cagna , trsca.

Maia.

Ah porco . . . . . Baga di vino.

14 *Que me veut donc conter par-là ce maître ivrogne?*
Tu ne m'entends que trop , Madame la carogne.

Même remarque. Comment a-t-on pu dire que
le style de Molière s'étoit perfectionné dans cette
Pièce ?

15 *Et l'on va m'appeler Seigneur Cornelius. Cette*
plaisanterie de mot ressemble à celle de Plaute dans

son *Amphitryon* , lorsqu'il fait dire à Sosie qu'il craint bien de s'apeler déformais *Quintus* , parce qu'il va être le cinquième que Mercure ait aſſommé.

[16] *J'en ſuis pour mon honneur, mais à toi qui me l'ôtes,*
  Je t'en ferai du moins pour un bras ou deux côtes.

   Je t'en ferai à toi pour , &c. , cela n'eſt pas françois. *Le bras & les côtes* , eſt bien peu digne de Molière.

S c e n e IX.

[17] *Nous l'avons ; & je puis voir à l'aiſe la trogne*
  Du malheureux pendard qui cauſe ma vergogne.

Trogne & vergogne ſont du ſtyle le plus groſſier.

[18] *Et ſi c'eſt mon portrait , que dois-je croire auſſi ?*

Auſſi ne ſe trouve là que pour la rime, & n'a aucun ſens. On pourroit dire , *que penſer de ceci ?*

[19] *Ah, Truande ! as-tu bien le courage...* Ce mot eſt de l'ignoble le plus fort.

[20] *C'eſt mon homme, ou plutôt c'eſt celui de ma femme.* Voilà Molière. On peut le chicaner ſur quelques mots ; mais dans les choſes , il eſt étonnant. Son naturel , ſa préciſion , ſon comique, ſeront toujours inimitables.

[21] *Retirez-moi de peine :* il faudroit, *tirez-moi de peine ; & pour le vers, tirez-moi d'embarras.*

²⁰ *Et mari très-marri.* Jeu de mots dont on fe
fouvient tous les jours , & qui , d'ailleurs , convient
à un homme du caractère de Sganarelle.

Scene XI.

²³ Lélie tombe ici en foibleffe dans les bras de
Madame Sganarelle , comme Célie eft tombée dans
ceux du jaloux. Il faut quelquefois être moins difficile pour les fcènes fur lefquelles fe fonde l'im-
broglio d'une Pièce comique : le double évanouiffement eft le nœud de celle - ci.

Scene XVI.

²⁴ *Sans refpect ni demi :* vieille façon de parler
dont Molière s'eft fervi deux ou trois fois dans fes
premières Pièces ; c'eft-à-dire , avant qu'il eût fon
ami Defpréaux pour furveillant.

²⁵ *Lui ruer quelque pierre , ou crotter fon manteau.*
Nos amoureux ne paroiffent plus en manteau fur le
théâtre. Voilà de ces traits qui font vieillir Molière malgré nous.

²⁶ *Ne me condamnez point d'un deuil hors de faifon ;*
ce qui fignifie , *Ne croyez pas que je m'afflige fans
raifon.* On ne peut guère être plus loin de ce qu'on
veut dire. Le plus naturel , le plus vrai de nos Ecri-
vains , a eu bien de la peine à fe défendre du galimatias fi commun à la Poéfie de ce temps.

27 *Si je fuis affligé , ce n'eſt pas pour des prunes.*

Nous croyons devoir , à propos de cette expreſſion , amuſer nos Lecteurs d'un conte ancien.

On avoit fait préſent à *Martin Grandin* , Doyen de Sorbonne, de quelques boëtes d'excellentes prunes de Gênes , qu'il enferma dans ſon cabinet. Ses écoliers, ayant trouvé ſa clef , firent main-baſſe ſur les boëtes. Le Docteur, à ſon retour, fit grand bruit, & il alloit chaſſer tous ſes penſionnaires, ſi l'un d'eux, tombant à ſes genoux, ne lui eût dit : Eh ! Monſieur, *on dira donc que vous nous avez chaſſés pour des prunes.* A ce mot, le bon Doyen ne put s'empêcher de rire , & il ſe calma.

Le ſel de ce conte prouve que cette expreſſion triviale étoit déjà reçue , & qu'il faut en aller cher-cher l'origine encore plus loin. Les Grecs avoient une eſpèce de proverbe égal à celui-ci pour le ſens. Il ſe trouve dans le 22ᵉ Livre de l'Iliade : οὐχ ἱερήϊον, ἠδὲ βοείην. Ce n'eſt point pour un cuir de bœuf.

28 *Eſt-il rien de plus noir que ta lâche action?* On voit dans toutes les Comédies du temps de celle-ci, que l'uſage général étoit de faire tutoyer les amans. Molière , dans ſes dernières Pièces, renonça à cet uſage peu décent.

²⁹ . . . . *Avoir ainsi traité*
Et la même innocence , & la même bonté.

On ne sait ce que veut dire Célie avec cette même
innocence & cette même bonté.

3⁰ *A mériter l'affront. . .* Il faut *pour mériter l'af-*
front.

S c e n e XVII.

³¹ C'est cette scène qui, dans les dernières éditions de Molière, est la onzième du second acte, &
qu'on appeloit dans la nouveauté *la belle scène.* Il
faudroit abréger ce monologue , dont Molière lui-
même auroit peut-être retranché beaucoup de choses,
si la mémoire trop fidèle du sieur *de Neuvillenaine*
ne les eût rendues publiques. Tels sont d'abord les
quatre vers qui commencent par *La bière est un*
séjour par trop mélancolique. Qui croiroit que notre
Auteur n'eût pas dédaigné d'emprunter quelque
chose de Scaron , qui avoit dit en 1646 , dans son
Jodelet Duéliste :

La bière
Qu'on dit être un séjour mal sain & caterreux ?

On pourroit supprimer ensuite quatre autres
vers qui commencent par ces mots : *Puisqu'on tient*
à bon droit , &c. On pourroit encore passer de ce
vers plaisant, *Elles font la sottise , & nous sommes les*
sots , à celui qui commence par *Moquons-nous de*

cela, &c. ce font feize vers de moins ; & le monologue réduit à cinquante-deux, feroit encore aſſez
long.

Scene XXI.

32 *En le tuant tandis qu'il tourne le derrière.* Dans
cette ſcène, très-théâtrale par la double erreur de
Célie & de Lélie fur le compte de Sganarelle, &
très-plaifante par la poltronerie du Jaloux, on voit
avec peine qu'il ſe propoſe de tuer Lélie en traître :
c'eſt le rendre odieux, & le faire ceſſer d'être ridicule.

Scene XXII.

33 *L'on ne demande pas, carogne, ta venue :* il faut
que l'Acteur ſoit bien ſûr du reſpect qu'inſpire Molière, pour oſer prononcer de pareils mots.

34 . . . . . . *Et je l'avois de ſes mains arraché,*
   Et n'euſſe pas ſans lui découvert ſon péché.

L'expreſſion trop peu plaiſante de *péché*, ne nous
paroît guère du Dictionnaire de la Comédie, quoiqu'on vienne de l'employer même en artête dans
les deux *Avares.* Molière s'en eſt encore ſervi dans
l'Ecole des Femmes.

35 *Et doux que ſoit le mal . . .* pour *Quelque doux
que ſoit le mal*, ne ſe diroit plus aujourd'hui.

Scene XXIII.

36 *Très-humble ſerviteur à votre Seigneurie.* Voilà

le feul exemple chez Molière de trois rimes féminines de fuite. Le premier de ces trois vers eft d'un
ftyle embarraffé & peu clair.

NOUVELLES OBSERVATIONS.

Scène VI.

Il n'en faut plus qu'autant elle fe porte bien. Cette tournure
de phrafe, fi difficile à concevoir, eft encore ufitée dans quelques Provinces, & fignifie : *Quand il en arriveroit autant, il
n'y auroit pas grand mal.* Une jeune femme de Bourgogne
difoit après fa première couche, lorfqu'on lui demandoit des
nouvelles de fa fanté : *Il n'en faut plus qu'autant, je me porte
bien.*

Même Scène. Et l'on va m'appeler Seigneur Cornelius. Ajou-
tez à la note fur ce vers, que l'Evêque du Belay difoit à un
mari qui fe plaignoit hautement, qu'il valoit mieux être *Cornelius Tacitus*, que *Publius Cornelius* Molière n'ignoroit &
ne négligeoit aucun des bons contes de fon temps.

Trogne & vergogne font du ftyle le plus groffier. Bon pour
le premier de ces mots ; mais il ne falloit pas le dire de vergogne.

Scène XVI.

Et la même innocence & la même bonté. Il falloit fe fouvenir
que Corneille, dans le Cid, acte 2, fcène 2, avoit dit : *Sais-tu
que ce vieillard fut la même vertu,* pour dire *la vertu même.*

Fin du premier Volume.

De l'Imprimerie de BAUDOUIN, rue du Foin-Saint-Jacques,
N°. 31.